全国铁路科普教育基地指南

中国铁道学会 编

中国科学技术出版社
·北京·

图书在版编目（CIP）数据

全国铁路科普教育基地指南 / 中国铁道学会编 . —
北京：中国科学技术出版社，2024.3
 ISBN 978-7-5236-0677-3

Ⅰ.①全… Ⅱ.①中… Ⅲ.①铁路运输—交通运输史
—中国—通俗读物 Ⅳ.① F532.9-49

中国国家版本馆 CIP 数据核字（2024）第 088570 号

策划编辑	王晓义	
责任编辑	杨　洋	
封面设计	孙雪骊	
正文设计	中文天地	
责任校对	吕传新	
责任印制	徐　飞	

出　　版	中国科学技术出版社
发　　行	中国科学技术出版社有限公司
地　　址	北京市海淀区中关村南大街 16 号
邮　　编	100081
发行电话	010-62173865
传　　真	010-62173081
网　　址	http://www.cspbooks.com.cn

开　　本	787mm×1092mm　1/16
字　　数	353 千字
印　　张	16.75
版　　次	2024 年 3 月第 1 版
印　　次	2024 年 3 月第 1 次印刷
印　　刷	北京博海升彩色印刷有限公司
书　　号	ISBN 978-7-5236-0677-3 / F・1248
定　　价	120.00 元

（凡购买本社图书，如有缺页、倒页、脱页者，本社销售中心负责调换）

本书编委会

顾　　问　卢春房

主任委员　曾鸣凯　田京芬

委　　员（按姓氏笔画排列）

马成贤	王　伟	王若凡	王俊永	孔　军	左建勇	龙嘉威
田晓晨	成莉玲	朱小辉	任　河	刘　恒	刘晓冬	刘雪春
刘翠景	池建亭	孙志伟	李　洋	李明慧	李媛冰	何书堂
宋　敏	武　婧	国　巍	罗　昊	季德惠	周媛媛	赵凤文
姜冬青	洪学英	贾建坤	徐国民	奚玉琨	黄启萍	曹自新
崔明波	康文岩	敬　霖	覃海波	傅梅胜	詹　党	潘显钟

执行主编　陈若水　郭　静

前　言

科学技术普及是国家和社会普及科学技术知识、弘扬科学精神、传播科学思想、倡导科学方法的活动，是实现创新发展的重要基础性工作。中国铁道学会自 2020 年启动"全国铁路科普教育基地"认定工作以来，先后认定两批、共 32 家单位。"全国铁路科普教育基地"是依托教学、科研、生产、传媒和服务等资源载体，面向社会和公众开放，具有铁路科普和教育功能的示范性场所，在充分调动社会力量和科技工作者共建积极性、提升前沿科技的展示能力和服务能力方面具有重要作用。经学会积极组织推荐，多家铁路科普教育基地在全国科普教育领域评选认定工作中斩获殊荣，铁路科普的影响力和集聚力稳步提升。其中，中国铁道博物馆詹天佑纪念馆、中国铁道科学研究院集团有限公司院史馆和铁道兵纪念馆 3 家单位荣获中国科协和教育部等 7 部委联合颁布的"科学家精神教育基地"称号，中国铁道博物馆、中国铁道科学研究院集团有限公司院史馆、桥梁博物馆、同济大学铁道与磁浮科普实践教育基地、西南交通大学轨道交通运载系统全国重点实验室、中南大学现代轨道交通建造与运维科普教育基地和沈阳铁路陈列馆 7 家单位荣获中国科协颁布的"全国科普教育基地"称号，中国铁道博物馆、桥梁博物馆和北京交通大学交通设备运输科学馆 3 家单位荣获交通运输部和科技部联合颁布的"国家交通运输科普基地"称号。

目前已获得认定的 32 家"全国铁路科普教育基地"各具特色、各有亮点，中国铁道博物馆、中国铁道科学研究院集团有限公司院史馆、胶济铁路博物馆、云南铁路博物馆、铁道兵纪念馆等基地作为铁路领域科学精神和科学家精神教育的主要阵地，发挥了重要思想引领和价值引领功能。西南交通大学轨道交通运载系统全国重点实验室、同济大学铁道与磁浮科普实践教育基地、北京交通大学运输设备教学馆等高校科研科普基地，助力增强青少年的科学兴趣、创新意识和创新能力，培育具备科学家潜质的青少年群体，为加快建设科技强国夯实人才基础。中车株机公司科技文化展示中心、中车青岛四方车辆研究所有限公司融合创新展示中心、中车太原机车车辆有限公司机车车辆科普教育基地等基地，结合企业业务及研发生产应用成果，通过多元化、有特色的科普宣传活动，积极向公众普及科技知识，助力科技成果应用转化。经过多年发展，铁路科普教育基地建设得到持续加强，科普服务质量水平逐步提升，促进了凝聚更多铁路科普工作者、集成更多优质铁路科普资源目标的实现。

为进一步扩大铁路科普教育基地的行业影响力，加强基地间的交流合作和信息共享，推动优质科普资源开发开放，中国铁道学会组织编写了《全国铁路科普教育基地指南》。这一指南集中展示近年来铁路科普基础设施建设成就，以期用丰富翔实的图片和文字资料，突出各"全国铁路科普教育基地"的专业性、创新性、独特性，彰显科学价值、科普价值、文化价值和历史价值，谋划科普基地建设的未来愿景，共同绘就铁路科普发展多彩画卷，为建设科技强国、交通强国，为提升全民科学素质和铁路科普工作水平作出新贡献。

最后，向所有关心支持铁路科普事业发展的广大科技工作者、科普工作者和社会各界人士表示感谢，向所有为完成本书作出贡献的同志表示感谢！书中如有不妥之处，敬请读者批评指正。

中国铁道学会

目　　录

中国铁道博物馆	001
青龙桥车站	011
沈阳铁路陈列馆	015
武汉高速铁路职业技能训练段	022
胶济铁路博物馆	029
云南铁路博物馆	034
中国铁道科学研究院集团有限公司院史馆	040
桥梁博物馆	048
中车株机公司科技文化展示中心	058
北京交通大学运输设备教学馆	066
西南交通大学轨道交通运载系统全国重点实验室	075
中南大学现代轨道交通建造与运维科普教育基地	084
同济大学铁道与磁浮科普实践教育基地	093
兰州交通大学天佑铁路主题展览馆	101
华东交通大学轨道交通技术创新中心	106
南京铁道职业技术学院文化教育中心	112
铁道兵纪念馆	120
中车太原机车车辆有限公司机车车辆科普教育基地	128

中车青岛四方车辆研究所有限公司融合创新展示中心	137
中车石家庄车辆有限公司	144
胶济铁路青岛博物馆	152
中国铁路兰州局集团有限公司中卫工务段中卫固沙林场	160
北京交通大学大学生机械博物馆	167
中南大学轨道交通科普基地	176
吉林铁路博物馆/吉林铁路科普馆	187
包头铁道职业技术学院科普教育基地	198
西安铁路职业技术学院轨道交通科普教育基地	207
武汉铁路职业技术学院铁路文化博物馆	216
山东职业学院"车同轨"铁路科普教育基地	225
河北省轨道交通科技教育馆	235
柳州铁道职业技术学院铁路科普教育基地	246
詹天佑祖居纪念馆	255

中国铁道博物馆

一、基地总体介绍

（一）基本情况

中国铁道博物馆是中国铁路对外开放的国家级专业博物馆，是隶属于中国国家铁路集团有限公司的公益二类事业单位。它的前身是铁道部科学技术馆，1978年成立，2003年更名为中国铁道博物馆。主要任务是负责铁路文物、科研成果等展品的收藏、保管、陈列、展示及研究工作。同时还是进行爱国主义教育和传播铁路科学的科普教育基地。

中国铁道博物馆下辖三个展馆：正阳门展馆、东郊展馆、詹天佑纪念馆。

1. 正阳门展馆

正阳门展馆位于天安门广场东南侧，是在具有百余年历史的原京奉铁路正阳门东车站旧址基础上改建而成的（图1）。主展区展线长460米，常设展览为"中国铁路发展史"，分为"蹒跚起步""步履维艰""奋发图强""阔步前行的中国铁路"四部分内容。通过运用丰富、翔实的图片史料、实物展品以及先进的展陈技术和手段，全面展示了中国铁路从无到有、从弱到强的140多年的发展历程。观众还可以在此欣赏到中国铁路现代化建设的最新成果和技术装备。

图1　正阳门展馆

2. 东郊展馆

东郊展馆坐落于北京市朝阳区酒仙桥北侧，2003年9月1日正式对外开放（图2）。机

图2　东郊展馆

车车辆展厅内展出了中国铁路不同时期、不同类型及制式的机车车辆百余台。它们当中既有堪称镇馆之宝的中国现存最早的机车，也有以伟人名字命名的功勋机车。还有中华人民共和国成立后，中国制造的各式机车的第一台以及多种客货车辆等。这些机车车辆是中国铁路发展变化的缩影和历史见证。2018年建成的中国高速铁路科普展厅系统地展示了中国高速铁路乃至世界高速铁路的发展历程和取得的成就。在这里，你不仅可以体验高铁模拟驾驶舱所带来的视觉冲击，还能感受亲自登乘室外科普小火车畅游的快乐。

3. 詹天佑纪念馆

詹天佑纪念馆位于世界著名的旅游景区八达岭长城北侧，是一座为纪念在我国近代铁路建设史上做出杰出贡献的爱国者詹天佑而建立的专题人物纪念馆（图3）。陈列展览分为"留学""报国""缅怀""快速发展的中国铁路"四个部分。通过文物史料、詹天佑遗著、遗物和历史照片等，讲述了詹天佑为中国铁路奋斗的一生，真实再现了京张铁路的修建始末以及运用科学技术解决工程难题的艰苦历程。独特的京张高铁展区，记录了我国高速铁路向智能化、人性化发展的铁路科技历程。

图3　詹天佑纪念馆

（二）专业特点

坐火车是当前我国大众化的出行方式，与国家经济、社会、科技发展及大众出行生活密切相关。中国铁道博物馆展示了中国铁路140多年的发展历程，以及近年来我国铁路现代化建设成就昭彰，特别是以高速铁路、高原铁路、重载运输等为代表的铁路科技取得的巨大进步，居于世界先进水平。中国高速铁路通过坚持自主创新，实现了由追赶者到领跑者的历史跨越，成为国家装备制造的一张"黄金名片"，乘坐高铁列车也是我国最具代表性和最受公众欢迎的智能化交通出行方式。

为了更好地宣传高铁建设成果，让高铁文化更好地融入人们的生活，中国铁道博物馆对馆藏文物中的机车装备以及高速铁路动车组的元素进行提炼，积极主动与公司合作打造了"列车超人"系列铁路机车变形文创产品（图4）。该系列产品是博物馆积极探索文创产业发展新思路、新模式的创新实践，有力地拓展了行业博物馆文创产品开发的新业态，是实现文化创造性转化和创新性发展的重要途径。该产品已入驻全国各大城市的上千家实体店，各大电商平台也都有专门的线上店铺。可以说，"列车超人"系列产品在打造国产铁路IP、推动铁路行业文化创意产业高质量发展、培育和传播铁路特色文化特别是高铁文化等方面发挥了积极的作用。具有铁路元素的钥匙扣、冰箱贴、书签、丝巾、便签本、T恤以及火车3D纸模等浓缩了文化精髓的文创产品，使铁路文化更好地融入人们的生活，走进千家万户，进一步满足了公众日益增长的文化需求。

图4　中国铁道博物馆文创产品

展览展示常换常新。一方面，博物馆积极争取资金，在对馆藏资源进行深入挖掘的基础上，对现有常设展览进行更新，力争做到常展常新，让观众每一次到馆参观都有新的收获。另一方面，利用馆内空间和线上平台，举办线上线下各类主题鲜明的临时展览。有为庆祝建党100周年隆重推出的"党旗映红百年路"专题展览；有为弘扬中华优秀传统文化、培育社会主义核心价值观，推出《从35公里到350公里的百年逐梦》展览；有为庆祝北京冬奥会、冬残奥会的胜利举办，先后推出《盛世华章　冰雪之约》《大美冬季　冰雪欢歌》《瑞雪迎春舞冬奥》展览；还有为迎接党的二十大胜利召开，推出"奋进新征程　喜迎二十大"系列展览之《述说中国高铁故事》。这些展览通过对大量文献资料、珍贵文物的深入挖掘，一经推出，好评如潮。一张张展板，引导观众从多个角度感受中国铁路在中国共产党的领导下的奋斗历程和辉煌成就。除馆内的展览展示以外，博物馆还积极参加北京地区以及在全国其他地区举办的各项国内国际展会，如北京博物馆及相关产品与技术博览会、第七届中国北京国际文化创意产业博览会、中国国际服务贸易交易会等，将铁路特色文化推向更大更广阔的舞台。

深入发掘文物的内在价值。对文物内在价值的挖掘，最终目的是要通过某一种形式将文物的价值呈现出来，弘扬民族精神和展示民族形象，而文创产品正是这样的一个载体，体现了对文物内在价值的深度挖掘和呈现。中国铁道博物馆是全国 92 家、北京市 22 家博物馆文化创意产品开发试点之一，是中国铁路文化创意产品开发唯一试点单位。一直以来，我馆立足铁路文化特色资源，深挖行业特色，与各相关单位深入加强产学研合作，加大设计投入，产生了一批优秀的设计产品。这些文创产品极大地丰富了铁路文化创意产品市场，在弘扬铁路文化、传播铁路知识方面反响突出。部分明星产品在馆内外社会教育、科技文化传播等活动中、在同行业之间的馆际交流中、在参加博览会、交易会等展览展示中均受到了广泛的好评。

（三）专家团队建设、科普人才队伍建设、科普工作制度建设

中国铁道博物馆作为铁路行业博物馆的龙头，秉承了科学普及服务大众的理念，不断学习和发扬高铁精神，拓展科普服务领域，创新和丰富科学普及方法，达到宣传中国铁路文化、扩大社会影响力的目的，力促中国铁道博物馆真正成为国内一流、国际先进的博物馆。多年来，博物馆非常重视专家团队以及科普人才队伍的培养，专家、人才队伍建设逐年不断递增，目前，专家团队 20 人，专兼职科普人员 102 人。馆内的专兼职科普人员先后在"庆祝中国共产党成立 100 周年全国博物馆讲解大赛"中荣获一等奖；在交通运输部科普讲解比赛中分别荣获一、二等奖；在科技部主办的全国科普讲解大赛中荣获三等奖；在北京市博物馆志愿服务大赛中荣获"十佳志愿者服务队"等光荣称号。

博物馆科普教育工作是博物馆的灵魂，中国铁道博物馆科普工作属于"大科普"的范畴，各分馆的日常业务工作本身就是科普工作的一部分。鉴于中国铁道博物馆科普工作的特殊性，科普工作遵循"总馆总体牵头，3 个场馆落实完成"的原则。在科普工作制度建设方面，结合一馆四地的特点，为规范总馆与各分馆科普社教工作的协调与管理，分别从管理职责、观众的组织与接待、对外联络与宣传、多种形式教育活动的开展、业务培训与业务研究、考核与评估等方面制定了相关科普工作制度管理办法。

（四）取得的成绩和荣誉

中国铁道博物馆一直秉承博物馆的办馆理念和使命，收藏展示铁路文物、促进铁路科技现代化，发挥自身资源优势，努力打造铁路文化精品、职工的精神家园和向社会展示中国铁路特色文化的亮丽窗口，举办过丰富多彩的爱国主义及科普教育活动，社会效益大大提升。先后被中共中央宣传部、中国科协、中国铁路总公司、北京市人民政府、北京市科委、北京市科协、交通运输部、中国铁道学会等单位命名为"全国爱国主义教育示范基地""全国科普教育基地""铁路爱国主义教育基地""北京市爱国主义教育基地""北京市科普教育基地""国家交通运输科普基地""全国铁路科普教育基地""科学家精神教育基地"等光荣称号。连续 5 年获得国际科学与和平周"和平使者"称号和"优秀组织奖"，被中华全国铁路

总工会授予"火车头奖杯"。

2022年，中国铁道博物馆参加了由国家文物局主办的"弘扬中华优秀传统文化、培育社会主义核心价值观"主题展览申报工作，申报的《从时速35公里到350公里的百年筑梦》展览荣获推介项目，充分发挥了博物馆陈列展览在弘扬中华传统文化、培育社会主义核心价值观中的重要作用。在由中宣部志愿服务促进中心、国家文物局博物馆与社会文物司共同主办的"喜迎二十大 强国复兴有我——青少年中华文物我来讲"博物馆志愿服务项目中，中国铁道博物馆申报的志愿服务项目荣获全国优秀博物馆志愿服务项目。

（五）发展规划

中国铁道博物馆为更好地促进铁路科普教育基地建设，深化科普资源挖掘和利用，打造品质铁博，营造良好科技人文环境，进一步提高广大观众科学文化素养，全面分析、制订如下发展规划：

1. 满足公众需求，主动担负起社会赋予的责任

新时代公众对科普教育基地提出了提高品质和扩大传播的要求，以满足对美好生活的需求，实现高质量发展成为当前科普教育基地的主要工作任务。高质量发展需要各资源单位准确定位，同时依据所在系统财务状况、人文内涵、拥有资源和群众需求而建设和运营。因此，完善科普基地建设，创新展示和传播手段，更好地利用科普基地资源，是科普基地主动担负起服务社会公众、传播科学知识、传承优秀文化，甚至关注社会诉求、引导社会舆论的责任。

2. 强化教育服务功能，更好地助力学校教育

加强科普教育基地教育服务功能，充分发挥科普资源优势与学校建立常态联系，到校开展课后服务。以"走出去""请进来"的方式，将科普基地优秀资源推荐给学校，提炼博物馆资源与学校资源的有机结合点，建立教育资源库与项目库，并且依据新课标和学生学情，利用博物馆开发整理的资源，开展本地区学校的特色选修课。充分利用学校下午三点半以后的课后时间，为学生们带去喜闻乐见的课后服务活动项目。

3. 发挥基地平台作用，资源共享、互惠共赢

充分发挥交通运输科普教育基地平台作用，以平台资源为主线串起"交通运输"科普文化，充分利用科普人才或与相关科普机构合作，有效开展科普类主题活动，运用多种科普形式加强场景式、体验式、互动式、探究式科普教育实践活动。按照"双向选择"的原则，由学校自主选聘基地科普工作者，通过作报告、讲故事、开设线上线下科普课程、指导学生科技社团和兴趣小组活动等多种方式，加强学生科技教育，培养学生科学兴趣、创新意识和创新能力。科普基地与学校形成良好互动，才能形成资源共享，互惠共赢。

4. 加强科普人才队伍培养，努力提高师资水平

联合教育部门加强双师授课，加强对学校科学教师的培训。依托科普教育基地，精心设计教师培训课程，突出世界科技前沿、科学发展规律、科技创新成果和科学精神、思想方法等方面的培训，开阔教师科学视野，提高教师科学素养和教育教学水平。开发精品科普课程，安排专职人员进行讲解指导，切实增强科普课程的科学性、系统性、适宜性和趣味性。

二、基地建设特色

（一）特色展品

中国铁道博物馆拥有大量的铁路特色展品，正阳门展馆内有清政府为京汉铁路开通所铸的铁碑、国内发现最早的钢轨、铁路客票印刷机、"毛泽东号"机车车徽、北京站大钟指针、动车组模拟驾驶、高铁车站模型、青藏铁路沙盘以及具有百年历史的硬板客票印刷机等大量珍贵文物和展品（图5）。东郊展馆收藏展示了不同国家和不同时代的准轨、米轨、寸轨机车车辆百余台。它们当中既有堪称镇馆之宝的中国现存最早的机车——0号蒸汽机车，也有以伟人名字命名的"毛泽东号"和"朱德号"等功勋机车。内燃、电力机车中有中国制造的第一代"东风"型电传动干线货运机车，中国制造的第一代"韶山"型电力机车等。在这里还可以看到多种客货车辆，有老式的专用客车，有国家领导人的公务车，有不同种类的铁路座车、卧车、餐车、行李车及不同用途的多种铁路货车等。这些机车车辆都是不同历史时期中国铁路使用的代表性车型，是极具历史价值和科学价值的珍贵文物。詹天佑纪念馆特色展品有詹天佑在耶鲁大学学习时获得的金质奖章、詹天佑的二等宝光嘉禾勋章、清末民初詹天佑用的象牙名章以及京张高铁数字化沙盘等。

图5　硬板客票印刷机

（二）科学家故事

1. 中国铁路之父詹天佑

詹天佑1861年出生在今广东省南海县。他自幼非常聪慧，1872年考取了官派赴美幼童出国留学预备班，后到美国学习。1881年毕业于耶鲁大学土木工程系。他在1905至1909年顶着各方压力，主持修建的京张铁路是完全由中国人自己勘察、设计、施工、运营的第一条国有干线铁路，其展现的科学方法不胜枚举、其蕴含的科学思想寓意深厚、科学精神催人奋进，能够更加深刻地激发国人的爱国情怀。在20世纪初期的中国，如此大胆地采用"人字形"折返线爬坡设计原理，在中国铁路建设史上是一个伟大的创举。詹天佑创新性的科学方法，不仅仅体现在"人字形"线路上，还有利用"竖井开凿法"打通八达岭隧道的6个工作面同时工作，大大缩短了工期等铁路科学知识，展现了老一辈铁路人攻坚克难、藐视困难的奋斗精神，勇于创新、埋头苦干的科学家精神。

2. 著名桥梁专家茅以升

茅以升，1896年1月9日生于江苏省镇江，中国著名的桥梁专家、教育家、社会活动家，铁路科技事业的开拓者。他自幼聪明好学，成绩一直名列前茅，从小立志学习桥梁知识，因为他始终有一个明确的目标，就是中国人要建造我们自己的现代化桥梁，改变大江大河上许多桥梁都由外国人设计建造的现状。但是在钱塘江上面建桥并不容易，因为钱塘江水汹涌，波涛险恶。经过茅以升无数次钻研、勘查、设计并主持修建的钱塘江公铁两用大桥终于在1937年9月26日正式建成通车。钱塘江公铁两用大桥开创了中国现代桥梁的先河，茅以升将毕生精力投身祖国的铁路建设事业当中，体现了报效祖国、忠于职守的科学家精神。说到科学家精神，不得不说在2016年《政府工作报告》中首次提出的"工匠精神"，其内涵可以诠释为"爱岗敬业、精益求精、专注执着、求真创新"。无论是建桥初期，还是为了民族大义在建桥后的89天炸桥，再到1953年复桥，茅以升和他的同人都在用行动诠释了"工匠精神"的内涵。茅以升晚年回顾一生时说："人生之路崎岖多于平坦，忽似深谷，忽似洪涛，好在有桥梁可以渡过，桥梁的名字叫什么呢？叫'奋斗'。""奋斗"不仅是茅以升的座右铭，更是指导当代青年人应该传承的精神。茅以升敢为人先的科技创新精神，排除一切艰难险阻、勇往直前的奋斗精神将永远在青年一代的人生道路上熠熠生辉。

3. 登高英雄杨连弟

杨连弟，1919年生于天津市北仓镇北仓村，14岁开始便帮工种地补贴家用，做过电工、架子工等。1949年3月，杨连弟成为中国人民解放军铁道兵战士，参加了陇海铁路8号桥的抢修工作。该桥高45米，是当时全国最高铁路桥。大桥遭到炸毁后，因施工难度极大，先前工程队耗费较长时间未能修复。面对无法攀爬的桥墩，杨连弟琢磨出用铁钩绑杆子登高的办法。他带领18名战士在没有任何安全防护措施的条件下冒险登高作业。他创造"单面云梯"施工法，最终顺利登桥，为大桥提前修复奠定了基础。1949年10月18日，8号桥顺利通车，比计划提早了12天，杨连弟荣立大功一次，并被授予"登高英雄"称号。1950年，杨连弟加入中国人民志愿军，被编入铁道兵团一师一团一连，当年11月赴朝参战。在鸭绿江、清川江等铁路桥梁的抢修任务中，杨连弟均做出了贡献。1951年3月，杨连弟光荣加入中国共产党。1952年5月15日，杨连弟在抢修清川江大桥时，被一颗定时炸弹的弹片击中头部，不幸壮烈牺牲，时年33岁。杨连弟牺牲后，被授予"特等功臣""一级英雄"等称号。陇海铁路8号桥被命名为"杨连弟桥"，他所在连队被命名为"杨连弟连"。

（三）铁路历史故事

中国早期铁路有两个"第一"。中国铁路起步于清朝统治日渐衰落、半殖民地半封建社会时期，充满着屈辱、辛酸和曲折。从1876年到1911年，在我国大地上先后修建了9100多千米铁路，翻开了中国铁路历史的第一页。而中国第一条营业性铁路要从吴淞铁路说起。1874年12月，英国人擅自修筑了吴淞铁路，长14.5千米，于1876年7月1日开通试车。由于这条铁路事先没有得到中国清政府的同意，被即令停运，而后，清政府以28.5万两白银赎买，于1877年10月将这条铁路拆除。到了1880年，在清政府北洋大臣李鸿章主持下，由开平矿务局负责集资修建唐胥铁路。该铁路自唐山起至胥各庄（今河北省唐山市丰南区）止，全长约10千米，这是中国第一次采用了1435毫米的标准轨距。1881年6月9日开工，1881年11月8日举行通车，从此揭开了中国自办铁路的序幕。

1. 京奉铁路正阳门东火车站

中国铁道博物馆正阳门展馆的前身就是京奉铁路正阳门东火车站。站舍始建于1906年，其本身就是一个有历史价值的文物保护单位，先后被命名为正阳门东站、前门东火车站、北京站，一直用到1959年新北京站建成后才结束了它的历史使命。车站的建设要从关内外铁路说起。关内外铁路起自北京正阳门东站，止于奉天城站（今沈阳站），全长842千米，由英、日两国分段修建，1907年改称京奉铁路，1912年全线通车。1900年，八国联军占领京城，英国抢先将关内外铁路由马家堡修到前门的东侧，建起了正阳门东站。法国将卢汉铁路由卢沟桥抢修到前门的西侧，建起正阳门西站，卢汉铁路于是改称京汉铁路。中华人民共和国成立后，由于城市改造建设需要，正阳门西站被拆除。保留完好的正阳门东站成了中国铁道博物馆正阳门馆的馆舍。

2. "毛泽东号"机车

1946年，哈尔滨机务段开展了修复旧机车活动。经过27个昼夜的抢修，将"ㄇㄎ1304号"机车修复成功。1946年10月30日，经中共中央东北局批准，命名该机车为"毛泽东号"机车。随着首任司机长陈捷三拉响的第一声汽笛，这台承载着中国铁路工人希望与梦想的"火车头"滚滚向前，开启了长达75年的伟大征程。"解放军打到哪里，铁路修到哪里，'毛泽东号'就开到哪里。"1949年3月，带着这份豪迈誓言，"毛泽东号"机车组奉命随解放大军南下入关，落户丰台机务段（现为中国铁路北京局集团有限公司丰台机务段），承担起运送部队和战争物资的重任。"毛泽东号"创造的奇迹还有很多：中华人民共和国成立之初，为了培养铁路职工的主人翁意识，"毛泽东号"机车组奉命前往郑州、济南等地首推包车责任制；抗美援朝时，"毛泽东号"率先倡议开展"超轴运动"，创造了比标准定数超轴18%的纪录；唐山大地震时，"毛泽东号"赶赴丰润、古冶重灾区抗震救灾，连续奋战了两个月。"毛泽东号"已成为培养输出优秀火车司机的摇篮，在一代代"五星司机"的传承中，把"报效祖国、忠于职守、艰苦奋斗、永当先锋"的"毛泽东号"精神发扬光大。

3.《滕代远汇报提纲》手稿

《滕代远汇报提纲》是1956年时任铁道部部长的滕代远进行专题汇报的工作提纲手稿，其中一部分内容是关于宝成铁路的，上面写道："总理，我在宝成铁路通车典礼上的讲话，请您费心一阅指正，以免错误。附上讲话油印稿。"这是中华人民共和国成立后第一位铁道部部长的心血，也是对当时铁路情况比较全面而详细的记录，对铁路的发展起到了承上启下的重要作用，反映了建国初期我国的铁路状况，是极为珍贵的历史文献资料。

三、基地活动展示

中国铁道博物馆充分依托和发挥独具特色的科普教育资源优势，加快博物馆科普教育发展和重点项目建设，切实履行和发挥教育职能优势，面向社会公众和中小学生积极组织开展了丰富多彩的科普教育活动，收到了良好的社会效益，得到了各界的肯定（图6）。

图6 中国铁道博物馆展厅一角

近年来，中国铁道博物馆积极参加了国际博物馆日、全国铁路科技活动周、全国科普日、全国科技活动周暨北京科技周主场活动、国际文化产业博览会、博物馆及相关产品与技术博览会、全国文化科技"三下乡"集中示范活动、城市科学节、V蓝·北京环保嘉年华巡展等重大示范科普活动，特别是连续多年参加科技部主办的"科普大篷车"流动科技馆进基层活动，分别走进柞水县、紫阳县、华阴市、井冈山市、黄冈市等地开展送课进校主题讲座及特色科普活动，受到广大青少年的喜爱。

在3个展馆重点推出了"火车雕版"的拓印活动，将文化底蕴深厚的非物质文化遗产

"雕版印刷"与近代工业的典型代表——蒸汽机车巧妙地融合在一起，与集多项高新技术于一体的复兴号动车组列车融合在一起，让观众在参与拓印的过程中，感受优秀传统文化和铁路特色文化有机结合的魅力。通过馆内活动和送课进校等形式，更好地服务广大观众，特别是青少年学生。

在课程开发方面，中国铁道博物馆充分利用馆藏文物资源及元素，结合新冠肺炎疫情期间参观特点，在节假日期间策划开展了多种形式的线上、线下系列科普课程："遇见铁博遇见你""未来与你同行""我和铁博过大年：解锁你的新年盲盒！""彩绘端午·清凉一夏""火车雕版印刷""火车探秘""五彩斑斓的小火车""神奇的蒸汽机车——看看谁的小车跑得快！""开往未来的北京冬奥列车""探寻铁博足迹，感受铁路文化""火车轮子动起来"等主题系列活动。还通过馆藏不同时代和制式的铁路机车、车辆开发火车模型教具，结合特色品牌"铁道科学"课程及"铁博讲堂"，采取跨学科、探究式、全链条螺旋式学习法推出了专题研学实践课程，突出对铁路文化遗产的活化利用，把铁路历史文化融入博物馆教育，增强博物馆吸引力，让收藏在博物馆中的文物真正"活起来"，使文化、旅游、教育形成一个有机的整体（图7）。同时，我们还积极申报课题项目，争取到资金用于扩大科普宣传。

图7 特色课程"铁博课堂"

四、基地公众信息

（1）新媒体

微信公众号：中国铁道博物馆（gh_7b48f0f3276d）

抖音号：中国铁道博物馆（zgtdbwg）

（2）开放时间

正阳门展馆：9:00—17:00（周一闭馆）

东郊展馆：9:00—16:00（15:30停止售票，周一闭馆）

詹天佑纪念馆：9:00—16:30（周一闭馆）

青龙桥车站

一、基地总体介绍

青龙桥车站地处燕山深处的北京八达岭长城脚下,是 1909 年建成的京张铁路上的一座三等车站,因处在著名的"之"字形线路尽头而闻名,现隶属于中国铁路北京局集团有限公司北京北站。作为京张铁路不可分割的重要组成部分,青龙桥车站的建成与发展见证了中国铁路百年历程,先后被评为铁路爱国主义教育基地、全国关心下一代党史国史教育基地、全国铁路科普教育基地、北京市工业遗产、全国重点文物保护单位等(图1)。

青龙桥车站主站房位于长城以东、铁路以北,主体长 19.69 米、宽 15.62 米、高 4.01 米。采用了中西融合的建筑风格。站房功能齐全,设有候车大厅、杂役室、服务员室、电报房、售票处、站长室和宿舍等。外立面正中央上方设置站名匾,由时任京张铁路会办关冕钧题写,下方配有韦氏拼音写法的英文站名(图2)。

历史百年转瞬即逝,车站的一切都在随时间的变化而发生着改变,唯独不变的是一直沿用的"之"字形路线的运行方式。如今,青龙桥车站已不再办理客运业务,但京张铁路旅游专线——北京市郊铁路 S2 线仍在车站停靠,旅客乘坐 S2 线列车回京时,不下车即可近距离看到车站全貌(图3)。矗立在站台上的詹天佑像、车站下奔驰而过的复兴号列车与

图1 青龙桥车站

图2 青龙桥车站旧影

图3 S2线市郊列车停靠在青龙桥车站

图4 南口段至八达岭段被列为全国重点文物保护单位

图5 车站主展室

这座百年老站一起共同见证、呵护着一百多年来国人筚路蓝缕接力赓续的精神家园和梦想起点。

二、基地建设特色

京张铁路是我国第一条由中国人自主勘测、设计、施工和管理的干线铁路。京张铁路跨越崇山峻岭、古道雄关，盘亘于群山之间，如一条气势磅礴的巨龙，散发着勃勃的生机，也被誉为世界上最具审美价值的铁路工程之一。詹天佑在京张铁路修建过程中，遇到的一大困难是关沟段至八达岭段的高山陡坡。当时设计最大坡度达33‰，加上机车牵引力不足，詹天佑巧妙地顺着山势设计了"之"字形折返线。北上的列车到了南口就用两个火车头，一个在前边拉，一个在后边推。在青龙桥车站停车后，列车折向西北前进，原先推的火车头改为拉着火车前进，原先拉的火车头则在后面推着火车前进，进入八达岭隧道。这样一来，铁路线的坡度降低了，列车爬坡就容易多了，同时还减少了八达岭隧道修建长度。这一设计一举解决了全线中最陡峭的关沟段越岭问题，是中国铁路建设史上的创举。2013年5月，老京张铁路南口段至八达岭段被核定为第七批全国重点文物保护单位（图4）。

青龙桥站建于1908年秋（光绪戊申秋季），站名由时任京张铁路会办关冕钧题写。1960年建青龙桥西站，1962年开通运营。至此，青龙桥站只接、发开往北京的上行列车；青龙桥西站则只接、发开往包头的下行列车。青龙桥车站是京张铁路的重要组成部分，见证了京张铁路的百年变迁，目前仍在正常使用。2008年，在首都博物馆的帮助下，车站被确定为北京市工业遗产并进行了保护性修缮。车站利用站房空间建设了展室，恢复了原贵宾室、站长室及男女待车室等。在詹天佑科学技术发展基金会和中国铁道博物馆协助下，制作了《工业遗产　百年老站——京张铁路青龙桥车站》基本陈列，展出车站老照片、铁路老物件100多件（图5）。

1. GPS 纪念柱

万里长城与京张铁路青龙桥站线路的交汇点,标出 GPS 坐标:(40°21"0.95"N,116°1"6.96"E)。

2. 苏州码——京张路上古密码

京张铁路里志标、坡道牌均为苏州码计数。里程计数清制为华里,《京绥铁路规章汇览》记载,1919 年 1 月 7 日,京绥铁路管理局颁布了第三号训令:"国有铁路第六次联运会议第十四议决案采用公吨公里制度议定于民国十年一月一日为实行更改日期。"京张铁路由此开始采用公里作为里程单位。

阿拉伯数字: 1 2 3 4 5 6 7 8 9 10
苏州码: 〡 〢 〣 メ 8 ㅗ ㅗ ㅗ 攵 | O
罗马数字: Ⅰ Ⅱ Ⅲ Ⅳ Ⅴ Ⅵ Ⅶ Ⅷ Ⅸ Ⅹ

3. 詹天佑铜像

詹天佑逝世以后,中华工程师学会呈请民国政府为詹天佑建祠立像。1922 年,民国政府委托日本制造一大一小两尊铜像,雕塑者为建畠大梦。大铜像高 2.4 米立在青龙桥车站,小铜像立在中华工程师学会院内。纪念碑亭碑文为大总统徐世昌亲自撰写。詹天佑纪念馆收藏有碑文拓片(图 6)。

图 6 矗立在青龙桥车站的詹天佑铜像和碑亭

4. 詹天佑墓

詹天佑逝世于汉口,葬于北京海淀万泉庄(今天的人民大学家属区院内),1926 年,其夫人谭菊珍逝世,与詹天佑合墓。1982 年 5 月 20 日迁至青龙桥车站。墓冢由坚固的花岗岩砌成,冢前立面刻着"詹天佑先生之墓"7 个古朴浑厚的汉隶金字,为著名书法家徐之谦先生手书。半球形汉白玉墓冢下的墓穴中,安放着詹天佑及其夫人谭菊珍女士的骨灰盒。墓冢后是一座宽 2.60 米、高 1.40 米的墓碑,花岗岩镶边的黑色大理石上镌刻着 500 多字的"詹天佑先生生平"(图 7)。1984 年,北京市文物局将"詹天佑铜像及墓"正式确立为北京市文物保护单位。

图 7 詹天佑及夫人墓

5. 报车器

恢复历史上的钢轨作为报车器。用百年声音再现青龙桥工业遗产的"山谷的回响"。全站人员是根据报车器敲出的尾数来判断是上行车还是下行车。如果尾数是单数说明是下行车（由北京开出的火车），双数就是上行车（开往北京的火车）。

6. 京张钢轨

为了既保证质量，又节省资金，京张铁路正线用的钢轨是从国外定制的重磅钢轨，辅线采用了关内外铁路的旧钢轨。青龙桥现存最早百年钢轨由1898年英国制造，曾使用于京奉铁路，钢轨侧面标注"BARROWSTEEL 1898. SEC435. I.C.R."字样，"I.C.R."意为"官办中国北洋铁路"（图8）。

图8 车站保存的京张铁路轨道和"苏州码"标记碑

7. 男女候车室

修缮后的候车室，划分为"男待车室"和"女待车室"。

三、基地活动展示

2019年，新建成的京张高铁八达岭隧道从车站下方4米处纵向穿越车站而过，在地理空间上，新、老京张线路被定格为一个"大"字。2020年12月30日，在京张高铁开通一周年之际，新、老京张铁路立体交汇点纪念碑在青龙桥车站揭幕，记录下中国铁路从"人"到"大"的飞速发展轨迹（图9）。

图9 京张铁路和京张高铁交汇点纪念碑揭幕仪式

四、基地公众信息

（1）地址：北京市延庆区八达岭森林公园红叶岭景区北侧

（2）乘车路线：北京市郊铁路S2线

沈阳铁路陈列馆

一、基地总体介绍

（一）基本情况

沈阳铁路陈列馆位于沈阳市苏家屯区山丹街8号，隶属于中国铁路沈阳局集团有限公司（图1）。陈列馆始建于2009年6月，2009年11月竣工，2010年10月18日正式开馆，总占地面积8万平方米，其中展馆占地面积2.9万平方米，馆内设有接待室、会议室、多功能报告厅、藏品库房和文创中心等配套设施，能满足各类大型教育活动需要。全馆移动信号覆盖、免费WiFi上网，设立游客服务中心、游客休息区，提供免费儿童车、轮椅等服务，为观众参观提供了便利服务，现全面对社会开放，属于公共场所类科普教育基地。

图1 沈阳铁路陈列馆外景

（二）发展沿革

沈阳铁路地处中国东北的中南部，跨及辽宁省和吉林省的全部，以及内蒙古自治区、黑龙江省及河北省部分地区，是东北地区最大的铁路枢纽，是联系东北与关内的主要交通中枢，是中国对朝鲜、俄罗斯、日本贸易和友好往来的通道。沈阳铁路从1891年修筑关内外铁路起，迄今已有130多年的历史，中国铁路奠基人、著名工程师詹天佑，曾派驻在此负责技术指导，随后涌现出许多代表性人物。

陈列馆前身在苏家屯机务段院内，1984年对外开放，2002年被移至植物园，2005年因

图2 沈阳铁路陈列馆远景

建世博园，陈列馆辗转至铁西城区（图2）。2009年，沈阳局集团公司自力更生、群策群力，建成集装备、器材和史料为一体的铁路陈列馆，并于2010年10月18日正式开馆。这是沈阳局文博发展史上具有里程碑意义的一件大事，将离家多年的百年机车又接回到苏家屯，这是沈阳局130年历史的最好见证，它标志着沈阳局文博事业、企业文化建设进入了一个新的发展阶段。

（三）专业特点

沈阳铁路历史悠久，从1891年清政府修筑关内外铁路起，迄今已有130多年，是中国铁路发展的一个缩影。陈列馆分机车车辆展区、动感机车体验区、史料图片展区、铁路装备展区四大部分，展陈各类装备800多件，图片1500多幅。陈列的最珍贵、最丰富、最令人震撼的火车头和丰富翔实的史料图片以全景、立体的形式，浓缩了沈阳铁路跌宕起伏、波澜壮阔、弥久动人的百年传奇，蕴藏着几代沈阳铁路人的创业史、奋斗史、发展史，成为弘扬铁路文化、展示发展成果的品牌窗口（图3）。

沈阳铁路陈列馆史料图片展区，以700多块展板、1500多张照片、80多个展柜及实物、场景复原、影视播放等形式，讲述沈阳铁路的前世今生，带您追忆坎坷发展历程。清末、民国及伪满时期的沈阳铁路，解放战争时期的沈阳铁路，抗美援朝及中长路时期的沈阳铁路等展区，利用文物、珍稀馆藏、老照片的展示形式娓娓讲述着从19世纪末到中华人民共和国成立以来，沈阳铁路曲折发展的历史进程，是中国铁路发展的一个缩影，是一处绝好的铁路科普及红色教育的研学基地。

图3 沈阳铁路陈列馆大厅

在铁路装备展区中，分为机车展区、车辆展区两个部分。在这里，可以抚摸一台台尘封百年的机车车辆，聆听一段段鲜为人知的名人轶事，在工业感的环境中，宛如置身历史记忆的长河。在历史与现实的碰撞中，品赏厚重铁路文化。

机车展区中，众多的蒸汽机车陈列其中，带参观者饱览百年铁路工业文明，触摸近代铁路的风雨沧桑。馆内展览有1907年美国造蒸汽机车、1914年德国造"森林小火车"、1934年日本造"亚细亚"号牵引机车、1956年中国造前进型蒸汽机车等不同时期铁路的机车装备，静静地供游人追忆中国铁路那艰辛坎坷又波澜壮阔的崛起岁月。

车辆展区内，陈列有沙俄、美国、中国等国家制造的各种不同型号的车辆24台。有最早1900年俄国制造的C20型敞车，也有中国制造较现代的载重80吨C80B型敞车，有"满铁"遗留1933年的EX型维修车，也有时速350千米的和谐号动车组，铁路货运重载化运输、客运"中国速度"的代表，都能在这里看到。

沈阳铁路陈列馆，以其特有的中国近代工业遗产、丰富的馆藏，成了独具文化魅力的城市名片和找寻记忆的精神家园。

（四）科普人才队伍建设

陈列馆现有员工18人，专兼职讲解员3人，硕士学位1人、学士学位2人，3名讲解员从事讲解工作时间长达5年，拥有丰富的讲解经验，形成了专业专职的授课培训团队，基本满足各类科普教育需求。

陈列馆通过召开日、周、月例会和培训交流会的形式，加强对工作人员的教育和培训，不断提高科普教育的业务能力和水平。专门邀请专家对专职讲解员进行日常讲解、礼仪、铁路发展史等知识培训。每年组织工作人员到全国各大博物馆进行馆际交流与研学培训及研讨，培训率达100%。多年来在馆领导的带领下，展务部全员分别到中国国家博物馆、中国军事博物馆、中国铁道博物馆、首都博物馆、上海科技博物馆、上海铁道博物馆、二七纪念馆、詹天佑博物馆等展馆进行交流学习，积攒经验，增长见识，与宣教和展务同仁开展交流座谈，探讨展陈技巧和讲解心得，为更好地完成各项工作积累了经验。新冠肺炎疫情期间，还积极组织科普工作人员参加线上学习培训，提高业务能力和水平。

（五）科普工作制度建设

为了提高科普工作管理水平，强化管理机制，加强对科普工作的指导和协调，结合陈列馆科普工作中的组织建设、科普设施管理等方面的实际情况，沈阳铁路陈列馆特制定了以下科普工作管理制度。

实施科普工作和科普档案管理制度化、规范化。统一规范、完善科普活动台账、科普工作管理制度或办法，并完善各类科普档案管理制度。明确职责和任务，及每年初制订全年工作计划和有关规划、方案，将科普活动中形成的材料及时整理归档。

划分参观展区，安设展区导视牌和主要装备电子说明牌，使主展区更具层次化、立体化。对馆内破损地面和卫生间重新铺设地胶通道，增设黄色地胶禁入线，优化展馆环境。加强动感机车的封闭管理，安装白钢玻璃围栏。机车登乘扶手进行封闭，禁止攀爬，消除安全隐患。设立了设备中心、消防中心和监控中心，安排电气、机械、消防、保卫等专业的人员24小时值守，保证了博物馆的安全稳定有序运行。不断提升服务质量。

建立服务保障机制。免费为观众提供接待咨询、参观引导、科普资料领取、大件物品存放、医务箱等便民服务。通过设立观众留言台、意见簿和网络评价等，关注观众参观体验，建立了与观众进行交流互动的畅通渠道。通过发放参观调查问卷，征集游客在馆容馆貌、服务质量等方面的建议，努力营造良好的科普工作环境。

（六）取得的成绩和荣誉

自开馆以来，已获评铁道部铁路爱国主义教育基地、辽宁省爱国主义教育基地、辽宁省关心下一代工作委员会教育基地，2014年5月被沈阳市评选为"沈阳市首届博物馆十大精品奖"、2018年获评教育部基础教育司全国中小学生研学实践教育基地、2019年获"中国旅行社协会行业榜单研学旅行基地十强"、2020年获评中国铁道学会科普教育基地，现为中国铁道文博委员会副主任委员单位、全国工业旅游联盟理事单位、沈阳市博物馆协会理事单位，2021年获评全国科普教育基地、国家3A级旅游景区。

（七）发展规划

为了促进陈列馆各项工作可持续发展，根据《全民科学素质行动计划纲要》和《科普基础设施发展规划》的要求，陈列馆制定了三年科普发展规划。近期规划全力打造好"五大科普基地"，即，打造红色教育基地、打造工业旅游基地、打造研学教育基地、打造驾驶体验基地、打造文创研发基地（图4）。

图4 沈阳铁路陈列馆展厅一角

打造红色历史文化品牌，就是要紧紧围绕沈阳铁路百年历史的传奇，充分展现丰厚的历史文化底蕴，以弘扬铁路对抗日战争、解放战争、抗美援朝的贡献为核心，利用现代传媒技术和手段，多渠道、全方位地展示铁路的红色革命文化，精耕细作，努力把陈列馆建设成全路红色文化教育核心。

铁路的文化遗产是工业遗产中的一个重要组成部分，也是人类工业文明的一个重要标志。蒸汽机及内燃机是工业革命的标志性产物，以蒸汽机车和内燃机车为代表的陈列馆，对于展示科学文化和工业美学来讲都是不可多得的独特文化科教资源。

陈列馆作为全国铁路爱国主义教育基地和研学教育实践基地，将继续深入挖掘潜在资源，开拓研学团队。陈列馆拥有活动室、会议室、电影放映厅及体育活动空间等多种场所，可以为各种研学科普活动提供场地支持。

陈列馆现有蒸汽机车和内燃机车剖面各一台，动车组外壳一节，计划打造一个集蒸汽、内燃、动车组驾驶为一体的铁路动力发展体验基地，增强展馆展示内容的互动性，利用独特的装备资源，以职业体验为卖点，吸引游客到馆参观。

"形以体神，器以载道"，根植于铁路文化衍生的各类文创产品是吸引游客到馆参观的一个重要内容。以拥有独特的机车资源为依托的文创产品研发，是铁路文化传承与科普的一个极好手段。

二、基地建设特色

（一）詹天佑场景还原

这是根据詹天佑修筑关外铁路锦州段和营口支线的故事制作的一个场景还原。詹天佑亲自设计和组织施工了京张铁路，但在此之前他主持修筑山海关外绥中至新民、沟帮子至营口两条铁路却鲜为人知。这两条铁路是詹天佑投身中国铁路事业主持修筑最早的铁路线，也是沈阳铁路的最早铁路线。

1891年，清政府开工兴建关东铁路京山段，在山海关成立北洋官铁路局。1896年，詹天佑从津卢铁路调往由北洋官铁路局与中国铁路公司合并组成的津榆铁路总局，常驻锦州，被提升为驻段工程司，负责关内外铁路展修工程的首段，从绥中县的中后所到锦县的沟帮子，全长118.7千米。这条铁路于1899年暑期顺利建成通车。

随后，他又承担了从沟帮子到营口的支线修筑任务，支线全长91.1千米。为了加快施工进度，他把办公室和家都搬到了施工现场，夜以继日地坚守在工地，勘测、选线、设计、施工，一面组织工人从沟帮子向东展修，一面从牛庄向西推进，双向筑路、铺轨，终于按工期要求在1900年4月接轨通车。沟营铁路通车后，营口同时拥有两条铁路直通沈阳和东北内地，一条是向东经大石桥上沈大线北行进入沈阳，另一条是向西北经沟帮子东折进入沈阳。

詹天佑从事铁路事业30多年，对中国铁路事业做出了开拓性贡献。他既是沈阳铁路的第一任工程师，又是中国铁路的奠基人和开拓者，是名副其实的"中国铁路之父"。

（二）胜利8型811号机车

811号机车是胜利8型蒸汽机车，是当年牵引12次特快列车的本务机车（图5）。1959年7月21日深夜，从沈阳开往北京的12次列车，在辽宁绥中站附近被连日暴雨引发的洪水围困，铁路桥眼看就要被洪水冲垮，车长张敏媛果断做出了倒车的决定。

桥梁倒塌，线路中断，12次列车失去了与外界的一切联系。当时，外电报道这趟列车上的600多人已经全部遇难。失去联系的12次列车牵动着所有中国人的心。此时12次列车正在展开一场生死大营救。

图5　胜利8型811号机车

连续三天三夜，12次列车全体人员与洪水展开搏斗，不仅保护了车上612名旅客的生命安全，还从洪水中救出了350名群众。7月23日，从锦州、山海关等地派出的救援队伍终于在一片汪洋中找到了12次列车。

消息传开，12次列车成为全国家喻户晓的英雄列车。1959年8月13日，铁道部签署嘉奖令，将中华人民共和国成立后铁路系统第一个最高荣誉授予12次列车。一个多月后，中华人民共和国迎来国庆10周年，12次列车的故事也成为那一年国庆人们最难忘的记忆。

《人民日报》以《英雄列车》为题，对12次列车的英雄壮举进行了深入报道。1960年，八一电影制片厂拍摄了电影《12次列车》，其中车长的原型便是张敏媛，曾轰动全国，共有3亿多人观看了此片。从此12次列车成为全国家喻户晓的英雄列车。

（三）一张1951年的《人民日报》

1951年6月9日，《人民日报》发表了一篇报道，题为《不朽的人》，副标题是：《记献出生命保全弹药车辆和桥梁的援朝铁路工人王景洲》。随后，国内十几家报纸、杂志、电台，都以《不朽的人》为题，报道了这位志愿军新成川车站车号员的英雄事迹。1951年3月，新成川站内一列装满弹药的列车，分解到山洞待避，敌机轰炸扫射时，弹药车辆溜逸，将要与军火列车相撞。王景洲用自己穿着棉袄的身躯躺在钢轨上，掩在撬棍下，溜逸的车辆被掩停了，弹药车和铁路桥梁保住了，王景洲同志却壮烈牺牲，献出了年仅 22 岁的生命。

三、基地活动展示

沈阳铁路陈列馆于 2010 年 10 月正式开馆，主要开展路内局情局史教育及安全警示教育，自 2017 年起向社会开放（图6）。展厅内展陈蒸汽机车 24 台、内燃机车 15 台、电力机车 2 台、货车 14 辆、客车 13 辆，各类装备 1000 多件，图片 1800 多幅。设有动感机车体验展区、蒸汽机车及内燃机车操作室开放展示机车、"满铁"时期老站台风雨棚场景还原，吸引无数观众前来感受厚重的铁路文化和铁路技术装备的提升。

图 6　沈阳铁路陈列馆展厅一角

沈阳铁路陈列馆日常科普教育工作，主要分 3 个部分：一是"两学一做"党员集中培训——局情局史科普课堂；二是全局各站段的参观培训——铁路装备发展科普课堂；三是社会各界——铁路工业旅游和研学教育课堂。

10 年来，陈列馆开展的铁路科普教育服务了 28 万余人次，开展党员培训教育、研学教育特色活动百余次，作为企业文化宣传的重要阵地，对凝聚企业精神，弘扬先进典型、传承铁路优秀文化、培育安全理念、讲好铁路故事发挥了积极的重要的作用。

四、基地公众信息

（1）微信公众号：沈铁陈列馆

（2）开放时间：9:00—16:00（周一闭馆），下午 15:30 停止售票

（3）票价：成人门票为 80 元 / 人次；半价优惠门票价格为 40 元 / 人次，游客凭票参观，一人一票，当天有效

武汉高速铁路职业技能训练段

一、基地总体介绍

武汉高速铁路职业技能训练段坐落于湖北省武汉市东湖高新区严西湖南岸的半岛上，于2014年8月正式成立。训练段内设办公室（党群工作部）、人力资源部、信息资料中心、计划财务部、后勤保障部、教研部（下设7个专业教研室）、培训部、质量监督与认证部8个部门。训练段师资以全国高铁运输站段的专业管理人员、专业技术人员为主，现有驻段培训师200多名（图1）。

图1　武汉高速铁路职业技能训练段外景

武汉高速铁路职业技能训练段按照"总体设计、分步实施"的原则实施建设，总用地面积31.25万平方米，自2013年1月开工建设，2014年6月建成，总建筑面积13.1万平方米，总投资约20亿元，可同时接纳3100名学员。自2014年9月开始承担教学培训任务以来，已累计培训学员18万人次。

武汉高速铁路职业技能训练段是高速铁路主要行车工种上岗前的准入培训机构，是高速铁路基层技术和运营管理人员任职资格的培训基地，也是高速铁路岗位培训规范和教材辅助资料的编撰中心。承担全国铁路动力分散性动车组司机、动车组随车机械师、动车组地勤机械师、高速铁路通信综合维修、通信网管、动车组车载通信设备维修、高速铁路线路维修、高速铁路桥隧维修、高速铁路轨道车司机、高速铁路接触网维修、高速铁路电力线路维修、高速铁路变配电设备维修、高速铁路接触网作业车司机等19个高速铁路主要行车工种岗位岗前资格性培训，承担高速铁路调度员培训，承担高速铁路管理和技术人员培训，承担高速铁路岗位培训规范编制和教材开发等任务，并具备各专业发展及国际人才培养与交流功能。

作为科技装备领先的铁路企业，训练段聚集着中国高铁的发展历程和前沿技术，是展示中国高铁的窗口。近年来，训练段被中国铁道学会命名为全国铁路科普教育基地，为培养大众爱国主义情怀、增强民族自豪感、提高科技创新能力、开阔眼界和视野提供了有效的平台。自训练段成立以来，已累计开展科普教育活动260多批次，接待社会参访人员8300多人。

为保障科普教育顺利推进，打造高铁科普教育品牌，训练段成立科普教育工作领导小组，由段党委书记、段长任组长，党委副书记、纪委书记、工会主席任常务副组长，各副段长任副组长，成员由相关部门负责人、段团委书记组成，并由训练段党委、行政和团委联合发文，明确了科普教育工作领导小组工作职责分工、会议制度和相关工作要求，以最大的资源和力度保障科普教育在训练段顺利开展。

（一）积极打造科普教育骨干队伍

着力建立好科普教育管理团队和科普教育培训师团队两支队伍，以67名管理人员影响200多名来自全路18个铁路局的驻段培训师，以200多名驻段培训师影响带动科普教育的参访人员。一是培养骨干管理团队。立足于各部室和专业教研室建设，重点培养教研室管理人员，由具有丰富现场工作和教学经验的管理人员担任项目负责人，着力培养教学研究和综合管理能力，促进人才快速成长，梯次培养，形成专业领军团队，确保科普教育工作有序开展。二是培养科普教育导师骨干团队。立足于高铁展示窗口，在各专业选拔形象、气质、普通话及表达能力强的驻段培训师，组建26人的科普教育导师团队，编制训练段科普教育讲解通稿，根据科普教育导师成长规律，精心设计培训方案，进行礼仪、普通话及沟通交流专项训练，对培训师进行专业的科普教育培训和严格的考核，加强科普教育导师日常培养。从新培训师正式聘用开始，制定成长规划，针对培训师个人需求及特点，从专业能力提升、授课能力提升、管理等综合能力提升3方面规划在训练段各年度个人成长路径，明确努力方向。采取"师带徒"、集体备课、集体评课、每周一练、每月一讲、跨专业研讨交流、组织专家讲课、高铁现场及厂家培训等形式，在日常教学培训和大型参观接待任务中锻炼培养，逐步培养科普教育导师综合能力。开展授课等级评定，修订授课等级管理办法，从专业能力、授课能力、课程准备、学生反馈4个维度评价科普教育导师综合授课能力和水平营造师资"学、比、赶、超"积极向上的浓厚氛围，激发学习进取热情，激励科普教育导师教学水平提升。摸索在驻段培训师中培养锻炼科普教育导师的培养方式方案和评价标准。三是培养涉外科普教育团队。立足于国际科普交流工作任务，选拔形象好、气质强、英语口语熟练的培训师，组建涉外科普教育团队。

（二）打造高铁特色科普教育课程

围绕"高铁品牌"，结合大众基础学科知识，深度开发高铁科普教育课程。将理论课堂搬到实训现场，采用现场设备认知、实物展示、现场模拟、亲身体验等多种方式开展科普教育，使枯燥难懂的高铁理论知识形象化、趣味化、模块化，将学以致用、注重理论结合实际的原则落在实处，开发基础学科高铁应用的课程，并增加部分可动手的操作项目，真实感受基础学科和设备应用。开发创客模式，组建创客团队，针对教学实际，组织科普教育导师，结合低年龄段科普教育参访人员基础知识和高铁实训设备，设计制作出适应参访人员动手、易于理解的教学器具，并应用于科普教育教学中，帮助参访人员深入浅出地理解和掌握物理、化学、数学、地理等学科在交通运输领域，特别是高铁上的运用。开发体验教学法，精心设计集学术性、知识性、趣味性于一体的科普教育活动，结合高铁基础设施或运输生产岗位生产特点，设计能让社会大众参加的运输岗位的工作标准，让社会大众体验到铁路运输生产组织模式和大联动机的团队协作，生动地上好体验课程。

（三）打造"一带一路"特色科普教育品牌

依托中国高铁发展，精心打造训练段"一带一路"特色科普教育品牌。组建英语教学团队，通过英语角活动开展日常培训，提升授课能力。根据国际参访人员需求，充分利用现有的各专业教研室设备，精心设计培训课程，组织教学课件资料编制及翻译，采用集中课程、参观讲解和实际体验相结合方式组织教学，便于"一带一路"相关国家参访人员理解，加深了"一带一路"相关国家参访人员对我国高铁运输组织、先进设备的了解，得到了参访人员充分认可和一致好评。自成立以来，累计接待来自俄罗斯、塞尔维亚、泰国等28个国家和中国香港、澳门地区累计600多人次。

二、基地建设特色

（一）教学综合展厅

教学综合展厅是开展高铁各专业综合培训的场所。综合运用展板、触摸屏、环幕电影、沙盘、模型等各种表现形式，让学员和社会各界了解高铁主要设备和培训内容，普及各专业的基础知识，展示高铁发展的历史、现在及未来（图2）。

图2 武汉高速铁路职业技能训练段教学综合展厅

（1）教学综合展厅：通过短片、展板多形式展示世界高铁、中国高铁的发展历程，各国高速铁路规模及运力情况，通过图、文、数字的对比充分展现我国高速铁路在世界上的领先地位。同时，通过等比例缩小模型、触控屏幕、短视频等媒体，系统介绍中国高铁各运输生产岗位功能职责及相关要求。

（2）环幕电影：梦想的速度，依托高速铁路实际发展趋势，通过"胶囊高铁""真空管道高速铁路"等高速铁路发展新方向，展示未来高速铁路更加安全、更加便捷、更加快速的发展目标，展望未来高铁运输对人类生活的改变。

（3）沙盘区：沙盘中设置高铁穿越平原、山区、沙漠、草原、丘陵、江河等地形地貌，展现我国高铁针对山区、沙漠、平原、水网等各种地形，以及高寒、冻土、热带雨林等气候的适应性。并通过动车组一天的运行，更好地了解中国高铁的运营情况。

教学设计：利用该系统可让科普教育参访人员了解高速铁路发展历程、基础知识、培训组织以及训练段概况。展厅内参观路线：观看"高铁腾飞，人才提速"宣传片—世界高铁发展概况区—训练段基本概况区—沙盘区（观看视频"科技高铁"）—高铁各专业展区—观看"梦想的速度"短片。

（二）高铁指挥模拟调度大厅

高铁指挥模拟调度大厅主要包含1个教练台和15个调度台。能够模拟实现高铁列车调度台CTC的全部功能，包括列车运行监控，运行计划编制、调整和下达，调度命令拟写和下达，临时限速设置，车站控制模式转换，进路控制，按钮操作，与相关系统接口管理等全部功能（图3）。

图3 高铁指挥模拟调度大厅

培训系统展示了调度台及车站车务终端软件界面和日常操作工况，操作方式与实际调度台及车站车务终端完全一致。可对进路控制、按钮操作等进行模拟作业，可按照真实逻辑进行技规、站细以及联锁关系检查，并正确执行。培训系统还可以提供教学模拟操作步骤提示。也可以对参训调度员的理论和实践学习、操作情况进行数据分析和评估，生成评估结果。

教学设计：利用该培训系统可让科普教育参访人员体验高铁调度员日常工作，熟悉统筹学、人机工程、计算机工程等基础科学。调度集中系统概念学习，通过"七巧板"拓展游戏，让科普教育参访人员理解调度集中系统概念及重要作用，培养科普教育参访人员科学、系统的思维方式，增强全局观念。行车组织运行图可以让参访人员了解平面直角坐标系在高速铁路调度及其他生产场景间的应用。

（三）通信实训室

通信实训室主要涵盖了调度通信、通信线路、传输系统、无线通信、机车通信、自然灾害及义务侵限监测系统。科普教育参访人员可通过参观和动手操作了解通信发展以及通信在铁路系统中承担的作用，结合日常民用通信讲解，可了解光学、无线电学以及通信检修设备日常操作，充分结合物理基础知识，做到学以致用。

教学设计：光纤接续工作体验。光纤是高速铁路主要的通信媒介，高铁开到何处，光缆就延伸到何处，当光纤中断时，必须对光纤进行熔接，确保高速铁路的安全。光纤接续流程：使光纤穿过热可缩管—使用米勒钳去除涂覆层—清洁光纤—使用切割刀让光纤端面变得更加平整—放进光纤熔接机里面—等待熔接—重复上述内容处理另一根待熔接光纤—启动光纤熔接机—光纤熔接完成。

（四）实训场

结合实训场高铁供电方式、信号控车设备、工务行车设备、综合铁路建设，可以让科普教育参访人员了解轨道工程、供电工程、信号控制涉及的三角函数、几何、力学、材料科学、电学、通信信号工程方面的基础科学知识，同时讲解基本人身安全防护措施。

1. 高铁供电方式

动车组能源转换方式，AT供电方式的工作原理及动车组受电方式。接触网相关设备简介：接触线、承力索、正馈线、隔离开关、补偿装置等。

2. 信号控车设备

现场信号设备主要构成，信号传输原理，控车信号如何与动车组交换信息。

3. 工务行车设备

工务行车主要设备构成，各自原理和作用，工务各项设备与数学几何的关系，检测设备工作原理以及精度控制。

教学设计：实训厂观摩，了解基础物理知识在高铁供电、信号、工务中的运用。供电安全实训室体验，体验跨步电压、高空坠落等模拟设备，了解护路安全有关常识：下雨天在接触网下不能打伞，防止感应电伤人；不能攀爬接触网支柱，防止高压电伤人；不能在支柱上私自搭设任何设备，防止扰乱正常行车安全；防止高空抛物（如站在跨线桥上往接触线上倒水、小便及抛物；乘车途中往车窗外抛物等）。

（五）动车组全功能模拟驾驶舱

在高铁运输中，动车组司机依然肩负着列车行车安全，维护高铁列车运输秩序的重任。司机室是动车组的控制中心，司机在这里通过观察各种仪表，操纵各种手柄，控制动车组列车安全、平稳、高速运行，从而保证全体旅客生命财产的安全。在这里，可体验到全方位的动车组模拟驾驶（图4）。

图4　动车组全功能模拟驾驶舱

教学设计：选取动车组司机实训练习观摩课程G1020次、"广州北—长沙南"区段。该课程线路场景丰富，涵盖高架桥、隧道、长大坡道等，线路环境多变。同时，通过场景设置变换功能，模拟各种天气变化场景（下雨、下雪、雷电等）、多等级速度列车交会、高速运行撞击飞鸟、雨雪条件下行车等多种贴合高铁实际的运行环境，还可根据现场需求，提供简单行车设备故障处置场景。

三、基地活动展示

（1）2017年，泰国青少年"一带一路"友好交流团来段参加科普教育活动（图5）
（2）2017年，塞尔维亚匈牙利交通系统管理团队来段参加科普教育活动（图6）

图5　泰国友好交流团参加科普活动 　　　　图6　塞尔维亚团队参加科普活动

（3）2018发展中国家经济走廊建设与互联互通合作研修班学员来段参加科普教育活动（图7）

（4）2019年，中国澳门特别行政区爱国社团青少年国情教育团来段参加科普教育活动（图8）

图7　2018年科普活动

图8　中国澳门特别行政区团队参加科普活动

（5）2020年，华中师范大学第一附属中学学生来段参加科普教育活动（图9）

图9　华中师范大学附属中学学生参加科普活动

四、基地公众信息

（1）地址：湖北省武汉市东湖高新区花山一路

（2）开放时间：9:00—16:00（周六、日及节假日闭馆），需提前预约

（3）联系方式：027-51173476

胶济铁路博物馆

一、基地总体介绍

胶济铁路博物馆坐落于济南市天桥区经一路30-1号，原为胶济铁路济南站旧址，于2016年11月18日建成开放，主楼展区面积2995平方米，室外面积3170平方米（图1）。展区分为"胶济铁路的修建背景及过程""对山东社会经济发展的影响""风雨沧桑路""迈向新时代"4个主题展区，"济南两座老火车站的前世今生""胶济铁路与历史文化名人""红色胶济""走过百年"4个专题展区，陈列展品759件、照片1314幅，系统地介绍了胶济铁路的发展历程，以及在近代中国历史上所产生的深刻影响，是建于百年以上老车站内的铁路博物馆。

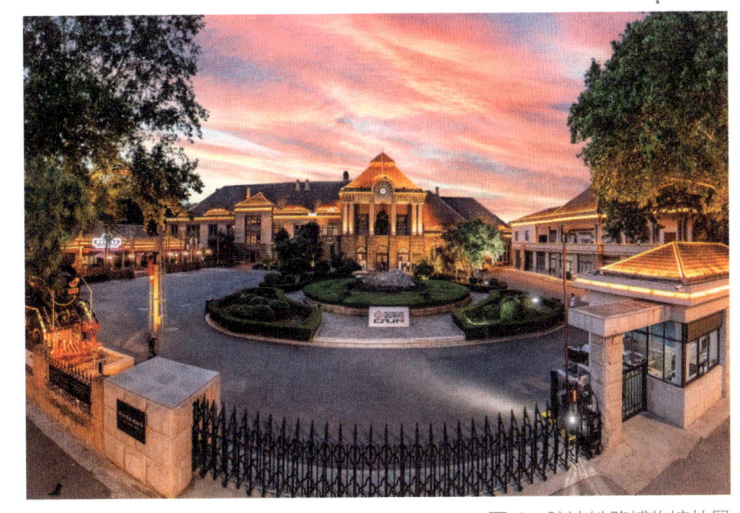

图1 胶济铁路博物馆外景

百年胶济历史，是对济南铁路局乃至山东经济文化发展的回眸和追溯。胶济铁路博物馆通过反映胶济铁路在中国近代史上所产生的重大影响，以及在社会主义建设和改革发展时期所做出的巨大贡献，展示了中国铁路艰辛困苦的发展历程和百折不挠的进取精神，进一步体现了胶济铁路本身所蕴含的"开放包容、执着进取"的坚韧品格和"以己之身，担天下重任"的历史担当，集中展现了齐鲁儿女不屈不挠、顽强抗争的优良品质，是践行社会主义核心价值观、弘扬新时期铁路精神的生动教材，是丰富爱国主义教育的宝贵财富。

二、基地特色展品

1. 三面钟残件

三面钟为子母钟形制钟表，整个钟表镶嵌于墙体内，其中子钟面上的两个表面面向站台，供站台上的旅客参考时间，母钟为落地钟，位于车站办公室内部，供车站工作人员对时之用。胶济线全线开通时设车站60多座，仅较大规模车站设有钟楼，现存在没有钟楼的小站的照片上几乎都发现了三面钟，展馆内的三面钟是胶济线车站唯一留存下来的三面钟残件，来自胶济线修建的第一座车站——大港（图2）。

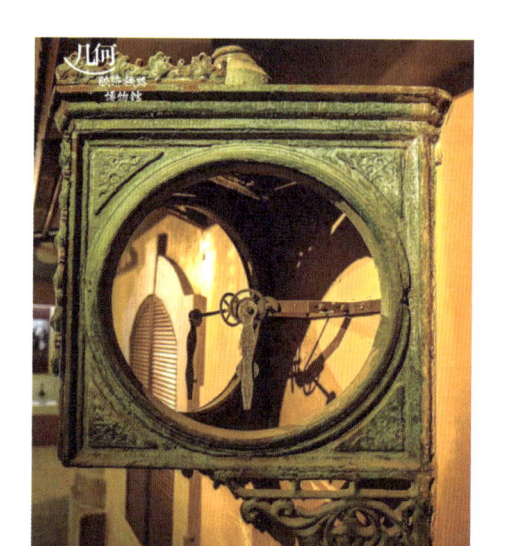

图2 胶济铁路博物馆馆藏三面钟残件

2. 津浦铁路济南站大钟残件

津浦铁路济南站于1992年拆除，大钟表盘现陈展于胶济铁路博物馆三层"走过百年"专题展区，大钟指向的8时05分为津浦铁路济南站大钟最后停摆的时间。津浦铁路济南站大钟的其他展出残件还包括大钟机芯、钟砣等（图3）。

图3 津浦铁路济南站大钟表盘及其他残件

3. 胶济铁路接收周年纪念章

胶济铁路接收周年纪念章陈展于胶济铁路博物馆"风雨沧桑路"主题展区（图4）。胶济铁路自修建开始后的24年，分别被德国和日本管理控

图4 胶济铁路接收周年纪念章

制，1923年中国政府从日本手里收回胶济铁路。1919年的巴黎和会上，中国代表拒绝签字，包括胶济铁路在内的山东问题成为悬案。1921年底，华盛顿会议召开，经过艰苦谈判，迫于中方压力，日本与中国签署了《解决山东悬案条约》，确定于1923年1月1日，日本将胶济铁路及其支线的一切附属财产移交给中国，中国需偿还日本铁路财产4000万日元，此款项偿清前，仍由日本人担任车务长和会计长。

4. 上游0616号蒸汽机车

上游0616号蒸汽机车陈展于胶济铁路博物馆院内，上游型蒸汽机车原名"工农型"，后改名"上游型"。1964年开始批量生产，1996年停产，共生产1769台，此车为第616台，编号0616，由唐山机车厂于1973年1月制造。车身长21.5米，宽3.3米，高4.4米，构造时速80千米，机车整备重量140吨。

三、基地文化创新展示

（一）专题策划展览弘扬主旋律

在庆祝中华人民共和国成立70周年，中国共产党成立100周年等重要节点，胶济铁路博物馆精心策划了《见证——70年·济南铁路发展印象》图片展，组织了"走过一百年，礼赞新时代"济南局建设发展成就展，《永远跟党走——庆祝中国共产党成立100周年全国铁路摄影作品展》，从胶济铁路的红色传承，山东铁路的快速发展，展示铁路给社会进步和人民生活带来日新月异的变化。

（二）文化创意空间不断拓展

合理优化功能区域，内引外联展演活动，引进了省内知名文创品牌阡陌书店入驻，恢复了百年前的"胶济铁路饭店"西餐品牌，取得了良好的社会效益和经济效益。陆续开辟出临展厅、学术报告厅、百人室内音乐厅，以及300人室外剧场、2000平方米室外活动广场等功能区域。近年来，举办了国际合唱节、"太古遗音"名家名琴音乐会等演出，搭建了音乐艺术交流平台（图5）。联合兄弟博物馆开辟"新文学风华""赵孟頫拓片"等展览，提升了博物馆文学艺术品位。推出沉浸式解谜游戏《胶济档案：消失的宝藏》（图6）。举办"四季车轮滚滚"文创市集，吸引20多个城市文创团队、16个非遗传承项目，在城市文创圈内增加了话语权。同时还承办了集团云贵专列推介会、济青高铁、青盐铁路广告媒体推介会等活动，促进了社会文化交流，活化了博物馆文化创意空间。

图5　经典音乐中的红色故事音乐党课

图6　沉浸式解谜游戏《消失的宝藏》

（三）研学旅行成为市场热门

胶济铁路博物馆作为爱国主义教育的生动载体，受到研学市场和教育系统的认可和好评。大中学校、教育机构、媒体网络与博物馆联合成立的合作项目，相继在博物馆揭牌成立。2022年9月，胶济铁路博物馆入选"第四批省级中小学生研学基地"，标志着铁路文化内涵正逐步得到社会认同。与省内外11家研学合作伙伴成立了"济南铁路研学旅行合作联盟"。"重返胶济零公里，探寻百年富强路"主题研学产品设计方案，在全路第四届"美丽铁路"研学产品设计营销实战赛中荣获一等奖。王尽美、邓恩铭烈士雕像落成揭幕、党史学习教育VR云展厅、党员学习线上云课堂也被相继推出。

胶济铁路博物馆自主编排沉浸式研学剧《老舍的胶济双城记》，剧中角色由胶济铁路博物馆工作人员出演（图7）。整部研学剧贴合中小学课程，利用胶济铁路济南火车站旧址，通过数来宝、朗诵、专题片、上妆出演、文学分析、学生互动等形式，演绎了老舍先生面对国家危亡、民族悲怆，去留两茫茫的心里纠葛，再现了老舍先生传世作品《茶馆》《四世同堂》中的角色，解读了老舍先生脍炙人口的美文《济南的冬天》……暑期一经推出，获得社会广泛好评，在第三届中国国际文化旅游博览会亮相展演，受

图7　胶济铁路博物馆自制研学剧《老舍的胶济双城记》组图

到新华社、《中国青年报》《光明日报》等主流媒体关注报道，成为充满生机和创造力的沉浸式研学剧课堂。

四、基地公众信息

（1）地址：济南市天桥区经一路 30-1 号

（2）乘车路线：乘坐 K21 路、K34 路、K118 路、T201 路、K302 路等公交车至"济南站"下车即到

（3）开放时间：9:00—16:30（周三至周日）16:00 停止入馆

（4）预约咨询电话：0531-82429165

（5）微信公众号：胶济铁路博物馆

云南铁路博物馆

一、基地总体介绍

(一)基本情况

云南铁路博物馆是由中国铁路昆明局集团有限公司投资兴建和管理运营,以云南铁路修建和发展历史为主题的铁路行业博物馆,由南北两馆构成。南馆以百年滇越铁路"云南府车站"法式古典建筑为原型,北馆为萃取高铁车站元素的现代建筑,两馆之间贯连一座铁路钢架桥梁,跨越昆明火车北站的3条股道,将博物馆与运营中的昆明火车北站组成一个整体,形成"车站上的博物馆、博物馆中的车站"的鲜明特色(图1)。

图1 云南铁路博物馆鸟瞰

云南铁路博物馆以1910年建成的滇越铁路为开端,讲述云南铁路发展故事,展现云南铁路由偏居一隅、"不通国内通国外"的独特格局,由"火车没有汽车快"的落后面貌,发展为通江达海、高普并存、国际连通发达铁路网的历史进程。以铁路发展的独特视角,反映在中国共产党领导下云南铁路事业、经济社会发展、民族团结进步取得的巨大成就。

(二)发展沿革

云南铁路博物馆的前身为建成于1990年的云南窄轨铁路历史陈列馆(图2),2003年经云南省文物局批准,成立云南铁路博物馆,馆址位于昆河铁路的起点站昆明北站,2004年12月28日正式对外开放,2014年扩建新馆,占地面积4359平方米,建筑面积8360平方米,布展面积5155平方米。

云南铁路博物馆建成33年来，布展面积从最初的不足500平方米，发展到5000多平方米，藏品类型和数量不断增加，目前共有藏品1983件（套），其中一级文物8件（套），二级文物9件（套），三级文物109件（套），文献、照片万余件，完整反映云南铁路从晚清时期、中华民国时期到中华人民共和国成立以来的百年发展历程（图3）。

图2　云南铁路博物馆的前身——建成于1990年的云南窄轨铁路历史陈列馆

图3　2014年扩建的云南铁路博物馆新馆与昆明北火车站浑然一体

（三）专业特点

1."三轨并存"

云南铁路博物馆展厅集中展示了云南历史上先后出现的3种轨距铁路——以1910年建成的滇越铁路为代表的米轨铁路（轨距1000毫米）、以1936年建成的个碧石铁路为代表的寸轨铁路（轨距600毫米），以及贵昆铁路、成昆铁路等中华人民共和国成立后大量建成的标准轨铁路（轨距1435毫米）。3种轨距铁路共同构成了云南的骨干铁路网并长期运营，形成了云南独树一帜的"三轨并存"现象（图4）。

2.史料丰富

云南铁路博物馆收藏了法国人在修建和运营滇越铁路期间使用过的大量实物、资料，晚清和民国时期拍摄的大量铁路和反映云南社会生活面貌的珍贵照片，云南第一条民营铁路——个碧石铁路，以及抗战期间筹建滇缅铁路、叙昆铁路、石佛铁路的有关资料、实物，是研究云南铁路历史和云南近代历史的宝贵资料（图5）。

图4　云南铁路博物馆"三轨并存"展区

图5　云南马帮照片

3. 藏品珍贵

1880年英国产钢轨、1902年汉阳造钢轨、SN型29号寸轨蒸汽机车、米其林内燃动车组、滇越铁路车站使用的重锤式二面钟、中国第一列上线运营的"春城号"电力动车组等，都是云南铁路博物馆的特色藏品，含多件国家珍贵文物（图6）。

4. 布展精巧

云南铁路博物馆共设滇越铁路、个碧石铁路、滇缅及叙昆铁路、成昆铁路、云南高铁、（中老昆万）玉磨铁路、机车车辆、云南铁路网规划等12个展区，各展区特征显著、主题突出、氛围浓厚、带入感强，完整、准确讲述云南铁路发展故事，生动展示云南铁路的文化魅力，带给观众难忘的参观体验（图7）。

图6　米其林内燃动车组

图7　滇越铁路展区碧色寨站房模型

5.科技感强

展品选择注重突出铁路科技元素，从早期铁路勘测设计仪器及图纸、列车时刻表、信号灯、各型钢轨、转辙机、电话机、路签闭塞机，铁路职工使用的英文打字机、手摇计算器，到新型铁路色灯信号机、无砟轨道、线路标桩、列车自停装置、接触网组件等，覆盖了运、机、工、电、辆等铁路主要技术专业。同时，精心设计制作云南铁路最小曲线半径演进模型、高铁列车和各型机车车辆模型、高铁车站沙盘、复兴号动车组知识展板等，涵盖米轨、寸轨、准轨、蒸汽、内燃、电力各型机车车辆和动车组，为生动传播铁路科技知识、涵养青少年铁路科技兴趣、各类社会机构到博物馆开展科普研学创造了良好条件（图8、图9）。

图8 经纬仪　　图9 云南铁路最小曲线半径演进模型

（四）专家团队建设

紧紧依靠中国铁路昆明局集团有限公司业务部门、设备管理单位专业力量，整合专家资源，开展科普宣传，举办科普活动，审核布展大纲和讲解资料，确保了铁路科技知识传播的正确性、严谨性、适宜性。

（五）科普人才队伍建设

精心挑选具有铁路专业背景、有现场实践经验、铁路文化素养较高的人员充实到管理和讲解队伍。通过建立日常业务培训和现场学习调研机制，参加中国铁道学会、中国铁道文博委、云南省科技厅举办的高质量的业务培训和现场观摩交流活动，充电赋能，不断提升科普工作水平。

（六）科普工作制度建设

紧密联系实际制订科普工作制度。在开展铁路藏品征集时，同步收集藏品背后的故事和相关技术资料，落实科技原理，梳理科普价值，记录藏品提供人和咨询专家联系方式。对收集到的藏品特别是具有科普价值的藏品，组织科普管理和讲解人员，邀请有关铁路专家开展专题培训，梳理藏品信息，为后续研究、布展、讲解做好基础准备。建立纠错机制，建立 FAQ 登记本，对讲解中不能回答的科普问题和游客提出的质疑，及时纳入 FAQ，指定专人研究解决。对于新增的科普展品，讲解词和说明文字报请集团公司有关专家帮助研究审核。

（七）取得的成绩和荣誉

云南铁路博物馆 1996 年被命名为"铁路爱国主义教育基地"，1997 年被命名为"云南省爱国主义教育基地"，2005 年被命名为"云南省科学普及教育基地"，2006 年被命名为"全国青少年教育基地"，2011 年被评选为"昆明市十佳博物馆"，2016 年被命名为第五批"全国民族团结进步教育基地"，2017 年成为第一批"全国中小学生研学实践教育基地"，2020 年被中国铁道学会认定为"全国铁路科普教育基地（2021 — 2025 年）"，2021 年被国铁集团党史学习教育领导小组推荐为"党史学习教育铁路红色教育基地"。2003 年以来已累计接待观众 70 多万人次（图 10、图 11）。

图 10　小学生到云南铁路博物馆开展铁路爱路护路教育活动 　　图 11　外国友人团队参观

二、基地活动展示

云南铁路博物馆立足铁路科普基地功能定位，持续抓好基础能力建设，不断强化云南铁路科普第一平台的作用发挥，力争让每一名参观博物馆的观众，能够在全面了解云南铁路发展历史的同时，感受铁路科技之光的动人魅力，引导更多人群特别是青少年认识铁路、爱上铁路、投身铁路，在全社会形成关心铁路、支持铁路事业发展的强大合力（图 12）。

与此同时，借助"国际博物馆日"和"科技活动周"等时机，积极开展铁路主题科普活动（图 13）。2017 年开展铁路技术装备展，提炼车、机、工、电、辆等各专业系统技术元素，制作宣传展板 60 块、文物展架 76 个、电子显示屏 1 组，张贴宣传画及宣传标语 130 幅。2018 年开展了 10 期"小小火车司机训练营"和"高铁开进彩云南"研学活动，服务中小学

图12 利用与昆明火车北站站馆合一优势举办"乘窄轨小火车、知百年老铁路"活动

图13 国际博物馆日活动期间为小学生提供铁路科普讲解

生10235人（图14、图15）。2019年联合昆明华澜咨询有限公司举办了"滇越铁路工人的今昔"和"滇越铁路人字桥与法国威敖桥"图片展，共展出图片239张，制作宣传展板24块，服务观众53954人。

图14 开展"小小火车司机训练营"科普活动（一）

图15 开展"小小火车司机训练营"科普活动（二）

三、基地公众信息

（1）开放时间：9:00—17:00（周一、周二及除夕、正月初一闭馆），16:00停止入馆

（2）预约方式：支付宝小程序"云南铁路博物馆"，预约电话：0871-66138610、0871-66138201

（3）微信公众号：云南铁路博物馆

（4）乘车路线：云南铁路博物馆位于云南省昆明市盘龙区北京路913号，乘公交车3、23、61、85路到火车北站下车，乘地铁2、4、5号线到火车北站下车即可到达

中国铁道科学研究院集团有限公司院史馆

一、基地总体介绍

中国铁道科学研究院（简称铁科院）是中华人民共和国成立最早的行业综合性研究机构，70多年来始终把服务国家和铁路需要作为最根本的担当，全过程参与和见证了中国铁路波澜壮阔的发展历程。铁科院大师云集，成果丰硕，具备开展科学家精神教育活动的深厚土壤和坚实基础。以茅以升、卢肇钧、程庆国、周镜、冯叔瑜等为代表的一批科学家长期在铁科院工作，数代铁路科技工作者在此接续奋斗，目前拥有3名院士和5名特聘科学顾问、92名国家和行业领军人才、1600多名高级研究人员。自建院以来，铁科院累计获得国家级科技奖212项、省部级科技奖1464项，专业覆盖轨道交通机车车辆、工务工程、通信信号、信息化、金属化学、节能环保、运输经济等领域，为我国铁路科技创新发展和高铁领跑世界作出了重要贡献。

2015年12月，为赓续精神血脉，弘扬优良传统，铁科院历时2年建成院史馆，占地总面积8965平方米，集中收藏和陈列2000多张老照片和1500多组实物，成为我国唯一的以铁路科技发展为主题的企业展馆（图1）。院史馆记录了几代铁科人在万里铁道线上树立起的一座座科技创新丰碑，生动诠释"爱国、科学、奋斗、奉献"的茅以升精神，传承发扬"爱国、创新、求实、奉献、协同、育人"的科学家精神，为新时代铁路科技工作者奋斗创新提供精神滋养，属于具有典型科学家精神纪念和教育意义的铁路展馆（图2）。

图1　中国铁道科学研究院集团有限公司院史馆外景

院史馆建立了严格的管理制度，由中国铁道科学研究院集团有限公司党委委托党群部

（企业文化处）对院史馆进行全局性、综合性管理，确定基本定位和发展方向，组建运维团队，制定长期规划和近期计划，开展内外联动的全媒体宣传。运维团队对院史馆全部工作和各项活动有计划地进行组织、实施和检查，制定规范的《管理手册》，包括场馆运营维护、展陈收集和保护、参观接待及服务、卫生检查等各项内部管理制度；梳理完整准确的讲解词，确保发展脉络清晰，科技特点鲜明，文辞生动真挚；建立院史研究和技术指导专家团队，打造专兼职讲解员和志愿者队伍，通过研讨、授课、内训、数字化教学等多种方式，永葆队伍活力和生机。

图2　中国铁道科学研究院集团有限公司院史馆外景

建馆以来，院史馆面向中小学生开发、开设了18门以《走进伟大的高铁基建工程奇迹》和《探索驱动钢铁巨龙的神秘能量核心》为代表、以高铁及智慧交通运输为核心并适用于校外科普教育实践的研学实践教育课程，累计举办研学实践、科普教育等各类活动700多场次，接待参观人数超过9万人次，被教育部、国铁集团、中国科协、铁道学会等单位授予全国科普教育基地、全国铁路科普教育基地、科学家精神教育基地、中国铁路党员教育示范基地、铁路爱国主义教育基地、全国中小学生研学实践教育基地，以及北京市中小学学生社会大课堂、海淀区爱国主义教育基地、茅以升科技教育基金会爱国主义教育基地、婺源县詹天佑小学爱国主义教育基地、北京交大附中茅以升班课程实践基地、首都师范大学附中实践教育基地等称号。

二、基地建设特色

（一）铁路文化广场

分为南北广场，北广场以老车站为背景，陈设龙号机车、蒸汽机车，有3条不同时代的铁路线交汇于此，其中京张铁路铁科院专用线串联起京张铁路与铁科院的"百年情缘"，也是我国第一条用于铁路科研、教学的专用线，在建成后近70年时间里一直为中国铁路科研试验作出重要贡献，具有独特的历史文物价值和极高的科学研究价值；南广场以巨幅文化浮雕墙为背景，勾画了铁科院发展的历史图卷，镌刻着茅以升经典坐像及"爱国、科学、奋斗、奉献"（茅以升精神）8个大字。文化广场可容纳观众800余名，是开展各项主题教育和群众性主题宣传教育、举办大型文化交流活动的平台。

（二）院史教育馆

展厅总建筑面积 507 平方米，展陈设计坚持国、路、院贯通，将铁科院 70 多年的发展历程分为"与道同行（共和国铁路的科技主力军）""肇始奠基（中华人民共和国成立的第一个行业科研院所）""风雨兼程（发展壮大的铁道科学技术研究中心）""激流勇进（引领创新的铁路综合性专业研究机构）""世纪腾飞（中国高铁时代的科技主力军）""追逐梦想（创建铁路科技创新最高院府和龙头企业）"6 个单元，集中收藏和展示 2000 多张照片、1500 多件具有历史和科技价值的实物。重点展示 20 世纪 50 年代包兰铁路沙漠地区筑路研究、60 年代 400 多名科技骨干会战成昆铁路攻关、70 年代青藏铁路研究、80 年代大秦铁路万吨重载运煤专线研究、90 年代既有线提速和高铁总体技术研究、新世纪建设全球访问量和交易量最大的 12306 实时票务系统、新时代牵头组织研制复兴号中国标准动车组等标志性事件，配备多功能演示系统，集科技性、文化性、历史性和趣味性于一体，浓墨重彩讲述铁科人的爱国之情、强国之志、报国之行，传承弘扬以茅以升精神为底色、代代铁科人接续铸就的铁路科学家品格。

（三）茅以升厅

茅以升是举世闻名的桥梁大师、著名科学家和教育家，担任铁科院院长达 32 年，是铁科院的奠基人和铁路科技事业的开拓者。茅以升厅专为纪念茅以升老院长而建，面积 200 多平方米，主要分为"桥梁大师（中国现代桥梁科技先驱）""玉汝于成（励志奋斗、才华卓著的青年时代）""钱塘壮怀（中国第一座公铁两用桥的主持建造者）""铁科岁月（铁科院的奠基人、铁路科技事业的开拓者）""风范长存（中国科技界的杰出典范）"5 个专题，反映茅以升不同时期的工作和生活情况，设计复原其生前工作场景，安置老式放映机播放 20 世纪 30 年代修建钱塘江大桥时的珍贵视频，形象诠释大师风范，生动解读茅以升精神的科学内涵和时代价值（图 3）。

图 3　茅以升厅

（四）放映厅

放映厅可播放各类教育视频和影视作品，长期播放院史专题片《岁月·守望·荣光》、茅以升老院长入党故事情景剧《心愿》视频、院史歌曲 MV《风雨兼程》，也可用于举办主题教育宣讲会、先进事迹报告会、技术交流会，以及知识竞赛、演讲比赛等文化活动。会议室、多功能演艺厅、成果展示区、实验展示区等场所，可接待路内外单位调研交流、新闻媒体采访和拍摄，为开展多种形式的科学家精神教育活动提供基础条件。

三、基地活动展示

（一）举办纪念茅以升老院长系列活动

著名桥梁大师茅以升担任铁科院院长30多年，"爱国、科学、奋斗、奉献"的茅以升精神，是茅老对科学家精神的生动诠释，是激励铁科人奋斗创新的重要精神滋养。院史馆专设茅以升厅，举办"丰碑永驻 精神不朽"茅以升铜像安放仪式和"传承精神之路"茅以升路命名活动，清明节等节日自发在茅以升铜像献花等缅怀活动，与茅以升桥梁基金会、茅以升科技教育基金会等联合举办诞辰纪念活动。

在纪念我国著名桥梁大师、铁科院院长茅以升活动中致敬科学家精神。茅以升毕生心血和智慧形成"爱国、科学、奋斗、奉献"的茅以升精神，是激励铁科人奋斗创新的重要精神滋养，也是科学家精神在铁科院落实落地的生动写照。专设茅以升厅，举办"丰碑永驻 精神不朽"茅以升铜像安放仪式和"传承精神之路"茅以升路命名活动，组织清明节鲜花祭献和诞辰日活动，让铁科人对茅老的缅怀和记忆永驻永存；创办"茅以升杯"铁科青年科技创新创意大赛，铁路科技领域首席专家组团指导青年科技工作者提升科学素养和技能，激励勇担"交通强国铁路先行"历史使命。

（二）与央视合作推出《铁道科学70年》

在讲述铁路科技创新故事中赓续科学家精神。以丰富的史料资源为基础，讲好铁路科学家故事，展现科学家精神对新时代科技创新的引领作用。与央视《百家讲坛》栏目联合制作《铁道科学70年》特别节目，分为"筑梦""无疆""拓进""重器""初心"五个专题，讲述一代代铁路科技工作者始终与国家的发展和铁路的需要同向同行的家国情怀，抒写茅以升、卢肇钧、程庆国、周镜、冯叔瑜五位院士的爱国奋斗故事，激励更多有志青年投身铁路科技创新事业（图4）。

对接中宣部媒体蹲点采访团，聚焦"复兴号的摇篮"背后故事，从"百年京张，百年轨迹"一直讲到"复兴号唱响创新强音"，内容报道详尽，精神力透纸背，社会反响强烈。复兴号动车组总体技术专家赵红卫、

图4 央视《百家讲坛》主讲人、铁科院首席专家王俊彪讲述"筑梦"

川藏铁路技术专家张格明作为科技界特别代表，当选全国政协委员，在积极参政议政中传递铁路科技声音，展现铁路科学家的社会责任担当。

（三）在党史学习教育中弘扬科学家精神

以建党百年为契机和动力，在铁科院建党 100 年展陈中讲述茅以升、程庆国、卢肇钧、冯叔瑜等老一代科学家入党的故事，特别是茅以升 91 岁高龄加入中国共产党的不凡经历；讲述党的十九大代表、铁路 12306 科创中心副主任单杏花的故事；讲述青藏铁路建设、包兰铁路建设、中国铁路 12306、"复兴号"中国标准动车组等重大科技创新中体现的科学家精神。建党百年前夕，国铁集团党组正式授予院史馆"中国铁路党员教育示范基地"称号。

在党史学习教育中传承科学家精神。以建党百年为契机，在党史学习教育中传承科学家精神，在新的赶考路上弘扬伟大建党精神。挖掘红色资源，设立主题展陈，展出茅以升、程庆国、卢肇钧、冯叔瑜等老一辈科学家的入党故事，青藏铁路、包兰铁路、中国铁路 12306、"复兴号"中国标准动车组等科研攻关团队的奉献故事，党的十九大代表、铁路 12306 科创中心副主任单杏花的励志故事，用党领导下的铁路科技事业发展成就和代代铁路科技工作者精神风貌感染教育观众。茅以升和卢肇钧入党故事登上《科技日报》"百年百名院士入党心声"专栏，茅以升、单杏花入选中宣部"3 个 100 杰出人物"，青年科技工作者黄金参加中宣部"中国铁路的先锋力量"中外媒体见面会，院史馆被授予"中国铁路党员教育示范基地"称号，深刻体现科学家精神中的丰富红色基因内涵（图 5）。

图 5　国家铁路局装备技术中心高铁党支部与铁科院通号所行指党支部联合开展"党史学习促发展，业务提升强党建"活动

（四）面向社会公众开展具有铁路特色的弘扬科学家精神的系列活动

在教育部授权的中小学研学活动期间，先后策划并接待西藏小学"高铁通向我家"的绘画活动，组织澳门青年"认识中国高铁"研学实践活动，联合香港教育局带领香港大学生"中港高铁深度游"活动（图 6～图 8）。

在铁科院院庆活动中诠释科学家精神。以院庆活动为载体，回顾历程，凝心聚力，展现科学家精神的薪火相传和绵延不息。开展铁科院及 18 家二级单位发展历程的系统梳理、全覆

图 6　西藏小学研学活动

图 7　澳门青年研学实践活动

盖全员化院史参观教育、《砥砺奋进 1950—2020——铁科院建院 70 年科技创新成果集》《笃真求卓　创新致远——铁科院建院 70 年纪念文集》《岁月回响——铁科院集团公司职工参观院史馆感悟集》《铁科讲述——回忆茅以升老院长、回顾建院历程和亲历铁科建设征文集》《追梦人——铁科院劳动模范先进人物事迹》系列图书出版、"感动铁科"年度人物评选、"科技下乡"助力脱贫攻坚和乡村振兴等系列活动，纪念老一辈铁科人峥嵘岁月，宣传当代铁科人优秀作为（图 9）。

（五）建院 70 周年系列纪念活动

以建院 70 周年为契机，出版《砥砺奋进 1950—2020——铁科院建院 70 年科技创新成果集》，开展建院 70 周年系列征文系列活动，以周镜、傅志寰、卢春房、鞠家兴等院士专家亲笔撰文，缅怀纪念老一代铁科人，传承科学家精神。

图 8　香港教育局带领大学生研学实践

图 9　策划出版《岁月回响》《铁科讲述》等院史相关出版物

在参观教育和研学实践活动中厚植科学家精神。以系列教育基地为依托，持续开展面向社会公众的参观教育和研学实践活动。策划并接待党史学习教育中央第 21 指导组、团中央等中央单位参观学习，展现心怀"国之大者"、肩扛历史使命的责任担当；北京铁路局、人民铁道报社、国家无线电监测中心等路内外单位联学联建、主题党日团日活动，谱写践行"人民铁路为人民"根本宗旨的忠诚篇章；藏区小学"高铁通向我家"，香港大学生"中港高铁深度游"、澳门青年"认识中国高铁"，以及北京交通大学、北京师范大学附属中学、首都师范大学附属中学、中国人民大学附属小学、中国农业科学院附属小学等大中小学科普教育和研学实践，广泛播撒科技自立自强的种子。

（六）举办"12306（十周年）奋进之路"展览

2021年，以"12306"成立10周年为契机举办"12306（十周年）奋进之路"特别专题展，讲述以"最美奋斗者"单杏花为代表的"12306"团队践行初心使命，助力中国铁路领跑世界的不平凡历程和成长故事（图10）。

图10 马建军、单杏花等在特展"12306（十周年）奋进之路"参观

在科技成就展览中弘扬科学家精神。以科技成就、成果展为平台，展现新时代铁科人在继承发扬科学家精神中迸发的蓬勃生机和无穷活力。承办"中国铁路科技创新成就展"，全面展示中国铁路科技创新发展历程、技术特点和成果，其中室外展区首次全景式展出先进的高铁动车组、检测车和大功率机车系列，由铁科专家讲解研发情况和创新特点，彰显大国重器的崭新形象；举办"科技成果文献图片展""铁路科技创新成果展""12306（十周年）奋进之路""百年钢轨史"等科技展览，展现数代铁科人践行初心使命，助力中国铁路领跑世界的创新成果和成长故事。

（七）基地主要科普活动

基地举办的主要科普活动见表1。

表1 中国铁道科学研究院集团有限公司院史馆主要科普活动表

序号	时间	活动名称	主要参与对象	影响
1	2021年5月	百年钢轨史	北京市观众	反应热烈
2	2021年5月	中国高铁20年发展史	北京交通大学大学生	反应热烈
3	2021年5月	铁科院第二届青年学术论坛活动	铁路行业青年学者	反应良好
4	2019年8月	"爱生活爱科普"北京市北下关科普活动日	北下关街道群众及中小学生	反应热烈
5	2019年8月	"筑梦少年大道为伴"中小学生研学实践教育活动	北京市昌平区、怀柔区、顺义区三地中小学校部分学生	反应热烈

续表

序号	时间	活动名称	主要参与对象	影响
6	2019年7月	"筑梦少年大道为伴"中小学生研学实践教育活动	海口中学研学参访	反应热烈
7	2018年7月	"筑梦少年大道为伴"中小学生研学实践教育活动	北京交通大学附属中学初中生研学参访	反应热烈
8	2018年7月	香港特区政府教育局主办"同行万里"高中学生内地交流计划	香港高中学生研学参访	反应热烈
9	2018年7月	"星星之旅筑梦铁科"中小学生研学实践教育活动	西藏学生研学参访	反应热烈
10	2017年8月	"筑梦少年大道为伴"中小学生研学实践教育活动	中国农业科学院附属小学研学参访	反应热烈

四、基地公众信息

（1）预约电话：010-51893993、010-51893994

（2）开放时间：9:00—17:00（周六、日闭馆）

桥梁博物馆

一、基地总体介绍

(一) 基本情况

中国是世界上桥梁建造历史悠久的国家之一。数千年来，中国劳动人民因地制宜、就地取材，建造了数不胜数、类型众多、构造别致的桥梁。中国古代桥梁表现了古代桥梁工程营造者的智慧和汗水。中华人民共和国成立后特别是改革开放以后，随着我国交通事业的迅速发展，桥梁建设经历了从崛起到腾飞的阶段。在新世纪新时代，中国桥梁建造水平跨入世界先进行列，成为国家交通发展水平和综合国力的体现，促进了中外经济、科技、文化的交融。

"建桥国家队"中铁大桥局自1953年成立，因桥而生、因水而兴，从建设武汉长江大桥开始，至今在全世界修建了4000余座桥梁，引领了"中国桥梁"国家名片走出国门、服务全球的步伐。

图1 桥梁博物馆外景

2018年，中铁大桥局成立桥梁博物馆筹备组，在原"武汉桥文化博物馆"（2005年9月建成开放）基础上新建桥梁博物馆（图1）。在建设过程中结合工作实际，学习博物馆建设的理论知识和博物馆管理专业知识，运用现代化博物馆理念，以建设中国桥梁博物馆、全国科普教育基地、全国爱国主义教育基地为目标，正式启动桥梁博物馆实物（文物）征集、制订布展大纲及场馆设计施工工作，主动到国有博物馆、行业博物馆学习，为更科学、准确，将大纲送呈十几位桥梁专家和文博专家审阅，集思广益，认真听取专家意见。展陈内容经过系统归纳梳理完善，紧扣主旋律，高度提炼每个部分，突出重点、提出亮点，展出最具代表性桥梁，融入社会热点，让信息最大化，使其成为最具特色、值得关注的博物馆。

（二）展厅介绍

桥梁博物馆于2019年5月18日开馆。是"建桥国家队"中铁大桥局运用现代化博物馆理念建设的国内首家综合性桥梁博物馆。自2019年开馆以来，线下共接待70多个国家的31万多人次的观众，线上"云游"参观突破900万人次。现已成为弘扬桥梁科学家"爱国、创新、求实、奉献、协同、育人"精神，传播桥梁文化的重要载体。

桥梁博物馆站在国家和行业的高度，将桥梁主题放在历史的、现实的、中国的、世界的大环境、大背景中去展示、去呈现，以"天堑变通途——古今中外话桥梁"为主题，由3000平方米室内馆及20000平方米室外桥梁主题公园组成。

室内馆由序厅、中国古代桥梁、中国近现代桥梁、世界桥梁博览、桥梁科技发展、桥梁文化展示、建桥国家队的光辉历程、互动体验等部分组成。馆内收藏有珍贵文物、藏品1892件。在空间布局上，以大桥钢梁、管柱等具有空间感的实物藏品为载体，设计行走其间、身临其境的交互叙事体系，创造出体验感十足的物理沉浸空间；在展陈方式上，引入5D电影、全景电影、VR体验、全息投影、与大桥合影电子签名留言等展陈新技术，为观众提供视、听、触多感官的立体化体验感受，通过沉浸式体验，寓教于乐，润物无声（图2）。室

图2 桥梁博物馆展厅组图

外主题公园由桥梁名人雕塑、岩芯、老装备及艺术装置等组成，延伸室内展馆内容，与室内馆相得益彰。桥梁博物馆是桥梁世界的浓缩、桥梁发展的轨迹、桥梁精神的展现、桥梁科技的演绎，是普及桥梁科学技术知识，展示建桥者的奋斗精神、创新精神和人文精神的殿堂。

（三）科普团队

在科普团队方面，桥梁博物馆拥有科普教育"三支队伍"，人数共达200多人（图3）。一是组建以院士、设计大师、教授级高工、桥史专家等为主要成员的桥梁科普专家团队，多次邀请工程院士秦顺全、高宗余、邓文中等到馆现场讲学。二是科技志愿者队伍，以中铁大桥局机关及各单位为基础，组建桥梁行业工作者为主的科普教育志愿者队伍建设，同时组建少先队志愿者（红领巾讲解员）队伍。组织志愿者参与桥梁知识讲座、科普主题展览、观看桥梁主题电影等培训活动，走进桥梁工地，到江汉七桥、杨泗港长江大桥等施工现场实地参观学习，增强自身的业务能力。三是专职科普工作者，通过网络定期进行文博、桥梁、普通话等专业知识学习，提高科普人员的工作水平和职业素质，为做好科普工作夯实基础，积极参与各类博物馆行业组织、区域博物馆联盟、馆际交流平台，并发挥一定的引领作用。四是组建桥梁博物馆科普研学团队，加强对研学专业团队的培训，深入学习桥梁科普及研学活动的组织流程，研究、编制亲子研学课程，自主设计、制作、采购课程中使用的教具，制定了

图3　桥梁博物馆组织的活动组图

系统化的亲子研学课程方案与流程体系。

（四）制度建设

为加强桥梁博物馆管理的规范化、科学化，提升质量管理，提高博物馆社会教育和公共文化服务水平，更好地满足人民美好生活需要，进一步展现中国桥梁发展成就，唱响中国桥梁品牌，展示企业形象，桥梁博物馆根据自身特点和实际，制定了各项工作的管理制度，共有 10 大类 33 项制度。主要为：日常管理制度，安全保卫管理制度，消防安全管理制度，科普工作管理制度，社会公众服务管理制度，藏品管理工作制度，宣传工作管理制度，研学活动管理制度等。

桥梁博物馆为全国科普教育基地，科学家精神教育基地，全国首批 10 个"国家交通运输科普基地"，中国中铁"开路先锋"文化教育基地，中央企业爱国主义教育基地，全国铁路科普教育基地，全国公路科普教育基地，湖北省科普教育基地，湖北省爱国主义教育基地，武汉大学、华中科技大学等多所高校的"大思政课"教学实践基地，武汉理工大学、中南财经政法大学等高校"人才联合培养基地"，汉港澳青年交流驿站暨国情教育基地，被评为全国科普先进单位，湖北省科普先进单位，湖北省十佳科普教育基地（图 4）。

图 4　桥梁博物馆品牌建设组图

二、基地建设特色

桥梁博物馆通过讲述中国桥梁科技者自主创新,引领桥梁技术发展,成为交通强国、桥梁强国的故事,弘扬桥梁专家不断创新奋斗的科学家精神,用建桥故事、"大国工匠"精神、桥梁文化打动观众,坚定公众科技强国的自信。

在桥梁博物馆武汉长江大桥展区陈列着一套热铆技术的使用工具:铆钉风枪、跳动风顶。热铆技术主要用于桥梁钢结构之间的连接,"铣孔、加热、接钉、穿钉、顶钉、铆接"。先将铆钉加热,严格控制在1205摄氏度,铆钉穿过两层钢板后,铆钉风枪使其另一端成形,冷却后,铆钉会将孔眼填满,每一个孔眼的直径和铆钉的直径仅差1毫米,铆钉会铆得特别牢固。武汉长江大桥,是中华人民共和国成立后在长江天堑上修建的第一座公铁两用桥梁,于1955年9月1日正式开工建设,据参与大桥建设的老工人回忆,当时,大桥钢梁用的铆钉直径为26毫米,最大板束厚度为170毫米,而所有铆工都没有铆过这么厚的板束,也没用过这么长这么粗的铆钉。铆合后,工人还要用小锤敲击钢梁上的每一颗铆钉,检测铆合质量(图5)。

图5 桥梁博物馆部分展品组图

1956年6月,大桥钢梁铆了两个月后,工人发现有的铆钉不能全部填满眼孔,有松动。经专家诊断,铆钉铆合不密实,将对钢梁质量产生影响,严重时会致桥梁垮塌,必须对已经完成铆合的1万多个铆钉全部拆除更换。当工地上的干部和工人犹豫不决时,时任大桥局局长彭敏果断决定,坚持高质量高标准,全部返工。直到铆钉施工质量高出国家指标5%,大桥工程才重新启动。

60年来,武汉长江大桥虽经历无数次洪峰的侵袭,遭遇近百次船舶撞击,却依旧坚如磐石、稳如泰山，安全承载着每天近 10 万辆汽车、148 对列车南北通行的繁重运输任务，人们因此送给这座已逾花甲却依然雄姿英发的大桥一个质朴的名字——桥坚强。修建"万里长江第一桥"，不仅仅让中铁大桥局第一代桥梁工程师学会了建桥，更重要的是，还让他们在脑海中烙下了深深的质量印记，形成了中铁大桥局"坚守质量、传承创新"的优良传统。这套曾一度失传的钢梁杆件热铆技术，于 2017 年 1 月 17 日又成功运用于中铁大桥局桥梁科技大厦的装饰桥梁钢构上。中铁大桥局特种公司的几个经过专门培训过这项传统技术的工人师傅曾成功将这项工艺运用于广州海珠桥、宁波灵桥、肇庆西江桥等几座老桥的维修加固工程中。桥梁科技大厦将武汉长江大桥钢桁梁、桥头堡等作为重要设计元素，复制于大楼的外墙上，施工中装饰的桥梁钢结构也全部按当年武汉长江大桥建造时的工艺，体现了中铁大桥局"桥文化"的发展和创新，以及对历史的尊重，对伟大的桥梁建设事业的传承延续。桥梁博物馆撰写的关于铆钉风枪的红色建桥故事，被中宣部《党建》杂志采用，拍摄成专题片在学习强国等平台播放，并载入人民出版社出版的《红色文物故事》一书；与湖北电视台一起拍摄《星星之火——湖北红色馆藏里的微党史》系列党史教育专题片 4 集，分别讲述了关于武汉长江大桥的通车典礼上滕代远部长讲话原稿、总工汪菊潜使用过的计算尺、全桥美术设计总图、画册 4 件藏品背后的故事，在湖北电视台、"学习强国"等平台播放。

在南京长江大桥展区陈列着一套我国第一代重潜设备，是南京长江大桥建设当中的潜水英雄胡宝玲同志所穿过的潜水服。胡宝玲同志在大桥建设阶段与战友发扬一不怕苦、二不怕死的精神，突破了深潜 60 米的"警戒线"，达到了 70 米，被誉为"水下尖兵"（图 6）。在南

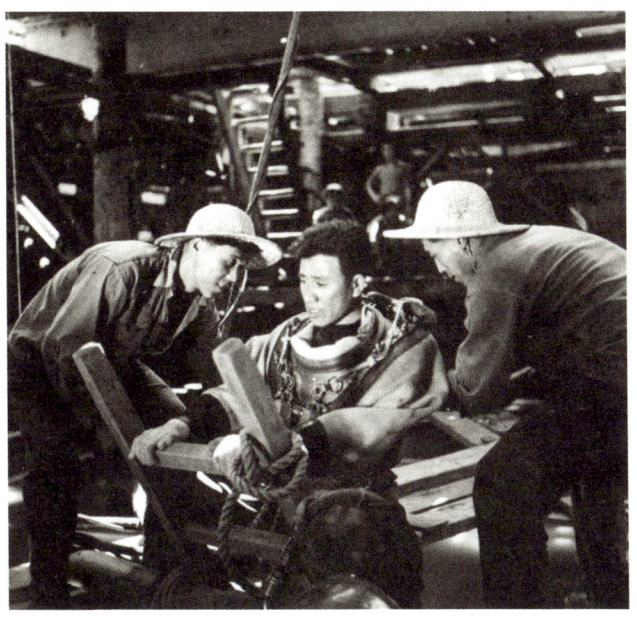

图 6　我国第一代重潜设备组图

京长江大桥建设过程中，部分墩身出现混凝土质量缺陷，时任大桥局局长宋次中力排众议，决定"推倒重来"，不让大桥结构安全留下任何隐患。

20世纪六七十年代，中国受自然灾害、国外经济封锁等的影响，大桥建设遇到资金、材料缺乏和技术上的困难，桥梁建设者发挥自力更生、奋发图强精神，不仅建成了南京长江大桥，还在祖国的各个水系建起了众多桥梁，并将世界现代桥梁的新理论、新工法、新桥型引入中国。南京长江大桥1968年建成通车，它集壮丽与秀美于一身，被誉为20世纪最伟大的建筑之一。大桥建成前后，毛泽东、周恩来、邓小平、华国锋等党和国家领导人及许多国外友人都曾来参观。

桥梁博物馆自2019年开馆以来，接待大量的政府领导、行业专家、业内同行、外国友人等，充分展示了中国现代化桥梁的建设成就和科技成果，中国由世界"桥梁大国"向"桥梁强国"的转变，推动让"中国桥梁"这张国家名片更加璀璨夺目，为传播"中国桥梁"国家名片，为进一步擦亮中国桥梁品牌发挥了重要作用，贡献了力量。

三、基地活动展示

1. 桥梁博物馆坚持举办"桥梁大讲堂"科普讲座

自2019年开馆以来，在全国科技活动周、全国科普日期间，通过线上线下同步的方式，邀请行业内具有权威性、影响力的院士、大师、教授级高工等为桥梁博物馆志愿者、社会公众进行科普讲座，聘请了全国工程勘察设计大师徐恭义、易伦雄，中铁大桥局副总工程师李军堂等桥梁专家，国家一级作家、桥梁史学家余启新为桥梁博物馆顾问，搭建院士、大师、专家与观众面对面交流的平台。

2021年9月15日，中铁大桥局副总工程师李军堂做客桥梁博物馆，开展"桥梁大讲堂"科普讲座，为观众生动地讲解了一场桥梁科普公开课，独家解密世界首座主跨超千米的公铁两用斜拉桥——沪苏通长江公铁两用桥的"前世今生"（图7）。

图7　2021年"桥梁大讲堂"主题科普讲座组图

2022年5月21日，武汉市暨汉阳区科技活动周以"走进科技，你我同行"为主题在桥梁博物馆举行。武汉市科技局、中铁大桥局邀请中国工程院院士、中铁大桥勘测设计院首席专家高宗余出席本次活动。

5月26日，桥梁博物馆邀请中铁大桥局副总工程师、海外工程分公司总工程师谢红兵，武汉理工大学孟加拉国籍教授、马克思主义学院跨文化交流与"一带一路"研究中心执行主任加力布来到"桥梁大讲堂"的现场，一起做客"桥梁大讲堂"，独家解密孟加拉国梦想之桥、希望之桥、友谊之桥的"前世今生"，解读中国师傅和孟加拉兄弟之间的深厚情谊（图8）。

图8　2022年"桥梁大讲堂"主题科普讲座

2. 坚持举办"荆楚科普大讲堂"活动

2021年9月25日，在湖北省图书馆，桥梁博物馆馆长成莉玲受邀出席由湖北省科协主办的"荆楚科普大讲堂"活动，此次讲座以"从建桥之都的桥说起"为现场的五十多位"小观众"进行一场桥梁科普公开课（图9）。

图9　"荆楚科普大讲堂"活动组图

3. 坚持开展"5·18"国际博物馆日系列活动

2022年5月15日，桥梁博物馆联合武汉博物馆、江汉关博物馆、武汉琴台钢琴博物馆共同讲述于武汉印记的故事。围绕这一主题，当天上午，桥梁博物馆在室内馆开展"云"游古今中外的桥梁直播。下午，桥梁博物馆馆长成莉玲做客直播间，向公众讲述中华人民共和国桥梁建设取得的伟大成就和"建桥国家队"中铁大桥局的光辉业绩（图10）。

5月18日国际博物馆日当天，桥梁博物馆在馆内开展"桥梁科普公益活动"，并推出桥博研学新课程——木刻板拓画，体验桥梁之美。

4. 坚持开展科普"进校园、进社区、进基层"活动

图10 "云"游古今中外的桥梁直播

坚持以"为青少年科普教育服务"为宗旨，与学校教育相衔接，促进校内外科普教育共同发展；充分发挥自身的辐射带动、引领服务作用，积极构建区域科技教育体系。走进社区、基层，惠及社区群众的科普文化生活，为社会大众传播科学理念，增长社会大众的科学知识。

2022年6月，桥梁博物馆联合汉阳区团委、中铁大桥局团委、弘桥小学开展成立汉阳区少先队桥梁博物馆校外实践基地的工作，选拔出32名学员成为"少先队志愿者（红领巾讲解员）"，经过为期3天的桥梁博物馆首期暑期培训，32名首批红领巾讲解员正式上岗（图11）。

图11 红领巾讲解员组图

5. 坚持组织各年龄段学生走进桥博

坚持以育人为本，以桥梁报国的爱国主义主线和桥梁科技、桥梁质量、桥梁美学等主题，联合各个学校，组织大、中、小学生走进桥梁博物馆，开展"'四史'实践教育进桥博"活动。针对不同年龄、层次的观众常态化开展形式多样的科普教育、爱国主义教育、桥梁知识研学、社会实践、科普宣传活动，不断引导激励青少年讲好建桥奋斗故事，推动全社会形成尊重知识、崇尚创新、尊重人才、热爱科学、献身科学的深厚氛围（图12）。

图 12　科普教育活动组图

6. 坚持以建桥报国，科技强国的桥梁建设精神为主线开展科普教育活动

打造"了不起的桥梁工程师"等科普研学精品课，聚焦公众需求，创新科普活动方式，把优质科普内容传播给广大师生和民众。创新教育载体，强化教育效果。

7. 充分利用互联网资源举办科普活动

桥梁博物馆在疫情常态化防控时期，不断提升后疫情时代博物馆服务方式和手段，充分利用互联网资源，打造云展览、云直播等多种形式，举行了多场"云游桥博"活动，如，开展5.18国际博物馆日直播活动，联合湖北省博物馆、江汉关博物馆、钢琴博物馆开展"武汉印记"主题直播；与武汉电视台主持人胡颖联动直播走进桥梁博物馆，该直播点击量达到5.7万人次；与大桥局团委一起为湖南桂东县9所小学开展"云"上桥梁科普课，将桥梁知识送进乡村，助力"乡村梦想教室"；组织开展"桥梁大讲堂"线上直播线下讲座活动。截至2023年，博物馆共组织线上直播28次，观看人数累计超过900万人次。

四、基地公众信息

（1）开放时间：每周一至周六（节假日及特殊情况除外）上午9:00—12:00（11:30停止入馆），下午14:00—17:00（16:30停止入馆）

（2）微信公众号"武汉桥梁博物馆"可在线预约，桥梁博物馆向社会免费开放

（3）咨询电话：18971002556

（4）科普专栏：桥梁博物馆定期推送"每周一桥""二十四节气二十四桥""桥之美"等科普专栏

中车株机公司科技文化展示中心

一、基地总体介绍

（一）基本情况

近年来，中车株机在中国中车总部的指导支持下，积极响应国家"一带一路"建设倡议，以"大国重器，产业引擎""连接世界，造福人类"为己任，勇当中国装备"走出去"的先锋，为建设受人尊敬、世界一流的中车贡献株机力量。2017年年底，中车株机吸取国际、国内先进展览展示经验，创新变革，率先建成中国高端轨道交通装备行业企业第一馆——科技文化展示中心，集中展示企业历史文化和科技创新实力，传播企业文化，打造高端品牌。

科技文化展示中心位于中车株洲电力机车有限公司电力机车系统集成工程实验室大楼C轴以南，建筑面积约3300平方米，展陈面积约2400平方米（图1）。

科技文化展示中心定位"行业第一、国际一流"，旨在通过吸取国际、国内先进、成熟展览展示经验，创新变革，以史料、实物、模型、图文等传统展示手法与数字沙盘、影院、VR等现代化声光电呈现手段相结合的展示形式，全面、清晰、准确地向受众展示企业深厚历史底蕴、科技创新实力，彰显公司行业领先的品牌形象，服务企业市场发展，达到让用户产生信任感、让员工产生自豪感、让公众产生亲切感的目的。

展示中心共有3个楼层，分为"与世界同行""与梦想同行""与未来同行"三大篇章，具有专业性、创意性、趣味性的专业特点，共29个展项、1400平方米平面设计、19个

图1　中车株机公司科技文化展示中心外景

多媒体展区、近 30 个多媒体制作，近百个展品以及沙盘模型、场景复原展示。十大创新展项分为：印象株机、CAVE 广场、"一带一路"上的中国车、智慧眼剧场、百年基业、大国工匠、产品秀场、百车墙、创新实验室、你好未来。

（二）发展沿革

中车株机创建于 1936 年，积累了深厚的历史底蕴和丰富的文化内涵，建设企业展馆成为几代株机人的夙愿。在立项之初，科展中心就确定了"行业第一、国际一流"的定位，倾注匠心与慧心，练就"超级碗"，并提出了"让客户产生信任感、让员工产生自豪感、让公众产生亲切感"的运营目的。精准定位是精致建设的前提，明确定位对整体项目建设起到十分重要的推动作用。自 2015 年正式立项以来，科展中心的选址历经重重考量，在对地理位置、周边环境、场馆高度等因素进行反复讨论后，排除了建立在党委楼、综合研发大楼等选项，最终建立在企业大功率交流传动电力机车系统集成国家工程实验室大楼 G 轴以南，和 3 个"国字号"实验室、国家级工业设计中心组成一个完整的建筑群，成为企业"会客厅"。经过多方的努力，历时两年策划、一年建设，吸取国际、国内先进展览展示经验，创新变革，于 2017 年年底，率先建成中国高端轨道交通装备行业企业第一馆——科技文化展示中心。

自开馆以来，中车株机在产品创新、技术创新、管理创新等方面取得一定的成果，根据企业发展需求，于 2020 年制定全新的科展中心升级方案，高质量、高标准完成"超级梦工厂""创新实验室""科研长廊"等十大展陈、五大多媒体展项升级，紧跟最新前沿，推进展览展示再提升，"超级碗"新面貌呼之欲出。精准的定位，让展馆建设更高效。因为不忘初心，坚持正确的运营方向，开馆近五年，科展中心依旧活力满满，广受好评。2020 年 9 月，在中国铁道学会的关心和支持下，中车株机科技文化展示中心被授予"全国铁路科普教育基地"，成为全国铁路行业首批科普教育基地、中国中车首个全国铁路科普教育基地。

（三）人员配备

科展中心共配备以刘友梅院士为首的多名专兼职科普工作人员，为外来人员进行讲解介绍等科普工作。在万余名株机人中，超过 25% 的员工从事研究与开发，其中包含 1 名中国工程院院士及 13 名享受国务院特殊津贴的行业专家，7 位中车首席技术专家、42 位中车资深技术专家等行业内不同专业领域的人才库共同支撑起申报单位科普工作开展。

（四）科普工作制度建设情况

新时代赋予新使命，新使命呼唤新作为，如何从一流企业展馆建设运营的角度出发，助力建设"智慧株机"、建成受人尊敬世界一流中车宏伟目标的实现，中车株机做了以下实践初探并取得一定成效。

1. 强化基础管理，促进体系建设

（1）完善制度建设，提升展馆运营效能

作为中国高端轨道交通装备行业企业第一馆，我们没有现成的经验，只能对标先进，边探索、边实践、边总结、边提升，从"摸着石头过河"到"满怀信心大步走"，练好内功，方可底气十足。开馆以来，中车株机通过明确组织机制、制定展馆运营管理办法、制定解说员行为规范、建立解说员考评上岗和动态评估机制等方式，强化运营基础管理，确保展馆有序运营。

在新时代新形势下，随着工业旅游的蓬勃发展和疫情常态化防控，我们要制定更完善的接待计划，设置更成熟的接待流程，满足更通俗的解说要求，落实更细致的防疫措施，做好更全面的配套服务，不断提升参观体验。

（2）抓好队伍建设，夯实展馆高质量运营根基

功以才成，业由才广。中车株机将抓好人才工作作为推动展馆高质量运营的有力手段，着力培养一支具有国际视野、懂得国际礼仪、认可企业文化的高素质人才队伍。一是要求展馆讲解员赴上海培训，并取得资格证书。二是对标学习，组织相关人员赴远大集团、兄弟企业进行交流，取长补短，提升展馆工作人员工作能力和业务水平。三是加强自主学习，定期学习中车和公司报刊，及时掌握集团和企业最新动态。同时，重点培养展馆工作人员的主人翁意识，定期巡检，及时维护、更换受损老旧区域或设备，确保展馆正常运营。

2. 坚持品牌导向，打造特色展馆

（1）独创"展馆+"标识，建立品牌联想

中车株机策划展馆品牌形象内外征集活动，共征集得30余幅作品，邀请专家评审进行现场打分讨论，通过两轮甄选，最终确定"超级碗"形象标识，并线上进行发布。

以"超级碗"形象标识为基础，组建文创开发专项工作小组，先后围绕"迎新年""厂庆日"和"超级碗"周岁庆等主题，开发近20款文创衍生品，推出国潮原创礼盒，以人们喜闻乐见的方式传播企业文化和品牌理念。

（2）打造系列品牌活动，强化文化育人

主动与时下热点接轨，发挥平台优势，策划相关文化品牌活动，充分发挥全国铁路科普教育基地文化传播、科学普及和社会教育职能。每年组织员工家属参观，让员工家属"零距离"了解员工的工作环境和企业发展情况，不断增强员工及家属的归属感和责任感，进一步激发员工干事创业热情。在中国共产党成立100周年、中国中车创业140周年、企业创建85周年等重要时间节点，结合国际博物馆日、全国铁路科普日等实时热点，主动策划举办了

"唯初心·为信仰"剪纸艺术展、"红色株机·四力一品成果展""砥砺初心向复兴"科普展、"童心·致未来"美劳展等多个主题展览,展示中国轨道交通装备的发展成就。策划"轨道入校园""技术大咖走进'超级碗'"等活动,生动普及轨道交通装备相关知识。举办"蓝书包"爱心游学活动,邀请十八洞村的小朋友走进"超级碗",加强对孩子们的精神激励,培养孩子们的爱国之情。

（3）打造"云展馆",实施跨界融合传播

随着互联网的迅速发展,中车株机守正创新,重磅推出网上虚拟展馆,通过360°实景展示,以丰富的视觉效果、良好的操作体验,让人们足不出户即可在线逛遍"超级碗"。展馆开通官方微信公众号,结合时下热点事件和重大节日,发布以"建党100周年""聆听"为代表的系列推送,引导人们形成与新时代发展相适应的科学思维方式和正确世界观、人生观、价值观。公众号增设"超参观""虚拟展厅""超分享"三大子栏目,满足多功能、多层次、高频次的互动、传播需求,让科展中心成为更智能、更广泛、更立体的传播平台,展现企业文化自信和品牌魅力。

（五）发展规划

随着企业发展与文化品牌建设升级,中车株机致力于将传统的展示空间打造为集合企业品牌推广、企业文化宣传、企业产品营销的综合服务平台,积极探索展馆可持续发展之路。运营近5年,科展中心累计接待2500余次、超5万人次参观,深受客户好评、员工喜爱、公众赞叹。

目前,科展中心已积累了较丰富的经验,但展馆管理体制和运行机制仍有待进一步完善。一方面,随着展馆科普教育职能的强化和工业旅游的蓬勃发展,社会群体、学校师生等参观需求日益增长,对深化科展中心基础管理,夯实发展内功提出了更高要求;另一方面,我们必须坚持以发展的眼光来把握"让客户产生信任感、让员工产生自豪感、让公众产生亲切感"的目标任务,思考展览展示升级,借势互联网传播,以巧思促运营。

未来,科技文化展示中心将加强科普资源的创新和开发,改造场馆展示形式和内容升级。一是增强科普互动性,用前瞻性的设计理念与先进的数字化展示手段,用创意激发展馆、展厅活力。二是建设"智慧展馆",进一步强化展览功能,为客户提供智能、便捷的服务。三是依托企业的专业优势,不断开创新的科普内容,提升科普质量。四是着重培训、抓管理,倾力打造一支优秀的科普团队,助力向外精准传递科普知识。

二、基地建设特色

中车株洲电力机车有限公司创建于1936年,坐落于中国湖南省美丽的湘江之滨,毗邻京广、沪昆铁路线，占地 2.25 平方千米，是中国中车核心子公司、湖南千亿轨道交通产业集群龙头企业。展馆围绕企业发展，通过声、光、电等多种展现手法，挖掘并展出企业历史重大时刻的相关故事。

中车序厅：一部《株机印象》精彩呈现中车株机公司"推动全球轨道交通发展的中国力量"。

特别红色展区：在建党百年之际，中车株机公司入选"中国中车红色教育基地"，并在株洲本部和南宁产业基地开展建设。其中，在公司科展中心序厅规划"红色展区"，展示习近平总书记视察中国中车的殷切寄语，凝聚奋斗力量。

CAVE 广场：在这里，立体动态空间精彩呈现中车株机公司全球化发展格局：产品与服务覆盖"一带一路"沿线 53 个国家和地区，被誉为"中国高端装备走出去的代表作"（图 2）。

"一带一路"上的中国车：这是"超级碗"的建筑艺术之魅，透明玻璃展示面与钢结构和谐共生，行走驻足间，感受中车株机放眼全球、走向世界的眼光和胸怀（图 3）。

图 2　CAVE 广场展区　　　　　　　　　　图 3　科技文化展示中心展厅"一带一路"上的中国车

智慧眼剧场：在这里，你可以看到中车株机公司 80 余年的栉风沐雨，见证中国轨道交通装备的变迁发展（图 4）。

百年基业：展现"追赶者"到"领跑者"的角色转换，时间轴上的代表车型及材质已悄然变化，"图片""文字""老物件"……5 个篇章将尘封的记忆再次唤起（图 5）。

大国工匠：他们是大师，也是中车株机公司一线员工。"中华之星"车模、"屏柜艺术化布线"、双子塔激光切割成型与组装……执着专注，精益求精，工匠精神在中车株机公司代代传承（图 6）。

产品秀场：量身打造的产品现场发布会空间单元，通过天屏、地屏、中屏以及车模的声光电结合，震撼呈现中车株机为客户提供更加优秀的轨道交通系统解决方案（图 7）。

创新实验室：这里，为企业 2000 多名技术研发人员提供创新展示平台，超级电容、铰接式转向架、无人驾驶……在这里都可以通过酷炫的互动深入了解。创新无处不在，智慧无限延伸。

你好，未来！VR技术与动感座椅虚实结合，身临其境地感受超乎想象的未来轨道交通将带给生活的巨大改变。

图4 科技文化展示中心智慧眼剧场

图5 科技文化展示中心展厅"百年基业"展区

图6 科技文化展示中心展厅"大国工匠"展区

图7 科技文化展示中心展厅产品秀场

三、基地活动展示

（一）展览类

结合热点，积极策划。开展"红色中车展""不忘跟党初心，牢记青春使命""40/50/60身边的传奇""弘扬工匠精神·铸就大国重器""智慧株机报展""砥砺复兴向未来科普展""剪纸艺术展""童心致未来艺术美劳展"等多项大型主题科普展览。

1. 剪纸艺术展

邀请3位剪纸创作者从不同的视角与员工代表、中南大学师生分享了创作初衷及创作历程。通过剪纸作品展现公司的发展变迁（图8）。

图8 大型主题科普展"剪纸艺术展"组图

2. "砥砺复兴向未来"科普展

为迎接全国铁路科普日,"超级碗"举办"砥砺初心向复兴"科普展,为大众科普中国轨道交通建设翻天覆地的变化。

(二)主题活动

线下每年举办展馆周年庆、文创集市、科普公众开放日,"科普之窗"进社区、"科普宣传进家庭""少年知党史,轨道入校园"等科普讲座和科普知识竞赛活动相关主题活动(图9)。

2019年,科展中心作为剧组《最好的时代》的拍摄地点,亮相荧幕(图10)。

图9 科技文化展示中心公共开放日 　　图10 科技文化展示中心接待电视剧剧组

（三）提升类活动

为助力展馆解说员团队向"学习型""创新型"发展，让讲解员作为"窗口"更好地向外展示公司。定期举办讲解员培训活动，全方位提升讲解员素质（图11）。

图 11　科技文化展示中心团队

（四）线上"云科普"

线上通过全媒体开展科普宣传，如定期出版《九方科普》电子期刊，开设"中车株机科展中心"微信公众号，刊发《电力机车与城轨车辆》期刊，制作图文、视频科普产品，开展多方位、全媒体的科普教育。

四、基地公众信息

（1）地址：湖南省株洲市石峰区中车株洲电力机车公司内部园区

（2）微信公众号：中车株机科展中心

北京交通大学运输设备教学馆

一、基地总体介绍

（一）基本情况

北京交通大学运输设备教学馆（简称交通运输科学馆），除运输设备教学主馆外，还包括交通运输国家级实验教学示范中心和交通运输国家级虚拟仿真实验教学中心3个部分。

场馆隶属于北京交通大学交通运输学院，前身是1928年的交通博物馆，现址始建于1951年，原名叫铁道陈列馆，是为存放和陈列当时的全国铁路展览会展品而修建。1978年，更名为运输设备教学馆。运输设备教学馆以交通技术为特色，以铁路运输设备为主，并向综合交通方向发展，现有机车、车辆、信号、线路、综合仿真和铁路发展掠影6个展馆，占地3500平方米，使用面积1800平方米。展馆珍藏有600多件见证我国铁路发展历程的铁路运输设备实物、模型、图片、视频资料和可操控的通信信号设备以及反映铁路设备全貌的运输综合仿真沙盘，是北京交通大学向社会大众普及交通知识、传播交通大学文化、展示交通模型、培养科研兴趣、回顾交通历史、培育家国情怀的重要的实践基地和科普基地（图1）。

交通运输国家级实验教学示范中心与国家级虚拟仿真实验教学中心，总面积达1600平方米，集中展示北京交通大学在轨道交通、城市交通、民航运输等领域的技术成果，并在两个国家级的教学中心自主开发并引进了一些观众可实际操作的互动系统，如丰台西编组站虚拟仿真系统，以便观众更直观地了解相关交通系统、高铁沙盘系统、城市轨道交通列车自动控制系统、城市轨道交通运营组织全景互动虚拟仿真平台、自动驾驶仿真沙盘系统、民航管理模拟系统、无人机自主线路巡检系统。

交通运输科学馆先后荣获"北京市优秀教学成果奖""青年科技创新教育基地""交通运输国家级实验教学示范中心""全国铁路科普教育基地""国家交通运输科普基地""北京市科普基地""全国科普教育基地""'大思政课'实践教学基地""海淀区文明实践教育基地"等

图 1　交通运输科学馆外观及展厅组图

荣誉称号。作为北京交通大学交通运输国家级实验教学示范中心和虚拟仿真实验教学中心的重要组成部分，交通运输科学馆每年承担本科生直观教学任务，接待国内外访问学者、团体及中、小学生前来参观、交流访问5000多人次，已成为北京交通大学对外宣传交流的窗口和科普教育基地，在国内外享有很高的声誉和影响。

（二）基地建设经验

北京交通大学建设交通运输科学馆科普基地，历史可追溯至1951年北京交通大学由北京市西城区府右街刚搬到现址的铁道陈列馆，陈列馆部分继承了当年铁路技术展览的展品，后随着学校教学、科研条件的改善，依托国家级实验教学示范中心、国家级虚拟仿真实验教学中心、综合交通运输大数据应用技术交通运输行业重点实验室等高水平实验平台，更新与丰富了实验设备，形成了一批有特色的科普作品，扩大了科普活动的场地，改善了科普活动的环境，极大地提升了基地科普教育的服务水平。

基地的建设理念可归纳为"科研反哺教学，教学携手科普"。利用高校的优质科技资源和特色行业背景，推动科研资源向教学转化，形成了一大批高水平的教学实验平台，获评了国家级实验教学示范中心、国家级虚拟仿真实验教学中心，认定了国家级虚拟仿真实验项目。在此基础上，科普团队积极推进教学实验项目向科普作品和项目转化，设计了面向不同对象、不同特点的科普作品和项目。

（三）科普基地运营组织保障

北京交通大学交通运输科学馆构建了较为完善的科普工作组织架构和人才队伍建设和培训机制。基地在学校科研院、本科生院的领导下，由交通运输学院具体管理，专家组成的顾问团为基地建设和运营提供指导，国家级精品课铁路行车组织、交通运输设备等教师团队提供专业支撑，中国铁道学会运输委员会、虚拟仿真联盟交通运输专业委员会等单位提供支持。其中，核心团队为交通运输实验中心的专职教师、教师志愿服务团、学生志愿服务团组成的科学馆科普服务团，负责基地建设、日常管理和活动组织，其中教师约20人，学生50人，教师团队相对稳定，学生团队以詹天佑班、学生科协、铁道社团为主体，既有流动也有传承。服务团分工明确，有对外联络、安全保障、场地环境、技术支持、预约管理、活动组织、讲解员、后勤、财务等各工种，定期开展培训（图2）。

图2　基地组织架构

在管理工作体制和经费保障方面，科普基地在原实验中心的相关管理办法基础上，制定了《开放预约管理办法》《大型活动应急管理办法》等规章制度，使得科普基地的建设、活动的开展更加规范。基地的活动开展均采用免费的形式，收入来源为学校的财政拨款，学校的科研院、本科生院每年有固定的运行经费投入，财务处的财政专项也会对重点建设项目进行支持，能够保证基地的运行与发展。

（四）基地宣传举措

基地主要利用网站与微信公众号进行宣传，除活动宣传和推送外，也定期发布专家科普访谈栏目，同时向合作媒体推送重点活动新闻，与校友活动、招生工作密切配合，扩大影响力。具体采取了以下举措：①组建专家委员会和协办单位。组建包括科学顾问、专家委员在内的专家委员会，为科技馆运营提供智库支持，并吸引行业资源。建立协办单位制度，吸引社会资源和支持。②举办交通相关学术沙龙。通过不定期举行交通科学文化活动，免费为交通相关小型研讨会、学术沙龙、博士答辩提供场地，使得科学馆成为北京交通大学交通文化活动的根据地和汇聚地。不定期邀请专家就近期热点问题开展访谈，通过直播、视频公众号等形式传播，提升科学馆影响力和学术地位。③联系企业合作。联系企业提供最新的交通科技成果实物，在不转移所有权的情况下为科技馆提供最新的展品，让科技馆成为最新科技展厅。④设计文创，争取捐赠。设计相关文创产品，用捐赠替代销售，既能获得支持，又能扩大宣传。⑤设立荣誉墙。设置交通校友文化墙、名人榜、捐赠荣誉墙等，集中展示北京交通大学轨道交通重大科技成果、行业内杰出校友成就等。⑥设立自由交流场所。在科学馆周边设置桌椅，为学术交流、休憩提供场所，吸引人流量。提供图书阅读、咖啡等基本服务。

交通运输科学馆正在打造一个实物和资料互相印证、讲解和互动相辅相成，以展示交通运输历史、现在与未来的科普教育基地，为促进公众科学素质的提高、巩固专业学生教学效果，营造尊重科学、崇尚创新的良好的文化氛围。并在未来不断的发展中，充分依据其交通运输行业特点，不断对展示内容改革创新，加强与参观者的互动，进一步建成年富力强、经验丰富的专业讲解队伍，继续为交通运输科学普及提供内容支撑，对交通运输专业教学起到促进作用，为广大参观者提供有益的精神食粮，服务公民科学素质提升和人的全面发展，服务交通运输事业繁荣发展，助力国家和民族软实力的提升。

二、基地建设特色

科学馆是交大向社会大众普及交通知识、传承科学家精神、培养科研兴趣、回顾交通历史、培育家国情怀的重要的实践和科普基地。展馆珍藏有600多件见证我国铁路发展历程的铁路运输设备实物、等比例缩放模型、图片、视频资料；设有大师墙，珍藏有老教授们的手绘教案、课程录像、实验平台设计图纸等。科学馆还延展交通科技前沿，自主开发并引进了一批可实际操作的互动系统（如编组站虚拟仿真系统、城市轨道交通列车自动控制系统、自动驾驶仿真沙盘系统、高速铁路行车调度管控一体化管控沙盘），以便观众直观生动地了解交通运输系统。其中，特色展品如下。

（一）百年钢轨

一根为1896制造的钢轨，侧面镌刻铭文"BARROW STEEL SEC 435 1896 I.C.R"，其中"BARROW STEEL"为巴罗赤铁矿钢铁有限公司"Barrow Hematite Steel Co Ltd"的简称。"SEC 435"表示生产号段，"1896"为生产年份，"I.C.R"为盛宣怀督办的中国铁路总公司（IMPERIAL CHINSES RAILWAY）的英文译名简称。另一根为1908年制造的京张铁路钢轨，侧面镌刻铭文"BV&COLD–

图3 京张、京汉铁路百年钢轨

1908-IPKR",其中"BV&COLD"为英国铁轨制造公司简称,"1908"为制造年份,"IPKR"为官办京张铁路英文译名简称。全称为IMPERIAL PEKING KALGAN RAILWAY(KALGAN为张家口的蒙古语名字——喀拉干)(图3)。

除实物展出外,交通运输科学馆还自主开发并引进了一些观众可实际操作的互动系统,布置在两个国家级的教学中心,以便观众更直观地了解相关交通系统。

(二)丰台西编组站虚拟仿真系统

丰台西编组站虚拟仿真系统包括认知系统和铁路编组站作业过程仿真操作系统两大功能。认知系统采用VR技术,使观众可以身临其境地观察丰台西编组站的设备、人员等情况。

铁路编组站作业过程仿真操作系统为观众提供了"到、解、集、编、发"5个列车作业环节的操作体验,其每一部分均包含相应的作业过程、作业人员和技术设备的内容介绍,并设有作业系统的操作教学(图4)。

图4 丰台西编组站虚拟仿真系统

(三)铁路沙盘系统

高速铁路沙盘系统包括京沪杭高铁仿真沙盘、多层次的行车调度台和全景指挥大屏。同时在计算机中安装的软件设备包括中央控制系统、行车调度指挥系统、车站调度系统、网络状态监控系统和牵引计算参数模拟采集系统等控制指挥系统。整个仿真沙盘占地140平方米,包括京沪高铁的北京南、天津南、济南西、徐州东、蚌埠南、合肥东、南京南、上海虹桥8个车站以及天津枢纽的天津西站、济青高铁的青岛北站和沪杭高铁的杭州东站,同时设有北京、天津、济南、南京、上海5个动车段所,形成了六线五所十一站的高铁网,使观众能直观感受高铁的运营管理。普速铁路沙盘系统为20世纪80年代所建我国高校第一代铁路综合仿真沙盘,包括编组站、区段站、客运站、越行站、会让站等典型车站与单双线、桥梁、隧道等线路设备,可以实现列车运行仿真,在学生培养与科普教育中发挥了至关重要的作用（图5）。

（四）城市轨道交通列车自动控制系统

城市轨道交通列车自动控制系统能够模拟轨道交通列车运行，展现列车自动控制系统，实现轨道交通中运输组织与调度指挥的仿真。系统包含列车自动控制（ATC）系统和计算机联锁系统，包括3个中间站及2个地铁折返站。系统由控制中心、车辆段、线路、列车、车站、轨旁设备（计轴器、应答器、转辙机）等构成，模拟轨道交通基于通信的列车自动控制系统（CBTC）模式下ATS系统进路排列、列车追踪、站台控制及信号控制等多个专业功能，具有信号故障模拟处置功能，可实现列车自动运行

图5 高铁、普速仿真沙盘组图

图6 列车自动控制系统

系统（ATO）模拟、列车自动防护系统（ATP）模拟，使观众能够直观感受到城市轨道交通列车运行的各种状态（图6）。

（五）城市轨道交通运营组织全景互动虚拟仿真平台

平台可模拟再现轨道交通运营组织过程中典型场景的行人流、列车流，实现多角色的全景互动，平台具有大规模、高精度特点，能够专业地表现线路、车站、列车、行人等关键要素的动态演化特性。平台功能涵盖乘客需求分析、列车运行计划编制、客流车流调度组织等全运营环节；支持调度员、驾驶员和乘客3类角色模式，可实现多机在线联动操作。平台集成虚拟头盔、监测基站、无线控制器、调度通信等交互设备，从宏观计划、中观控制、微观体验3个层次给予观众身临其境的体验。

（六）自动驾驶仿真沙盘系统

自动驾驶仿真沙盘系统包括交通环境仿真沙盘、缩微智能车辆、管控一体化控制台3部分，利用视觉、激光雷达等多融合传感器技术来感知道路交通环境信息，可实现城市道路条件下自动泊车、自动驾驶公交编队、交叉口红绿灯引导等仿真能力。观众通过该系统可以了解自动驾

驶技术的基本工作原理和流程（感知—决策—控制），结合自动驾驶技术在典型城市交通场景下的应用，对自动驾驶技术形成一个直观、具体的认识，了解自动驾驶技术对未来城市交通的影响，激发观众特别是青少年对自动驾驶技术的兴趣（图7）。

图7 自动驾驶仿真沙盘系统组图

（七）民航管理模拟系统

民航管理模拟系统包括航空公司运行控制模拟系统、机场塔台管制模拟系统，以及飞机运行时程序管制、雷达管制模拟操作系统。航空公司运行控制模拟系统通过模拟航空公司实际运行控制过程中各岗位的工作内容，使观众了解到飞机飞行全过程中航空公司运行控制中心是如何工作的；机场塔台管制模拟系统通过仿真北京大兴国际机场、北京首都国际机场和天津滨海国际机场实际视景，使观众了解飞机起飞离开机场和降落到达机场管制的全过程；程序管制、雷达管制模拟操作系统通过模拟飞机飞行过程中空管员操作程序管制和雷达管制的流程，使观众了解到飞机在飞行过程中地面空管员如何监控飞机运行，确保飞机安全间隔。

（八）无人机自主线路巡检系统

无人机自主线路巡检系统搭载了专门研制的2D、3D视觉系统，应用先进的人工智能算法实现了无人机自主循线飞行、自动回收、自动充电、自主作业以及轨道线路周界环境3D扫描识别、线路入侵误识别、接触网健康状况巡检等智能功能。观众能够通过该系统看到铁路现场智能线路巡检的实际场景。

三、基地活动展示

（一）科技活动周

北京交通大学交通运输科技活动周于2021年5月22日至28日顺利开展。本次活动是依据科技部、中央宣传部、中国科协对全国科技活动的总体安排，以庆祝中国共产党成立100周年，进一步普及科学知识、弘扬科学精神、提高科学素养，展示交通科技创新成就，支撑交通运输高质量发展和加快交通强国建设为活动目的的一次重点活动（图8）。

本次科技活动周以"普及科学知识，助力交通强国"为主题，联合学校校史馆、图书馆、轨道交通控制与安全国家重点实验室等多家单位，以及10多家交通运输科技企业和5家出版社，开展了包括百年交通发展回顾展、交通运输科技展、优秀学生作品科技展、交通运输原创科普作品大赛、交通运输科普系列讲座与展览等 7 项活动。北京交通大学交通运输科学馆（原运输设备教学馆）作为首批国家交通运输科普基地和全国铁路科普教育基地是本次系列活动的重点场馆之一。

图 8　科技周活动组图

科技活动周面向全校教职员工、本研学生开放，并邀请中小学生入校参观、学习、互动，同时通过网络媒体进行直播，使科技创新成果和科学普及活动真正惠及广大师生与社会公众。

在交通运输科技活动周举办期间，各种知名媒体也前来北京交通大学参观，并发布了多篇有关北京交通大学交通运输科技活动周的新闻报道。

（二）暑期轨道交通研学活动

为庆祝中国共产党成立 100 周年、北京交通大学建校 125 周年，贯彻落实新时代交通强国的重要战略，促进交通运输科技创新和科学普及协同发展，北京交通大学交通运输国家级实验教学示范中心下属的交通运输科学馆于 7 月 10—25 日面向社会开展交通运输实验室暑期科普研学试点活动（图 9）。

本活动由"北京交通大学交通运输国家级实验教学示范中心社会开放服务团"、交大师生创业团队"高校实验室研学工作坊"组织策划，共接待参观团体 26 个，覆盖 4~16 岁北京市内外学生群体及家长共计 1100 多人。服务团为参观同学与家长普及交通知识，宣传交大文化，得到热烈反响与广泛好评。

图 9　暑期研学活动组图

四、基地公众信息

（1）基地地址：北京市海淀区上园村 3 号北京交通大学校园内

（2）微信公众号：北京交通大学交通运输科学馆

（3）预约电话：010-51684205

西南交通大学轨道交通运载系统全国重点实验室

一、基地总体介绍

（一）基本情况

西南交通大学轨道交通运载系统全国重点实验室是国家计委批准（计科技[1989]32号文）建设的国家重点开放研究实验室（1991DA105597），主管单位为教育部，依托单位为西南交通大学。实验室于1989年开始筹建，1993年初步落成，1994年开始接受国家试验和研究任务，1996年通过国家验收，2003年、2008年、2013年和2018年四次通过国家评估，两次被评为优秀国家重点实验室。实验室的任务是加强科学技术研究以满足中国轨道交通现代化的需要，开展基础科学及其应用科学的研究，探索新的科技领域，培养优秀的科技人才，逐步发展成为能代表国家学术、实验和管理水平的实验室基地和学术活动中心（图1）。

实验室设有车辆工程与测控研究所、轮轨关系与振动噪声研究所、机车车辆研究所、列车与线路研究所、新型轨道交通技术研究所和装备运行与保障办公室等6个研究机构和3个联合研究所，占地20000多平方米。建立了高速列车数字化仿真、基础研究实验和服役性能研究实验三大平台，拥有配套齐全的轨道车辆试验装备与仿真系统，是中国合格评定国家认可委员会（CNAS）认可单位，取得国家认证认可监督管理委员会组织实施的实验室资质认定（CMA）。实验室以高速铁路、高速磁浮交通、重载铁路和新型城市轨道交通（简称"两高一重一新"）为研究对象，围

图1 西南交通大学轨道交通运载系统全国重点实验室

绕基础科学和关键技术，开展基础研究与技术创新，服务轨道交通国家战略和行业科技进步，设有机车车辆设计理论与结构可靠性、轨道交通系统动力学、牵引供电与传动和新型轨道交通技术等4个研究方向。承担了973项目、国家重点研发计划项目、国家科技支撑计划项目和国家自然科学基金项目等国家重要研究任务，累计科研经费30多亿元。主持获得国家科技进步奖一等奖2项、二等奖7项，国家自然科学二等奖1项。创办了国际学术期刊《International Journal of Rail Transportation》和国际轨道交通学术会议（ICRT），拥有"111计划"学科创新引智基地、科技部示范型国际科技合作基地和教育部国际合作联合实验室等多个国际交流与合作平台。所支撑的"交通运输工程"学科连续全国排名第一，并在2017年学科评估中位列A+，入选国家一流学科建设序列。实验室依托学校坚持政产学研协同创新，发挥实验室轨道交通行业优势，实现团队协同作战，和中国铁路总公司、中国中车股份有限公司、中国中铁股份有限公司、中国铁建股份有限公司、中国铁路设计集团有限公司、铁道科学研究院和各城市轨道交通公司建立了良好的长期合作关系。

（二）人员配备

实验室现有专任教师85名，其中，正高级48名，博士生导师45名。包括院士3人，国家杰青/长江学者/万人计划9人，科学探索奖获得者2人，全国创新争先奖获得者4人，国家青年人才10人，已形成一支以院士、杰青、长江学者等为带头人、以45岁左右教师为核心、35岁左右教师为骨干的教学科研队伍。在国际学术组织任职和国际期刊任主编、副主编和编委职务50多人次。拥有全国高校黄大年式教师团队1个、国家自然科学基金创新研究群体1个（机械领域高校第1个）、科技部重点领域创新团队2个、教育部创新团队2个（交通领域第1个）和轨道交通安全2011协同创新中心核心团队2个。

实验室长期向公众开放，以弘扬科学精神、传播科学思想、倡导科学方法、普及科学知识为己任，推进新时代科普工作模式转型升级，不断提升科普公共服务能力，提高全民科学素质，为普及科学知识厚植创新土壤、为弘扬科学精神营造良好氛围，为建设"交通特色鲜明的世界一流大学"提供坚实支撑。实验室建立了以高铁、磁悬浮为核心的轨道交通特色鲜明的科普教育基地，现有专职科普人员10人、兼职科普人员21人，其中，高级职称5人，博士研究生6人，硕士研究生25人。

（三）制度建设

实验室结合基地科普工作中的组织建设、队伍建设、科普设施管理等方面的实际情况，制定了《西南交通大学高速铁路科普基地科普工作管理制度》《高速铁路科普基地实训活动管理办法细则》《高速铁路科普基地场馆安全管理制度》等系列科普工作制度。组织开展了参观访问、国家重点实验室开放日、专业学术讲座、科普讲座、学生实践和暑期夏令营等多种形式的公众开放活动，开放对象包括了小学生、中学生、大学生、研究生、企事业人员、科研机构及高校学者等社会各个知识层次人员，累计次数达30000多次。先后入选四川省第九批省级科普基地"高速铁路科普基地"（2017）、中国铁道学会全国铁路科普教育基地（2020）、四川省港澳台青少年教育交流基地（2021）、中国科学技术协会"全国科普教育基地"（2022）。获2021年四川省科普讲解大赛一等奖2项、三等奖1项、"优秀组织奖"1项，2人被授予2021年四川省十佳优秀使者称号。

实验室将进一步深入贯彻落实习近平总书记关于科技创新和科学普及的重要论述，一方面围绕"交通强国"等国家重大战略需求，在铁路大系统动力学理论体系等基础研究领域，在高速铁路及重载铁路关键核心技术领域，在中低速磁浮交通、超高速磁浮交通、新型城市轨道交通等新技术创新领域，取得更大的突破；另一方面围绕全国科普基地建设，积极面对新的发展阶段，全面推动轨道交通科技教育、传播与普及工作，筑牢公民科学素质基础，以新方位、新使命推进科普工作新担当、新作为。

（四）科学家故事

1. "高速轮轨之父"沈志云"提着脑袋"搞实验

沈志云，1929年出生，湖南省长沙市人。机车车辆动力学专家、中国科学院院士、中国工程院院士，被誉为"高速轮轨之父"。从提出"沈-赫-叶氏模型"理论，到创建轨道交通运载系统全国重点实验室，沈志云参与、推动和见证了中国高铁技术从无到有、从追赶到领跑的发展历程。

科学研究离不开实验。早在1978年，沈志云就提出了建立一个试验台的想法。1988年，国家计委启动了第二批国家重点实验室的建设申报，沈志云再次提出建设国际一流的车辆振动滚动试验台。他说轮轨关系虽然看似简单，但科技发展到今天，人类依然无法准确地把握轮轨相互作用，"要使上百吨的机车车辆在试验台上自由滚动和振动，其难度可想而知。但是，非如此不能解开轮—轨这个黑匣子"。德国的慕尼黑研究所试验台世界最先进，其试验时速达到了500千米，我们若做不到500千米，可以先做450千米，"在精度上、在功能上超过他们"。当时列车的一般时速为60~70千米，450千米显然是很多人都不敢想的速度。沈志云所在的西南交通大学力排众议，支持沈志云联合校内各方力量申报机车车辆滚动振动试验台。这次国家重点实验室全国共有275家申报，只有50个指标。沈志云领衔的机车车辆滚动振动试验台在申报评审中脱颖而出。

西南交通大学让沈志云全面负责实验室的建设。从设计理念，到挑选骨干，沈志云作了周详的考虑。1989年4月，国家计委委派专家到西南交通大学对实验室进行现场评估。考察结束时专家问沈志云："建这么大的实验室，要承担什么样的风险，你想过没有？"沈志云一愣，只好如实回答说："如此大的设备，如果搞成功了，非常有用；如果失败了，那就是一堆废铁，是很大的浪费。"专家说："这么巨大的浪费，恐怕你的性命难保哦。"此后几年，沈志云时常感受到"提着脑袋"的压力，未敢有丝毫懈怠。

1994年1月28日，试验台首次做车辆的滚动振动试验。试验台是否成功，要看车辆在试验台上是否出现蛇形。在轨道运行中，蛇形出现了。大家不约而同欢呼：蛇形了！蛇形了！沈志云也笑开了，"脑袋别在裤腰带上"的日子结束了，试验台终于建成了！他在日记中兴奋地写道："几年奋斗终于达到了目的！"（图2）

图2　机车车辆整车滚动振动试验台

1995年11月，轨道交通运载系统全国重点实验室通过国家验收。试验台经过升级改造，创造了时速600千米列车台架试验速度的世界纪录，完成了我国所有型号高速列车滚振试验，为我国铁路提速和高速发展中做出了突出贡献。

2. "车辆-轨道耦合动力学"理论体系开拓者翟婉明助推中国高铁提速

翟婉明，1963年出生，江苏省靖江市人。轨道交通系统动力学专家，中国科学院院士、美国工程院外籍院士。首创了"车辆-轨道耦合动力学"理论体系，其模型与算法在国际上被称为"翟模型"和"翟方法"，成为国内外铁路工程动力学领域普遍采用的方法，被成功应用于我国铁路提速和高速铁路的几十个重点工程中，助推全国铁路6次提速及高速化发展。

对中国高铁研究的顶尖科学家翟婉明来说，人生第一次乘火车"根本不是一种享受"。1981年，翟婉明考上西南交通大学。他乘坐火车从家乡江苏省靖江市前往四川省峨眉山市，路遇塌方，辗转上海市、昆明市，花了三天四夜才到，一路上忍受着饥饿、拥挤和疲惫。这一经历让他心底萌发了改变中国铁路落后面貌的想法。

1990年夏，年仅27岁的西南交通大学在读博士生翟婉明，首创了一种快速显式数值积分方法，用以求解复杂大系统动力学问题，并成功解决了长大重载列车纵向动力学快速模拟问题。这一方法，后来被国际同行誉为"翟方法"。在铁路工程领域，车辆、轨道一直是两个独立的研究系统，分属经典的车辆动力学、轨道动力学理论体系，不能很好解决复杂的车辆与轨道动态相互作用问题。如何在列车提速的同时，保证安全性与平稳性？解决车辆与轨道之间的动力关系是关键。车速越高，对线路平整性的要求就越高，两者之间要达成一个系统的优化匹配，才能实现列车的安全、高速、平稳运行。把车辆和轨道割裂开来研究是行不通的，翟婉明提出了一个在世界上还是空白的理论设想，即后来名噪业内的"车辆–轨道耦合动力学"构想，把车辆系统和轨道系统视为一个相互作用、相互耦合的大系统，综合研究列车在线路上的动态行为，结束了长期以来将机车车辆和轨道割裂开来研究的局面，在国际上被称作"翟模型"。

2004年，中国高铁开始起步。没有设计标准，工程建设面临一系列挑战。"到底哪个设计方案可行？"2005年的一天，拿着广深港（广州—深圳—香港）高铁穿越狮子洋的4种选线设计方案，设计单位技术负责人忐忑不安。广深港高铁是中国高铁网主骨架之一，需跨越珠江口内水域的狮子洋，地形条件复杂。经过一年多勘测，设计单位提出了4种选线方案，并首次涉及30‰以上大坡度纵断面。高速列车以时速300千米通过如此大的纵坡，能否安全平稳？这道重大工程技术难题，在世界高速铁路线路设计史上，前所未遇。设计负责人找到了翟婉明。4种选线方案参数被逐一输入"翟模型"，经过计算机模拟分析，再加上动力学安全评估，翟婉明找出了其中的最优者：途经沙仔岛的长大隧道设计方案。这一方案最终被设计单位采纳。2011年12月，广深港高铁广深段正式开通运营。至今超过10年的运营实践表明，高速动车组在狮子洋段行车安全平稳。

他的研究始终扎根在中国铁路发展的现场。翟婉明认为，从书本到现实，有很大的不同。"理论再好，不到实践中接受检验，就是纸上谈兵。"为了验证自己的研究，翟婉明常常跟着铁路安全员一根轨枕、一根轨枕地走，到现场寻找答案，开展了大量调研和现场试验。2008年京津城际铁路开通之前，铁道部组织了高速行车试验，为了采集一座特大桥上的高速行车动力学性能指标，他带着测试团队在现场一待就是35天。在理论—试验—应用—理论的螺旋式进程中，翟婉明的研究硕果累累，也被应用于中国高铁一个个工程现场，成功解决了一系列工程难题。

中国高铁科技领域取得上述卓越的成就是翟婉明等科技工作者长期携手努力奋斗的结果，彰显了他们刻苦钻研、矢志不渝、勇攀科技高峰的创新精神和奉献精神。然而，谈到这些成就，翟婉明却说："它们都是基于国家工程建设需求设立的重大攻关课题而取得，是国家重大战略需求拉动的结果。科研人员只是响应号召，满足需求，做了一些具体工作。"（图3）

图3　翟婉明院士讲授车辆–轨道耦合动力学理论

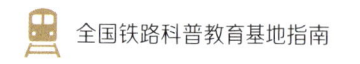

二、基地建设特色

西南交通大学轨道交通运载系统全国重点实验室全国铁路科普教育基地科普展示场所总面积 5000 余平方米，其中，室内场馆 3000 余平方米，室外 1250 平方米，影视报告厅 520 平方米。借助于巨幕电影、3D 技术、模拟驾驶、原理演示实验等先进手段，全方位展示高速铁路和磁悬浮交通的历史成就与研究前沿。主要科普设施包括：

1. 演示大厅

可提供 50 余个座位，2 套巴可 NW12 立体高清投影系统，屏幕投影尺寸 3.6 米 ×10 米，可视角度大于 160 度，可播放 2D 或 3D 视频，用于展示各种轨道交通相关理论动画和视频以及轨道交通运载系统全国重点实验室的研究成果等，使参观者对轨道交通有感官上的认识。

2. 模拟驾驶室

拥有两套高速列车模拟驾驶仿真器，一套带 6 自由度运动平台的全体感 CRH380B 型高速列车模拟驾驶仿真器，一套静态 CRH380A 型高速列车模拟驾驶仿真器，可提供全实景仿真的高速列车模拟驾驶体验，使参观者能亲身体验当高速列车驾驶员的感觉，从而对高速列车的运行有更深的认识。

3. 虚拟样机室

拥有 1 套巴可 NW7 立体高清投影系统，屏幕尺寸 2.0 米 ×3.2 米，20 副 3D 红外主动立体眼镜，一套可手持或眼部跟踪定位器套装，可用于展示人机交互的轨道交通相关立体视频及研究成果，通过人机交互的方式，更加直观的全方位感受轨道交通的相关最新研究技术和研究成果。

4. 头型室

拥有大量实验室自主设计的高速列车模型、转向架模型、未来概念轨道列车模型等，参观者不仅可以看到大量实验室自主设计的高速列车模型、转向架模型、未来轨道列车模型等，还可以了解到高速列车的整个设计过程。

5. 展柜/展板/橱窗

放置有共 12 组各时速各系列的轨道交通实验室自主设计的高速列车模型，利用展板、橱窗等形式展示轨道交通相关科普知识及实验室最新研究成果，向参观者展现高速列车的历史、现状、未来发展等相关情形。

6. 试验大厅

拥有配套齐全的轨道车辆试验装备，包括世界上规模最大、功能最全、唯一可以模拟曲线的机车车辆整车模拟运行试验台（最高试验速度 600 千米/时），首台车辆移动式室内全尺寸转向架轮轨动态作用和脱轨机理试验台，轨道种类最全的车-线耦合试验台等，参观者可以深刻感受和深度了解我国高速铁路的历史成就与研究前沿。

7. 高温超导磁悬浮试验线

建有世界首条高温超导高速磁浮工程化样车及试验线，参观者可以通过大屏幕了解高温超导磁悬浮列车的起源、悬浮和运动的原理以及工程应用，观看莫比乌斯环磁悬浮原理演示试验直观感受高温超导磁浮的科学原理，试乘体验高温超导磁悬浮样车切身感受磁悬浮列车的科技魅力。

三、基地活动展示

为弘扬科学精神，展示科技成就，西南交通大学轨道交通运载系统全国重点实验室结合轨道交通行业特色，积极发挥科普基地示范作用，面向社会公众开展了多种形式的科普教育和公众开放活动，充分展现了我国轨道交通的发展历程与科技成就的历史画卷以及实验室在新型轨道交通前沿科技上取得的进展，取得了良好的社会反响和工作成效。

（一）参加全国科技活动周暨北京科技周展览，宣传和普及高温超导磁浮技术

实验室积极响应和参与科技部组织的"百年回望——中国共产党领导科技发展 2021 年全国科技活动周暨北京科技周"展览活动，通过高温超导磁浮模型莫比乌斯环展品介绍了高温超导磁浮技术的工作原理、技术特点和应用前景（图 4）。

图 4　2021 年全国科技活动周暨北京科技周中展示莫比乌斯环

（二）通过轨道交通科普教育片展播，发挥示范作用，提升全民科学素质，播撒轨道交通科学种子

借助演示大厅 LED 大屏展播轨道交通科普教育片，展示轨道交通领域科技感十足的车体设计，展现我国轨道交通基础知识、技术原理和发展历程，突出我国高速铁路、高速磁浮

交通、重载铁路和新型城市轨道交通领域中取得的重大成绩和系列原创成就，阐明我国轨道交通发展取得的瞩目成就与艰难历程，弘扬科研人员胸怀祖国、服务人民的爱国精神，激发参与人员的爱国情怀和民族自豪感（图5）。

图5　展播轨道交通科普教育片

（三）通过对外开放科普参观与体验，展示实验室发展成就，感受轨道交通科技魅力

通过对外开放科普参观，详细介绍我国高铁的发展轨迹，展示轨道交通运载系统全国重点实验室在中国高铁发展中的重要贡献和作用，讲述实验室老一辈科学家的研究历程，弘扬集智攻关、团结协作的协同精神和甘为人梯、奖掖后学的育人精神。通过科普讲解与互动体验，将理论学习与具体实践相结合，阐明高温超导磁浮的基本原理，展示我国高温超导高速磁浮工程化研究的突破性进展，突出新型轨道交通的科技魅力，弘扬勇攀高峰、敢为人先的创新精神，增加参与人员的知识储备，增强参与人员的民族荣誉感，受到了社会公众的赞誉（图6）。

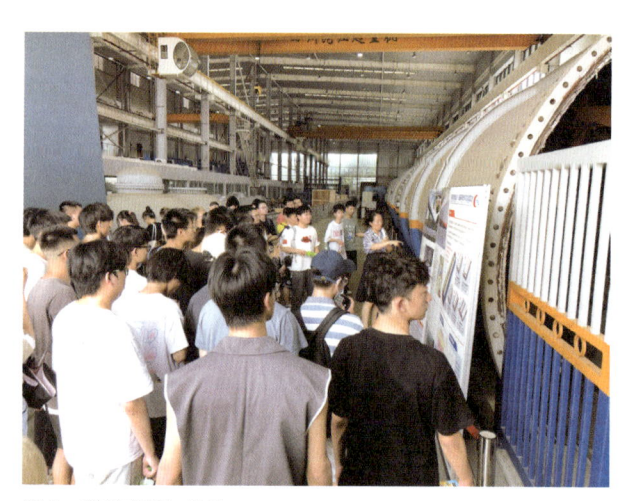

图6　科普参观与体验

（四）借助科普讲解比赛，以赛促建，精益求精，创造优质科普作品

实验室积极组织师生参加四川省和全国科普讲解大赛，通过科普讲解比赛，提升实验室科普人员讲解技能水准。2021年四川省科普讲解大赛中实验室师生荣获一等奖2项、三等奖1项，2名选手被授予2021年四川省十佳优秀使者称号，实验室获得"优秀组织奖"。实验室精益求精，严格把关，通过创造优质科普作品迎战科普讲解大赛，是对实验室科普人员技能水平的一次重要培训，使科普讲解更加通俗易懂、科普服务更加面面俱到、科普作品更加千锤百炼，为社会公众贡献满意的科普答卷（图7）。

图7　实验室师生荣获2021年四川省科普讲解大赛一等奖

（五）通过科普教育讲座，专业讲解聚焦轨道交通前沿科技，深入浅出点亮知识灯塔

为了使公众更加系统地了解轨道交通前沿技术，使科学普及更具前瞻性与启发性，实验室以普及科学知识为己任，为普及科学知识厚植创新土壤，积极营造良好氛围，每年定期邀请轨道交通领域知名专家举办讲座，讲授轨道交通前沿技术与中国高铁发展与变迁，兼具系统性、深刻性的同时富有趣味性、条理性，切实做到让社会公众"愿意听""听得懂""用得上"，为社会各知识层次人员提供漫步科学前沿、感悟科技之光的轨道交通科普饕餮盛宴（图8）。

图8　科普教育讲座

四、基地公众信息

（1）微信公众号：轨道交通运载系统全国重点实验室
（2）开放信息：需提前预约参观

中南大学现代轨道交通建造与运维科普教育基地

一、基地总体介绍

中南大学现代轨道交通建造与运维科普教育基地，属于教育科研类基地，依托的实体组织是中南大学土木工程学院高速铁路建造技术国家工程研究中心。基地对外开放的参观面积达20000平方米，形成了实验室与科普馆一体，专业讲解与智能展示结合，"线上+线下"互补的科普生态链（图1）。

图1 中南大学现代轨道交通建造与运维科普教育基地

作为历经60多年发展的中南大学土木工程学院，在轨道交通基础设施建造与运维领域优势显著、特色鲜明，学术资源丰厚，享有盛誉。伴随着我国铁路建设事业发展，特别是20世纪90年代的6次铁路大提速、21世纪初"八纵八横"高速铁路的快速发展，土木工程学院在服务国家重大需求，产出重大科研成果的同时，始终把科技报国、科普惠民作为建设一流学科的指导思想和精神内核，是学院义不容辞的责任义务。科普工作被纳入土木工程学院（2016—2020）发展总体规划，中南大学现代轨道交通建造与运维科普教育基地于2020年9月入选"全国铁路科普教育基地（2021—2025年）"，于2022年1月入选"全国科普教育基地（2021—2025）"（图2）。

基地的主要定位：①展示我国铁路百年发展历程，特别是高速铁路发展的博物馆，传承铁路文化、铁路精神、铁路情怀；②开展国际水平专业培训和国际交流重要平台，宣传中南土木人科技报国、服务铁路的精神；③学生开展社会实践和人文活动的重要载体，向大、中、小学生普及铁路知识和科技成果，培养青少年学生爱国情操和科学文化素质。

图 2　全国科普教育基地证书和牌匾

科普基地日常管理由中南大学宣传部和科研部科学技术协会指导，在土木工程学院党委领导下，铁路科普基地组织教师、教辅人员及学生成立科普工作小组，形成了以院士、专家、名师领衔的 30 余人科普专家队伍，以教辅人员为主的科普工作管理队伍，以大学生为主体的科普志愿者队伍，3 支队伍分工明确，协同有序，负责科普基地日常开放与管理工作。

中南大学现代轨道交通建造与运维科普教育基地努力打造科普优质品牌，已从一般性科普阶段走向专业化、制度化、常态化、国际化发展新阶段。2016 年以来，依托深厚的学科资源和科研实验室，形成了铁路园、模型展示馆/场、创客空间、科研实验平台为一体的科普参观场所；基地接待来自国内以及欧美、澳洲等 30 多个国家和地区的专家学者、大中小学生参观、访问超 2 万人，面向社会大众作科普报告 200 多场；承担来自各大铁路局、工程局、铁路设计院的社会培训任务超 4000 人次。为推动行业进步，打造普惠创新、全面动员、全员参与的社会化大科普格局，推动新时代科普工作全面提升做出积极贡献，成为中国"高速铁路建造技术"和"铁路文化"的重要宣传和科普窗口。

二、基地建设特色

（一）行业特色

现代轨道交通建造与运维科普教育基地聚焦我国现代轨道交通发展特色，结合高速铁路基础设施（如高速铁路、磁悬浮、悬挂式空中轨道交通等）建造，旨在展示我国铁路百年发展历程，传承铁路文化、铁路精神和铁路情怀。

（二）展品特色

现代轨道交通建造与运维科普教育基地依托高速铁路建造技术国家工程实验室、重载铁路工程结构教育部重点实验室、轨道交通安全国际合作联合实验室等平台，辅之以现代化科普展示平台和技术，形成了室内室外、静动态相结合的科普教育场所。

1. 中南大学铁路园

中南大学铁路园是在中国铁路总公司、各铁路局校友，中南大学以及铁道校区各级领导的支持和关怀下，为庆祝原长沙铁道学院（中南大学铁道校区）建校60周年而建，现在已成为铁道校区一道靓丽的风景线。园内陈列的3台机车，是我国轨道交通特别是中国铁路机车从无到有、从弱到强、产品更新换代的3个重要发展历史阶段的里程碑。3台机车分别代表了中国火车机车的3个时代：蒸汽机车时代、内燃机车时代、电力机车时代。铁路园聚焦于大众科普轨道交通科学知识，为社会各界更加深入地了解中国铁路，特别是中国高铁发展与研发工作提供了一个良好的互动平台。铁路园志愿者服务队为负责铁路园讲解的学生志愿服务组织，促进了轨道交通特色的校园文化建设。

（1）第一代机车——蒸汽机车（有砟轨道木轨枕）。机车铭牌上标有"JS1953"的标识，"JS"代表建设型机车。这台机车由大同机车厂生产制造，长23.389米、宽3.33米、高4.7米，重达103吨，设计最高时速85千米。蒸汽机车的锅炉部分，燃料投入炉床，热能以高温高压蒸汽的形式通过蒸汽通路进入汽机。机车为有砟轨道，轨枕是木枕和二型枕两种。蒸汽机车代表了中国自行设计的蒸汽机车水平，它展示了我国当时生产机车的科技历史发展状况，也从侧面反映了蒸汽机车做出的卓越贡献和不朽功绩。

（2）第二代机车——内燃机车（有砟轨道混凝土轨枕）。机车车前的铭牌——"东风4型1983"。这台机车由大同机车厂制造，长20.49米、宽3.309米、高4.5米，重138吨，最高时速100千米。内燃机车下所铺设的轨道是普速铁路最常用的有砟轨道。在八九十年代，内燃机是跑在铁轨上的主力机车，主要通过柴油来提供动力，其优势在于适应性广，对于输电成本很高的地区来说，是一种较好的铁路牵引解决方式。

（3）第三代机车——电力机车（无砟轨道）。这台SS3型电力机车是0654号车，机车长20米、宽3.1米、高4.38米，重138吨，速度最高能达到100千米/时，一般工作速度为42千米/时，机车的铁轨是展示的三台机车中唯一的无砟轨道。SS3型电力机车是我国第二代客货用电力机车，由株洲电力机车工厂和株洲电力机车研究所共同研制，于1978年底试制出厂，其起动平稳、加速度大、牵引性能好、制动特性优越、性能可靠，曾获国家科学技术进步二等奖、国家优质产品奖。

2. 普通模型展示区

基地依托中南大学土木工程学院高速铁路建造技术国家工程研究中心，建设了桥梁、隧道、路基、建筑、轨道、典型构件模型展示区，以及工程结构抗风、抗震模型展示平台，是现代轨道交通建造与运维科普教育基地的主要科普工作场所。

3. 最新科研成果展品

基地自主研发了超高强混凝土材料、高性能钢管混凝土柱、新型减隔震支座等科研成果展品，向参观者介绍最先进科研成果如何带来显著的社会效益，让他们更加直接地体会到"科技是第一生产力"。

4. 先进大型科研设备

基地内部展示区主要包含线桥隧静力实验室、多功能振动台实验室、风洞实验室、先进工程材料与耐久性实验室、轨道-路基实验室、火灾实验室等，向参观者展示我国在轨道交通基础设施建设、研究和科研装备方面取得的伟大成就，可以让参观者亲身体验强风、地震等自然灾害的威力，通过展示大型科研设备，来介绍如何攻克科研难题。

（1）线桥隧静力实验室。20000千牛多功能静力试验系统，可开展各种大型结构的静力及拟动力试验研究，尤其适用于高速铁路工程中的大比例构件试验，加载能力为轴向20000千牛、水平2000千牛，最大试件尺寸达到6米（长）×6米（宽）×8米（高）。

20000千牛桥梁结构试验系统，可开展高速铁路桥梁、路基、隧道和房屋结构的足尺或缩尺模型的多点加载拟静力试验，能够模拟实际桥梁等结构的受力性能，研究桥梁结构极限承载力及其影响因素、破坏状态及机理（图3）。

（2）多功能振动台实验室。多功能振动台试验系统由4个4米×4米振动台组成，可承担高速铁路桥梁、路基、隧道和房屋结构多点输入地震模拟试验和高速铁路人体舒适度试验（图4）。

（3）风洞实验室。高速铁路风洞试验系统，具有两个试验段，低速试验段风速范围0~20米/秒，高速试验段风速0~94米/秒。可进行桥梁风工程、结构风工程、列车气动外形、风环境等问题的研究（图5）。

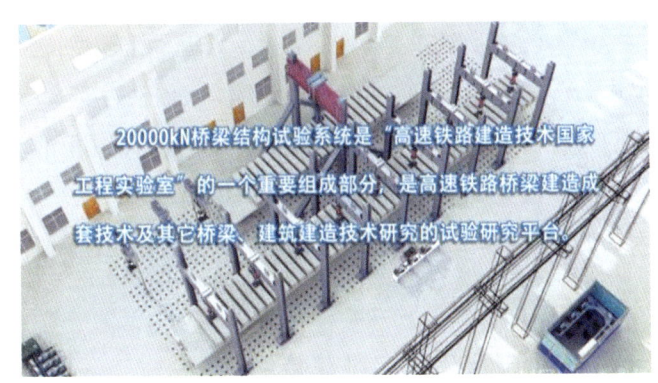

图3 20000千牛桥梁结构试验系统

图4 多功能振动台试验系统

图5 高速铁路风洞试验系统

（4）先进工程材料与耐久性实验室。环境模拟试验系统，由疲劳加载子系统、人工气候环境模拟室、恒载－环境耦合模拟室、动力荷载－环境耦合模拟室和恒温－恒湿收缩徐变室组成。可实现气体，海水、酸雨、化冰盐等水溶液，湿度交替、温度循环等单一因素和多因素耦合作用效应。为高速铁路工程结构和关键工程材料的耐久性设计理论与方法、耐久性改善技术和高耐久性新材料的研发提供公共试验平台。

（5）轨道－路基实验室。轨道－路基动力模型试验系统，可以实现轴重达40t、速度达120千米/时重载列车在1∶1模型路基上的动力实验，除进行路基动力性能和疲劳实验外，还可进行铁路桥梁墩台、铁路桥梁等列车荷载作用下的动力响应和疲劳试验。

（6）火灾实验室。隧道火灾烟气模拟试验系统，可实现我国铁路隧道特别是长大隧道多种公开下的防灾减灾事故模拟试验，为铁路隧道火灾烟气控制和疏散组织提供设计参考和应用指导。

（三）现代化数字科普特色

基地配有虚拟仿真试验平台（LED虚拟现实系统、虚拟现实内容管理平台、虚拟现实头盔及工作站等），可借助VR技术真实再现高速铁路基础设施建设、地震/强风致灾等过程。另外，基地已建设"中南大学现代轨道交通建造与运维科普教育基地"网站、微信公众号等现代化数字信息平台，定期发布科普文章、科普小知识、科普视频以及社会热点问题科普。基地同时自主开发了"实景三维铁路选线仿真模拟""钢筋混凝土梁受弯破坏全过程仿真模拟""轨道交通浮置板减振仿真模拟"等虚拟仿真软件。

（四）文化特色

基地充分发挥综合性大学的优势，传播历史文化。中南大学土木工程学院和文学与新闻传播学院教授带队开展了"诗话桥梁"研究项目，考察了湖南省江华县、安化县、衡阳市、岳阳市、宁乡市等地古桥古建筑，制作了相关古桥古建筑科普视频，形成相关古桥文化科普文章。在第 30 届全国图书交易博览会现场，举办了科普图书《诗话桥》首发仪式，以一种全新的视角把桥梁科普与文学赏析在形式、内容上全面交叉，在科学严谨与美学意蕴之间深度融合（图 6）。

（五）科学家人物特色

在铁路建设的过程中，涌现出了一大批科学家，其中被誉为"中国铁路之父"的詹天佑是我国近代科学技术界的先驱，伟大的爱国主义者，杰出的铁路工程技术专家。另外，中南大学本土培养的曾庆元院士、刘宝琛院士，他们热爱祖国、敬业奉献的高尚品德

图 6　科普图书《诗话桥》

和严谨求实的治学态度，是我国工程科技界的楷模和学习的榜样。中国工程院院士、中南大学教授田红旗实现了铁路运输应对恶劣风灾害能力的重大技术突破，在我国西北地区"亚欧大陆桥"重要通道，解决了"兰新线'百里风区'行车安全"这一世界性难题，确保了列车在高原恶劣风环境下的行车安全。

中南大学还通过广泛的国际合作交流，引入了一大批国际科学家回国工作，他们始终不忘祖国的发展，开展合作攻关，为我国培养人才做出应有的贡献。同时，他们的付出也得到了国家的认可，获得了政府友谊奖和湖南省国际合作奖等奖项。

（六）历史故事特色

在我国铁路的发展过程中，钢铁大动脉青藏铁路的修建创造了线路最长、海拔最高、速度最快、环境最恶劣等多项"世界第一"，结束了西藏不通铁路的历史，为西藏打开了一扇通向内陆和国际的大门，实现了西藏各族人民群众的千年祈盼，让世界为之赞叹。其中有很多典型的历史故事，造就了"我们青藏铁路人"的不朽丰碑，青藏铁路精神激发了极强的民族自豪感。

三、基地活动展示

近年来，现代轨道交通建造与运维科普教育基地依托中南大学土木工程学院、高速铁路建造技术国家工程研究中心、中南大学古桥研究中心、中南大学风工程研究中心等平台，结合线上线下等形式，在全国科技活动周、全国科技者工作日、全国科普日等重大活动期间举办成果展览、播放科普视频、发放宣传画册、提供科技服务等一系列科普活动，提高了公众科学素质，打造了高速铁路科普优质品牌。为推动行业进步，打造普惠创新、全面动员、全员参与的社会化大科普格局，推动新时代科普工作全面提升做出积极贡献，成为轨道交通领

域科普工作最有影响力的科普基地,成为中国"高速铁路建造技术"和"铁路文化"的重要宣传窗口。

(一)日常科普活动

自 2016 年起,基地接待来自国内以及欧美、澳洲、中国港澳台等 30 多个国家和地区的专家学者、大中小学生等的参观、访问超 2 万人次,面向社会大众作科普报告 200 余场;承担来自各大铁路局、工程局、铁路设计院的社会培训任务超 4000 人次。例如 2021 年 12 月,基地依托中南大学土木工程学院,成功举办了消防知识科普教育活动,中南大学第二附属中学 138 班和 139 班共 95 名学生以及老师和家长代表参加了本次活动,通过参加活动,同学们提升了消防安全意识,增强了消防应急处理能力(图 7)。

图 7　消防知识科普教育活动

(二)定期科普展

科技强国,科普惠民。基地每年都会在全国科技活动周和科普活动日举办一系列科普展,例如邀请中南大学第二附属小学学生参观高速铁路建造技术国家工程实验室,加强科技在中小学生中的科普,让中小学生们了解轨道和路基在高速铁路列车运行中的作用,了解风洞试验研究、地震下桥上行车安全和人体舒适度试验研究对高速铁路行车安全的重要意义。

(三)专题科普

现代轨道交通建造与运维科普教育基地响应"科技创新,强国富民""科技强国,科普惠民""云上科技周""百年回望 – 中国共产党领导科技发展"等不同科普主题,每年都会举办不同系列专题科普。

交通运输行业广大科技工作者要牢记习近平总书记要求,坚持创新引领发展、改善科技创新生态、激发创新创造活力、大力弘扬科学家精神。例如 2021 年科技活动周,基地联合高速铁路建造技术国家工程中心和中南大学土木工程学院,开展了纪念詹天佑诞辰 160 周年铁路建设成就巡回展。旨在大力弘扬老一辈科学家精神,让广大青年学子自觉肩负起时代赋予的科技创新的历史重任(图 8)。2021 年全国铁路科普日,举办"中国铁路基础设施建设自主创新之路"科普展览,介绍中国铁路基础设施发展历程,展示中南大学铁路建造科技创新成果。展览时间持续 2 周，参观人数逾 2000 人次。

（四）媒体科普

基地先后接受中央电视台、美国 Discovery、湖南卫视、《潇湘晨报》等多家国内外媒体采访，配合媒体做好《中国高铁：创新之路》《走遍中国：跑出世界最高速》《新闻大求真》等专题节目制作，介绍学校参与研发的高速铁路无砟轨道变形控制技术、隧道安全技术、桥梁抗震、抗风技术和中国高速铁路建设成就，普及科研成果如何转化为高速列车安全平稳运行的高新技术知识。

图 8　纪念詹天佑诞辰 160 周年铁路建设成就巡回展

（五）科普大赛

基地每年都会不定期举办科普建模、科普视频等科普大赛。例如 2021 年 11 月，基地依托中南大学土木工程学院，成功举办了第一届全国大学生桥梁创作大赛选拔赛暨中南大学第八届结构设计竞赛，培养了学生创新意识，提升了学生实践能力，增强了学生对桥梁结构美的感性认识与设计的理性认知。

（六）科普进课堂

中小学生是祖国的未来，让他们从小树立学科学、爱科学、用科学的良好品质，培养创造精神和创新能力，将为创新驱动发展培养更多更好的科技创新后备人才，基地每年都会不定期举办一系列科普进课堂活动。例如 2021 年 5 月，何旭辉教授讲授了"桥梁里的红色基因"一课，梳理绘制与我党历史发展休戚相关的 7 座桥梁：惠同廊桥、于都浮桥、迎红桥、泸定桥、钱塘江大桥、天津金汤桥、武汉长江大桥，从红色基因的视角介绍了不同类型的桥梁。2022 年 5 月 17 日，中南大学第二附属中学 144 班举办的"探索岩矿、感悟岩土"社会实践活动如期开展，中南大学土木工程学院岩土工程系牛建东老师为同学们带来了一堂精彩的社会实践课。

（七）现场调研

基地每年也会不定期开展不同类型的现场调研科普。例如 2021 年 2 月，中南大学土木工程学院和文学与新闻传播学院教授带队开展了"诗话桥梁"研究项目，考察了湖南省江华县、安化县、衡阳市、岳阳市、宁乡市等地古桥古建筑，制作了相关古桥古建筑科普视频，形成相关古桥文化科普文章。2021年5月，贵州省铜仁市思南县香坝镇遭遇暴风雨，导致两座桥受损，桥梁受损封闭给两岸居民出行造成了极大的不便。得知该桥梁的受损情况后，中南大学土木工程学院风工程研究中心与思南当地政府部门取得联系，桥梁风工程专家何旭辉教授带队前往贵州思南索桥开展了免费科技问诊服务，加强了桥梁风工程科普宣传，在校内外媒体、学习强国平台等进行了广泛宣传。

四、基地公众信息

（1）微信公众号：中南土木、中南大学古桥研究中心、CSU 封工程小队
（2）开放时间：9:00—18:00（法定节假日除外）

同济大学铁道与磁浮科普实践教育基地

一、基地总体介绍

（一）基本情况

同济大学铁道与磁浮科普实践教育基地，位于同济大学嘉定校区，是面向铁路行业与社会的重要窗口（图1）。基地主要依托已建成的国内高校唯一的轨道交通综合试验（线）系统，拥有一条800米试验线、2列试验车、1个控制中心，占地2万平方米，建筑面积600平方米，可实现"三站两区间"运行模拟；依托已建成的国内最完整高、中速磁浮综合试验（线）系统，拥有一条1.5千米试验线，占地2万平方米，建筑面积4000平方米。依托单位建有高速磁浮运载系统全国重点实验室、上海市多网多模式轨道交通协同创新中心，拥有2个国家级工程实践教育中心，1个上海市嘉定区学生社会实践基地，创办《城市轨道交通》期刊、"轨济"等新媒体，面向社会与学生开展相关科普实践与教育年均近4000人次。

图1 同济大学铁道与磁浮科普实践教育基地远景

（二）发展沿革

同济大学是我国最早的国立大学之一，是教育部直属的综合性、研究型、国际化大学，是国家"双一流""211工程"和"985工程"建设高校。

同济大学铁道学科源于1914年土木科中德式铁道工程师培养，目前铁道学科主要分布于交通学院、铁道与城市轨道交通研究院、国家磁浮交通工程研究中心，从事铁道人才培养、科学研究、科普教育、社会服务与国际交流，拥有国内高校唯一的轨道交通综合试验（线）系统和国内最完整高、中速磁浮综合试验（线）系统。一百多年的发展培养了数万名人才，涌现了一大批杰出校友。

（三）科普特色

多年来，同济大学铁道与磁浮科普实践教育基地充分利用自身优势，紧紧围绕铁道科普教育与实践开展了大量工作，逐渐形成了"科普·体验参观""科普·新媒体""科普·专家讲""科普·创新实践"4个板块的科普系列活动。

"科普·体验参观"板块依托2条综合试验（线）系统，2个国家级工程实践教育中心，面向社会、技术人员、上海市及外地大学生、上海市中小学生等开展"云看高铁·试驾地铁·试乘磁浮"常态化科普体验参观，年均参与规模3000~4000人次，社会反响较好。

"科普·新媒体"板块通过网站，《城市轨道交通研究》期刊，"同路人""轨济"新媒体平台开展科普知识推送，面向社会公众及学生群体。

"科普·专家讲"板块通过"走出同济·铁道专家宣讲团"进行科普宣讲活动，主要面向各行业企事业单位，包括上海市、湖南省等30余所高级中学。

"科普·创新实践"板块通过"科研育人""交通科技创新大赛""苗圃计划""浩亭杯"等开展科普实践与创新活动。"交通科技创新大赛"面向全国、"苗圃计划"面向上海市嘉定区中学、"浩亭杯"面向全国轨道交通相关专业大学生。

（四）专家团队建设

同济大学铁道与磁浮科普实践教育基地依托同济大学大交通学科，组建兼职专家团队，人员10余人，涵盖车辆、牵引、制动、轨道、机电、磁浮等多个不同专业方向，定期举办科普讲座，并通过人员储备、过程管理、平台建设等途径加强专家团队建设。

根据科普工作及公众需求遴选专家团队成员，适时补充热心于科普工作的年轻教师加入团队，同时加强对专家团队的宣传，让更多院校及公众了解团队，更好发挥团队的作用。

对科普活动的年度工作计划、科普内容创作、科普活动组织、培训与交流等各个环节加强管理，促进科普工作高水平运作。

加强平台建设，建立专家团队宣传网站，实现团队与公众科普需求对接，促进团队作用的发挥；同时利用微信公众号等新媒体平台，实现专家团队与公众的直接交流，满足公众即时性的科普需求。

（五）科普人才队伍建设

同济大学铁道分团委作为中国铁道团委青年组织，是铁道科普的传播者，"三全育人"的重要载体，曾获全国铁道优秀团委。科普基地由基地负责人为总负责，执行负责人具体负责，创新及科普组、网站及多媒体组、磁浮中心、实验中心、交通分部配合开展科普工作。现在已经形成一支以专业教师担任轨道、交通、磁浮等领域专业知识专兼职科普宣传员，学生志愿者为组员的相对稳定的科普队伍。科普教育团队专兼职20余人，按计划开展业务培训，积极参加全国（铁路）科普活动，常设固定场所与管理制度，预算单独列支，将科普活动纳入年度考核奖励。

（六）科普工作制度建设

科普基地在推动科普工作开展的过程中，建立起同济大学铁道与磁浮科普实践教育基地相关管理办法、开放制度、安全管理与应急预案等一系列规章制度，并在实践过程中不断修改完善。多年来基地以规章制度为准绳，细化科普工作流程，建设科普专家团队、拓展科普工作内容，保障了科普工作安全、有序地进行。

（七）取得的成绩和荣誉

2018年，同济大学铁道与磁浮科普实践教育基地成为上海市嘉定区学生社会实践基地；2020年，经中国铁道学会认定，基地成为全国首批16家铁路科普教育基地之一（2021—2025年）；2022年，经中国科协认定，基地成为全国科普教育基地之一（2021—2025年）；

（八）发展规划

1. 进一步完善科普基地，为科普人才队伍建设搭建平台

依托已建成的国内高校唯一的轨道交通综合试验（线）系统和国内最完整高、中速磁浮综合试验（线）系统，吸引大量人才参与到基地建设中来，形成一支完备、高效的科普人才队伍。

2. 进一步丰富科普内涵，培养复合型科普人才队伍

依托同济大学生创新实践训练计划、苗圃计划、中学生科创计划、上海科技节等，不断丰富科普内涵，增强科普能力，延伸科普"触角"，培养复合型科普人才队伍。

3. 进一步健全保障机制，为科普队伍常态化发展夯实制度保障

建立健全保障机制，确保科普队伍常态化发展。一是做强专职人员队伍，提升宣传科普工作人员综合素质；二是做大兼职队伍，鼓励院内科研人员参与科普活动；三是做活志愿者队伍，吸引大中小学生等参与科普活动；四是做精专家队伍，邀请行业高校、科研机构、业

务单位的高层次专家等积极参与科普工作。

二、基地建设特色

（一）轨道交通综合试验中心

轨道交通综合试验中心（RTL）是同济大学"现代智能交通"学科集群的基地之一，是同济大学"985工程"（二期和三期）的重点工程之一。首期试验线2009年9月19日开通，作为国内首条轨交试验线的一部分，为上海市研制载客较多的地铁A型车提供了实验场地，也为科普工作的开展提供了广阔的平台（图2）。

图2 轨道交通综合试验中心

整个试验系统包含试验线、二列系统试验车、一个综合实验室等。试验线包括辅助线路、接触网、变电站及监控设备等，直线段长近800米，坡道、小半径曲线、道岔等辅肋线近500米。

试验系统可以模拟轨道交通运行线路中的"三站二区间"，其中一个车站为实体，并具有AFC、屏蔽门、CCTV监控、BAS、FAS等系统，设有车站控制中心，实现信号机和微机联锁控制。线路设有运行控制中心OCC，通过轨旁的CBTC系统可以实现试验列车的ATS控制。

试验系统是国内一流、国际先进水平的轨道交通装备以及轨道交通运行系统的试验基地、检测基地和培训基地，为我国城市轨道交通装备核心技术研发、形成具有自主知识产权的轨道交通装备制造业提供了必备的试验及测试公共性平台支撑。

（二）高速磁浮试验线

嘉定校区高速磁浮试验线是在863计划高速磁浮交通技术重大专项支持下，2006年4月在同济大学嘉定校区建成并投入使用。该试验线是我国首次自主设计、研制和集成了高速磁浮交通试验线系统，是国内唯一的高速磁浮交通系统综合性研发试验平台，可为高速磁浮交通技术的研发、系统集成、软件调试、部件性能考核与改进创造基本试验条件。能实现一列车、五个分区、双端供电的试验环境，列车最高试验时速可达到100千米/时。该试验线包括线路轨道、维修便道、一组低速道岔、一座总装车库、一座10千伏牵引变电站、一套牵引和运行管理系统以及相关配套公用设施，项目总占地21467平方米，线路全长1.476千米。高速磁浮综合试验线建成后，持续开展并完成了两车连挂往返运行试验、列车跨分区运行试验等一系列试验工作,为我国高速磁浮技术的发展起到了重要作用(图3)。

(三)A型地铁列车

轨道交通试验线 A 型地铁列车为一动一拖两节编组的列车,两节车厢均带有司机室。列车长 48.78 米,宽 3.091 米,是轨道交通综合实验的重要平台,参观人员可近距离接触列车,了解车辆各个分系统的功能、组成、作用原理等知识(图4)。

(四)高速磁浮结构与疲劳综合试验平台

同济大学和德国蒂森克虏伯公司于 2015 年 9 月签订备忘录,在同济大学建立磁浮交通关键技术实验平台。试验台可以模拟列车以最高 900 千米/时速度运行的工况(图5)。

(五)全要素轨道交通缩比模型运行演示系统

建有全要素轨道交通系统缩比模型,多场景演示列车运行,介绍列车的定位方法、列车与地面控制台的通信模式等知识(图6)。

(六)科普长廊

科普长廊以图文并茂的方式介绍铁路相关科普知识,主要板块有中华人民共和国轨道机车车辆发展史、中国共产党党史与铁路史等(图7)。

图3 高速磁浮试验线

图4 A型地铁列车

图5 高速磁浮结构与疲劳综合试验平台

图6 全要素轨道交通缩比模型运行演示系统　　图7 科普长廊

（七）科普公益讲座

1. 轨道交通的前世今生

讲座首先提出了一系列有趣的问题，诸如："火车"的名称是怎么来的？通用的轨距是多少？哪个国家是最早开通铁路的呢？世界"铁道之父"是谁？轨道交通的动力来源是哪里？中国的第一条铁路修建在何时、何地？中国的"铁路之父"是谁？我国目前具有完全自主知识产权的动车组列车是什么？城市轨道交通车辆有哪些不同的形式？通过解答这些问题，结合图文对铁路的诞生、中国的铁路、内燃机车、电力机车、有轨电车等进行科普，此外对改变我们生活和出行的高铁不同发展阶段进行讲解，最后展望了铁路交通发展前景。

2. 零高度飞行的高速磁浮交通介绍

讲座从唐玄奘西天取经与长安直飞新德里的耗时的对比开始讲起，对新时代的交通工具、高速磁浮系统原理、上海高速磁浮示范线、高速磁浮的特点4个方面进行科普介绍，最后预测了磁浮交通系统未来发展。

三、基地活动展示

（一）苗圃计划夏令营

2018年7月，铁道与磁浮科普实践教育基地举办了苗圃计划夏令营。此次夏令营活动历时两天，主要目的是让对轨道交通行业有一定兴趣的高中生们能对轨道交通行业的相关知识有直观的认识。来自上海嘉定一中的6位高中生在老师和志愿者的陪同下开始了为期两天的轨交初体验。

夏令营活动主要包括轨交行业介绍、专业讲座"火车为什么没有方向盘"、试验线参观与体验、创新项目指导、科创经验交流、轨交知识问答互动等丰富多彩的内容，同学们纷纷表示收获超过预期。

（二）青少年科学创新实践科普开放活动

2020年5月，上海科技节期间，开展青少年科学创新实践科普开放活动，来自上海市控江中学、晋元高级中学、徐汇中学的64名师生参加了此次线下参观体验活动。活动结束后，同学们表示受益匪浅，希望将来尽自己所能，为我国科研创新事业贡献自己的一份力量。

（三）专业技术论坛参观开放活动

2021年5月，第五届电气化交通前沿技术论坛与会嘉宾约140人前往科普基地轨道交通综合试验中心、高速磁浮试验线进行参观交流。与会嘉宾乘坐轨道交通试验线列车，切身感受轨道交通独特魅力。本次参观交流展示了基地是一个特色鲜明、集教学与实践、科研与试验一起的开放共享的公共平台。

（四）大学生科创知识科普

2021年10月，基地科普宣传员先后针对不同专业的大一新生开展轨道交通科普知识的讲解，利用沙盘模型演示列车的日常运行，并介绍列车的定位方法、列车与地面控制台的通信模式。同时，结合3D打印机介绍列车吸能器的基本原理与方案设计。

（五）"百年峥嵘学思践悟，铁路科普走进课堂"系列活动

基地结合专业特色和党建活动，开展了"百年峥嵘学思践悟，铁路科普走进课堂"——建党百年里的中国铁路之"最"系列特色宣讲，志愿者赴同济大学附属小学、中学为同学们带来铁路知识科普，介绍中国铁路百年来不平凡的发展历程，培养民族自信，激发爱国热情，并以此为契机，发起设立了同济大学轨交院科普思政基地，进一步推动了同济大中小思政一体化建设（图8）。

图8 科普基地宣导活动

四、基地公众信息

（1）媒体平台

期刊：《城市轨道交通》

微信公众号：轨济

画册：《高铁的前世今生与运营仿真》

科普讲座："轨道交通的前世今生""零高度飞行的高速磁浮交通介绍""缤纷暑期 安全先行 尽展风采""认识轨道交通，浅谈科学素养""未来轨道交通发展""认识'上海市轨道交通结构耐久与系统安全重点实验室'"

科普读物：《十万个为什么 建筑与交通卷》

（2）开放形式

定时开放。科普基地根据主题活动和实际工作情况确定固定时间开放。每年的全国科技活动周和科普宣传周、全国科普日等重要时间节点，实行定时开放（团队参观需提前预约），具体开放时间和活动内容在科普基地网页上发布。

预约开放。根据社会公众需要向科普基地提出预约参观登记，科普基地根据社会公众预约情况统一安排后接受参观或开展科普活动。

流动科普宣传。科普基地有计划地组织科普讲师团或科普志愿者到"学校、街道社区、企业"等开展科普活动，进行科普知识巡讲或巡展，促进公民科学素质提升。

（3）参观须知

团体参观需提前一周预约并登记、填写科普基地预约参观信息表；

学生团体社会实践活动，由科普基地工作人员和领队老师带领进入基地科普场所；

科普基地一次预约参观人数一般不超过100人，老年人、12岁以下儿童需家属或成年人陪同；

科普基地对外开放，不收取任何费用，不接受任何商业性质的参观。

兰州交通大学天佑铁路主题展览馆

一、基地总体介绍

2008年，兰州交通大学于建校50周年校庆之际，在校园灵秀之地营造天佑园，仿建青龙桥车站。为丰富校园文化建设，2015年11月，学校决定改造青龙桥车站，于2016年6月建成天佑铁路主题展览馆，以此激励师生革故鼎新，为中国交通事业之发展砥砺前行（图1）。

展览馆由室内展区和室外展区两部分组成。室内展区分为轨道交通综合实验中心，地质标本陈列科普

图1 兰州交通大学天佑铁路主题展览馆外景

基地、四电BIM工程与智能应用铁路行业重点实验室及铁路展览馆，室外展区为机车园。展馆内有展品数十件，照片近百张，并设有电视机和触屏式电脑用于播放相关视频及图片，在展览馆开放时间段，安排一名值班员和一名讲解员共同值班，维护馆内安全和秩序，并为需要讲解服务的参观者提供服务。同时，本展馆接待校内外团体预约参观，并提供专业的讲解服务。

展览馆内装修风格为铁路主题风格，从方方面面体现铁路文化。场馆内配备有中央空调、触屏式电脑，并免费向参观者提供矿泉水、纸杯。邀请保卫部门定期检查消防及安全设施，确保馆内安全、舒适、干净。对机车园定期检查，并对机车进行简单维护，同时设立禁止攀爬警示牌，确保参观者安全。在遭遇突发情况时，值班人员能提供力所能及的帮助，并维持馆内正常秩序。团体参观时，需通过兰州交通大学团委进行预约，每支参观团队不超50

人，展馆专门安排讲解员为参观团体提供讲解服务，保障参观者有良好参观体验。在参观过程中如有疑问或需要帮助，可随时向值班人员咨询。此外，本单位也为来馆参观人员提供力所能及的帮助和服务。

展览馆于2020年荣获兰州市科协授予的"兰州市科普基地"称号。天佑铁路主题展览馆不仅是面向广大学子们的实践基地，也是传承和弘扬铁路精神的德育课堂。它使广大师生得以近距离感受中国铁路的百年发展史以及老一辈"铁路人"筚路蓝缕的奋斗史，鼓励广大师生更好地弘扬"铁路精神"、彰显"铁路文化"、诠释校风校训，秉承先贤遗愿，努力为我国经济社会、特别是铁路事业发展做出自己的贡献。

二、基地建设特色

作为铁路主题特色展览馆，馆内装修风格为铁路主题风格，从方方面面体现铁路文化。场馆内配备有电视、触屏式电脑等多媒体设备，用于播放铁路影像及图片，进行铁路主题图片、文字、和视频的科普宣传。

展览馆收藏了许多玲珑精巧的机车模型，比如由中国工人组装的第一台蒸汽机车——巨龙号，其复原模型现在在开滦国家矿山公园保存；詹天佑先生从美国引进的马莱4型蒸汽机车，哈尔滨机务段的工人抢修的中华人民共和国第一代毛泽东号蒸汽机车；以及我国生产的第一代电力机车SS1型电力机车等，不仅开拓了同学们的视野，也为本校车辆专业、运输专业的学生开辟了第二课堂，能够近距离了解机车构造。

展览馆内还设有一面机车展览墙，从蒸汽机车一直到最新的动车组都有所展示，可以看出我国铁路发展的一个轮廓。馆内还有一面墙上是建校时5位首任系主任的照片，分别是沈智扬教授、林达美教授、张殿执教授、胡春农教授和孙祺荫教授。校园里的道路都是以他们的名字命名。

三、基地活动展示

（一）铁路知识及铁路摄影分享交流会

2020年11月，兰州交通大学铁道文化协会举办铁路主题摄影大赛，参赛选手围绕铁路主题，自选题材参加铁路主题摄影展。面向对象为兰州交通大学全体学生，参加人数70人。

身为铁路院校铁路专业的学生，应该具备基本的铁路知识和应有的兴趣爱好。为了弘扬铁道文化，提高学生铁路知识的水平，铁道文化协会联合天佑铁路主题展览馆讲解员在第七教学楼举办了一场知识分享交流会。来自全校不同的年级、不同的专业的100多名学生参加了活动，会上周昕旻、全恒毅、戴翼飞、刘治棱、辛政泽等几位同学进行了不同方面的演讲，周昕旻和全恒毅同学还讲述了自己作为"铁路爱好者"与火车之间的故事，引起了在场同学的极大兴趣。通过这次活动，学生们的铁道知识得到了提升，专业兴趣也有了提升，相信他们在未来的学习和工作中能克服困难，实现自己的"铁路梦"（图2）。

图2　铁路知识及铁路摄影分享交流会

（二）组织公众科普报告、科学家科普讲坛等活动

1. 银西高铁开通仪式

2020年12月26日，连接银川与西安的高速铁路正式开通运营，银西高铁的开通，标志着宁夏接入全国高速铁路网。26日上午，兰州交通大学铁道文化协会成员出席了银川站的首发仪式并在场发表演讲，宣传了陕、甘、宁三省区的铁路历史、发展及银西高铁的意义（图3）。

2. "安宁五校战略联盟"联合实践活动

本次活动为响应"安宁五校战略联盟"政策，提升学生对轨道交通发展历史以及发展现状的认识，甘肃农业大学、西北师范大学、甘肃政法学院、兰州城市学院、兰州职业技术学院、兰州石化职业技术学院6所高校共计150多人来兰州交通大学参加了此次联合实践活动，6所高校的师生参观了天佑铁路主题展览馆，对我国轨道交通的发展历程以及现代化进程有了更加深刻的认识。了解了中国铁路的百年发展史以及老一辈"铁路人"筚路蓝缕的奋斗史，不仅是面向广大学子们的一个实践基地，也是传承和弘扬铁路精神的一个课堂；同学们一致表示，参加本次活动拓宽了自己的知识面，对本专业的前景更加了解（图4）。

图3　银川站外景

图4　"安宁五校战略联盟"联合实践活动留影

3. 兰州市轨道交通一号线首发仪式

2019年6月26日，兰州轨道交通一号线开通运营，兰州从此步入地铁时代，得到了社会各界关注。上午，兰州交通大学铁道协会成员张旭、涂少杰和闫昊霖等人代表协会和天佑铁路主题展览馆参加了现场活动，并进行科普演讲，向兰州市民介绍了城市轨道交通的发展等内容。活动最后四人一同登乘地铁并合影留念（图5）。

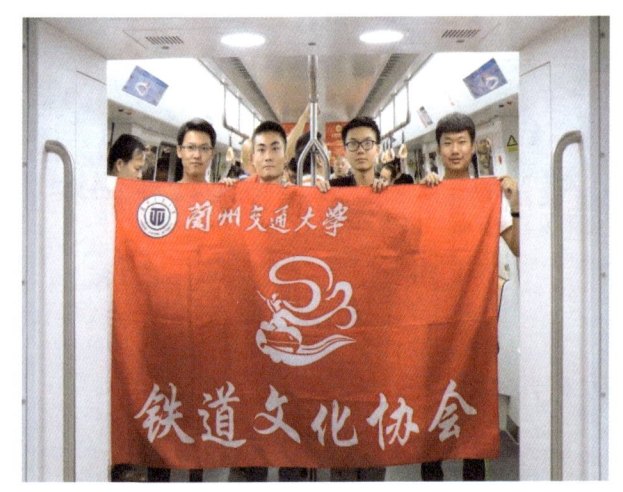

图5　兰州市轨道交通一号线首发仪式

4. 接待留学生参观展览馆

兰州交通大学的部分铁路专业在国内有较强的实力，吸引了许多外国留学生前来学习。为了培养留学生对铁路的兴趣、对中国铁路历史和成就的更深度了解，铁路主题展览馆组织了部分留学生进行参观，展览馆的讲解员进行了双语讲解。在参观讲解结束后，几位留学生表达了自己对中国铁路的称赞和对自己的期望，相信他们能在兰州交通大学认真学习，学到自己感兴趣的内容（图6）。

图6　留学生参观展览馆

（三）举办青少年科技夏（冬）令营，或承接青少年科普研学、社会实践等青少年科普活动情况

兰州交通大学铁路文化展由兰州交通大学校团委、兰州铁路局团委、兰州交通大学学生社团联合会主办，铁道文化协会、兰州铁路文化工作室承办的兰州交通大学"庆甲子华诞，展铁路风采"铁路文化展暨首届西北地区铁路爱好者模型运转会在天佑铁路主题展览馆隆重开幕。党委宣传部、校团委，兰州铁路局团委相关负责人出席。兰州交通大学铁道文化协会成员、兰州铁路文化工作室成员、兰州交通大学铁路爱好者等300余人参加了开幕式。开幕式之后，在场嘉宾以及现场观众在工作人员的引导下来到天佑铁路主题展览馆，参观铁路模型运转展览、机车发展史展、中国铁路发展史展以及兰州铁路局发展史展。本次展览是兰州交通大学共青团组织校庆系列活动的重要活动之一，传播铁路知识，弘扬铁路文化，让广大学子了解铁路历史，热爱铁路行业，增强他们"立足铁路，服务铁路"的职业情感（图7）。

图7　兰州交通大学铁路文化展合影

（四）开展中小学教师科技培训或研修实践活动

　　展览馆同国家语言文字推广基地积极配合，于兰州车站、兰州西客站开展了以"五湖四海，同语同心"为主题的第24届"推普周"系列活动。得到了中国铁路兰州局集团有限公司、兰州车站的大力支持，并在兰州车站、兰州西客站的积极配合下，活动取得了圆满成功。大家为南来北往的旅客提供了国家语言文字政策、普通话知识通话水平测试等服务。参加活动的基地志愿者和兰州车站志愿者一起向站前广场和候车大厅的旅客们发放了《中华人民共和国国家通用语言文字法》《甘肃省家通用语言文字条例》《国家语言文字法律法规知识问答》《推广普通话小常识》等宣传彩页，与旅客们进行了互动交流。在咨询现场，文学院负责人、省语言文字咨询委员会相关专家、教师详细解答了咨询群众提出的问题。志愿者们热情的宣传，引发了很多旅客对推广普通话重要性的思考，一些带孩子的旅客纷纷表示"让娃娃从小学会说普通话特别重要"。

四、基地公众信息

　　（1）地址：甘肃省兰州市安宁区西路街道88号兰州交通大学青龙桥车站

　　（2）开放时间：室内展区 9:00—11:30、15:00—18:00（法定节假日及学期寒暑假除外），室外展区全天候开放

华东交通大学轨道交通技术创新中心

一、基地总体介绍

华东交通大学是一所以交通为特色、轨道为核心、多学科协调发展的教学研究型大学，国铁集团与江西省人民政府、国家铁路局与江西省人民政府"双共建"高校，"中西部高校基础能力建设工程"高校，博士学位授权单位。

华东交通大学轨道交通技术创新中心成立于2017年4月，是华东交通大学为凸显"交通特色，轨道核心"办学定位建设的教学、科研共享平台，主要承担实验教学、科研、培训与技术服务以及展示功能。中心作为学校省部共建国家重点实验室和国家地方联合工程研究中心重要实验场所，拥有以"长江学者""国家杰青"等高层次人才为核心的优秀研究团队，且与国内外同行高校、科研院所和企业建立了长期的合作关系（图1）。

中心总占地面积6.8万多平方米，设备资产总值超2亿元。拥有27个轨道交通类教学实验室、23个科研实验室和1个轨道交通基地。室外基地按照铁道标准建造，共有轨道实验线路1040米，含高铁、城轨、普铁3种线路，包含桥梁75米和明涵23米，还有高5.3米、长285米的接触网线路。中心按科普教育功能可分为线路认知区、机车车辆展示区、科普认知区、运行模拟区、科学探究区、模拟体验区、交流学习区七大功能展区（图2）。

中心拥有一批高素质的轨道交通领域的专业讲解队伍，包含专职科普人员21名、兼职科普人员31名，专业讲解涵盖了线桥隧结构服役性能监测与保障、轮轨系统环境振动噪声评估与控制、轨道车辆智能运维技术与安全保障、牵引供电与传动系统安全保障与控制等基础设施性能维护和运营品质保障理论的专业领域。基地常年对外开放，每年接待社会观众、大中小学生参观学习上万人次。

中心一直将科普工作作为重点工作之一，不断丰富科普元素，通过多种渠道补充科普教育设施设备，注重科普资源的共建共享，开发了具有自身特色的科普展教资源。通过多种形式的科普活动，扩大中心科普影响力，加强科普队伍建设，实施科普惠民工作。先后被认定

图1 华东交通大学轨道交通技术创新中心　　图2 华东交通大学轨道交通基地

为"江西省科普教育基地（2018—2021）""全国铁路科普教育基地（2021—2025）""江西省科普教育基地（2022—2024）"；2020年被中国科协评为"全国科普日优秀组织单位"；2021年被中国科协评为"全国科普日优秀活动"（图3~图7）。

图3 被江西省科学技术协会认定为2018年"江西省科普教育基地"　　图4 被江西省科学技术协会认定为2022年"江西省科普教育基地"

图5 被中国铁道学会认定为"全国铁路科普教育基地"　　图6 2020年被评为"全国科普日优秀组织单位"

图 7　2021 年被评为"全国科普日优秀活动"

中心将以实施《全民科学素质行动规划纲要（2021—2035 年）》为主线，以科普信息化为核心，以科技创新为导向，以群众关切为主题，着力建设优质轨道交通科普资源，培养科普人才。采取多种科普形式，倡导科学思想，弘扬科学精神，激发大众创业、万众创新的热情和潜力，提升全民科学素质，争取成为全国性科普教育基地。

二、基地建设特色

轨道交通技术创新中心总占地面积 6.8 万多平方米，设备资产总值超 2 亿元，拥有 27 个轨道交通类教学实验室、23 个科研实验室和 1 个轨道交通基地。按科普教育功能划分，中心科普基地可分为线路认知区、机车车辆展示区、科普认知区、运行模拟区、科学探究区、模拟体验区、交流学习区七大功能展区。

（一）线路认知区

轨道交通基地轨道线路完全按照铁道标准建造，总占地面积 6.8 万多平方米，其中高铁线路 320 米、城轨线路 350 米、普铁线路 370 米，包含铁路桥梁 75 米和明涵 23 米，同时建有高 5.3 米、长 285 米的接触网线路。线路既有有砟轨道，也有无砟轨道。高铁线路上配有 CRTS Ⅰ 型板式无砟轨道、CRTS Ⅱ 型板式无砟轨道、CRTS Ⅲ 型板式无砟轨道，以及高铁检测用 CP Ⅲ 和 CP Ⅱ 控制点。轨道线路上还配有 2 组单动道岔（ZD6 型转辙机）和 1 组提速双动道岔（S700K 型转辙机）。基地信号实训基地配有信号机（高柱 5 架、矮型 9 架）、单动道岔 2 组、双动提速道岔 1 组、轨道电路 10 区段，和道口信号设备 1 套（图 8）。

（二）机车车辆展示区

机车车辆展示区室外拥有东风4B型内燃机车、SS3型电力机车、25G空调发电客车、C50货车、C62货车等实物各1台。室内实验室则拥有各类机车车辆、桥梁、道岔等缩微认知模型数十件（图9）。

图8　轨道交通基地轨道线路图

图9　内燃机车实车图

（三）科普认知区

拥有27个轨道交通类教学实验室和3个教学实训基地，可展示机车车辆构造及工作原理，信号设备结构及原理、计算机联锁仿真、模拟接发列车进路办理与取消（图10）。

（四）运行模拟区

拥有普铁沙盘、城轨沙盘和计算机联锁仿真沙盘各1套，可以进行车站折返作业和车辆段行走调度作业职业体验，开展列车运行图编制以及行车组织仿真科学探究活动（图11）。

图10　计算机联锁实验室

图11　铁路沙盘

（五）科学探究区

2017 年获批的轨道交通基础设施运维安全保障技术国家地方联合工程研究中心以及 2021 年经科技部批准组建的省部共建轨道交通基础设施性能监测与保障国家重点实验室位于基地教 40 栋，拥有独立研究场所，购置有先进的仪器设备，可对外展示最新科学技术和科研成果。

（六）模拟体验区

轨道交通虚拟现实仿真实验室利用虚拟现实技术搭建虚拟逼真的地铁站场景，可通过 3D 眼镜体验城轨车站火灾应急处理场景。利用头盔显示器、手柄控制器等交互设备，沉浸体验逼真的 1∶1 比例城轨交通车站虚拟环境，并与其他岗位作业人员互动。

（七）交流学习区

拥有可容纳 200 人的学术报告厅，可用于开展大型学术讲座，放映轨道交通科教音像资料。虚拟仿真实验室机房拥有计算机 60 台，装有 CRH 动车组检修实训系统和模拟火车软件 Microsoft Train Simulator。拥有一间 50 多平方米的小型会议室，可作小规模的学习讨论。此外，还拥有一间 40 多平方米的小型阅览室，订有 30 多种期刊和杂志，可进行轨道交通科技信息资源交流学习。

三、基地活动展示

中心构建了"线下+线上""校内+校外"的双模式科普活动。

（一）科普方式"线下+线上"

线下常态化开展"全国科技活动周""全国科普日"活动，不定期开展"轨道说学术讲座""科普讲解大赛""科研设备体验活动"等工作，开展的"全国科普日"活动被中国科学技术协会评为 2020 度全国科普日优秀组织单位和 2021 年全国科普日优秀活动。

线上开发了"轨道交通云基地"、公众号推文"轨道交通基地系列介绍"、《中外铁路文化之旅》慕课等，制作了具有自主知识产权的 AR、VR 科普展品，开通了抖音、微信公众号等新媒体，实现了科普教育实时实地与随时随地的有机结合（图 12、图 13）。

（二）科普面向"校内+校外"

基地不仅面向本校大中小学生开展科普教育，更是主动地将辐射范围拓展向校外，通过广泛邀请社会各界人士特别是中小学生来校参观、多次前往校外中小学校开展"科普下乡"等活动，大力传播轨道交通文化。近 3 年来，基地已累计服务中小学生及社会人士上万人次。

同时，我中心人员积极参加全国、全省科普比赛。在 2018 年江西省科普讲解大赛中，基地科普志愿者曾璐同学被授予"江西省科普使者"称号；2018年9月，科普专家赵怀瑞博士创作的科普作品《"复兴号"动车组安全与平稳运行的守护神—弹簧》获得2018中国国际科普大赛三等奖；2019年，《高铁科学神探培养之列车脱轨案》荣获第五届科普展馆科学教育项目展评二等奖（图14、图15）。

图12　2021全国科普日活动

图13　"党旗下的铁路百年"主题展

图14　学生参观机车车辆

图15　科普走进小学

四、基地公众信息

（1）微信公众号：华交轨道、华交国重

（2）开放时间：开展的科普服务内容包括轨道交通知识及特色的研学活动，基地全年正常工作日（除寒暑假及法定节假日外）9:00—17:00免费开放，接待容量500人/天，需至少提前一个工作日预约

（3）联系电话：0791-87045721

南京铁道职业技术学院文化教育中心

一、基地总体介绍

（一）基本情况

南京铁道职业技术学院文化教育中心是南京铁道职业技术学院直属处室之一，主要负责开展铁路文化研究、铁路文化育人、铁路知识科普等相关工作。中心现有专职管理人员4名、科普兼职人员22名、学生社团志愿科普讲解员70多名。中心管理制度健全完善，场馆设施安全完备，开展活动井然有序，科普工作成效显著，受到了学校师生和社会各界广泛好评。

文化教育中心科普场所由"两馆一园一站场"组成，即江苏铁路教育馆综合馆、高速铁路馆、铁路主题园、高铁教学站场。江苏铁路教育馆综合馆展厅面积1700多平方米，现有各类展品400多件。展览内容为"江苏铁路百年历程"，主要以时间为主轴，以重大事件为节点，通过图文、影像、实物、模型、场景等形式，展示了江苏铁路140多年发展历程和取得的辉煌成就。高速铁路馆展厅面积1500多平方米，展览分为高铁发展概况、高铁客运、工务、供电、动车组、通信、信号、调度指挥和安全保障9个系统，通过图文资料、多媒体演示、互动体验等，展示了高速铁路的基本原理、作业规范和技术装备。铁路主题园建于校园一隅，占地18000平方米，园区停放蒸汽机车、各种铁路车辆以及水鹤、道岔等真实铁路装备多台，是专业教学和铁路科普的重要场所。高铁教学站场建于津浦铁路西侧的校园内，占地101600平方米，由"两站一区间"（浦口新站、铁院北站和2700延米的轨道区间）以及高铁实训基地组成。站场轨道通过联络线与津浦正线相连，形成了"全真设备、仿真运行、连接正线"的全国唯一火车开进校园的综合实训基地（图1~图3）。

（二）科普人才队伍建设

中心努力做好科普人才团队建设，设有专职科普教师4名、兼职科普人员22名，全校范围内招募科普志愿者每年逾2000人。2021年，江苏铁路教育馆加强学生团队建设，招募近

图 1　江苏铁路教育馆综合馆外景

图 2　江苏铁路教育馆综合馆内景

百名新生加入解说部和新媒体社团，为兼职科普队伍注入新鲜血液。中心组织学生每周进行 2 次业务学习，组织每学期进行至少 1 次铁路文化主题演讲、摄影比赛，学生现场解说和新闻编辑技能得到有效提升。

（三）科普工作制度建设

江苏铁路教育馆建立场馆开放制度、岗位责任制、安全保障责任、展馆应急预案等制度，专兼职科普人员在工作中严守各项规定，确保场馆日常管理安全有序。

图 3　高速铁路馆

（四）取得的成绩和荣誉

2019 年，江苏铁路教育馆成功申报为"江苏省轨道交通科普教育基地"和江苏省科协扩大开放专业科普场馆试点单位。

2020 年，南京铁道职业技术学院文化教育中心成功入选"全国铁路科普教育基地"。

2020 年，南京铁道职业技术学院铁路文化发展研究院被评为"江苏省高校哲社重点研究基地"。

2021 年，江苏铁路教育馆被评选为"江苏省爱国主义教育基地"（图 4）。

2021 年，江苏铁路教育馆被中国收藏家协会铁路收藏委员会授予"中国铁路文化收藏进校园示范单位"。

2022 年，江苏铁路教育馆荣获江苏省综合交通运输学会"优秀科普教育基地"称号。

图 4　江苏省爱国主义教育基地铜牌

2022年，江苏铁路教育馆入选"江苏省科普教育基地"。

2022年，江苏铁路教育馆被认定为"江苏省中小学职业体验中心"。

2022年，江苏铁路教育馆入选"南京市科普示范基地"。

2022年，江苏铁路教育馆被认定为"南京市公共职业体验中心"。

2022年，江苏铁路教育馆入选"南京市首批少先队校外实践教育营地"。

（五）发展规划

文化教育中心将紧紧围绕科普工作要求，结合学校人才培养实际，瞄准高铁发展新技术、新装备，着力建设科普课程资源，互动体验模式设计，历史人文研究开发等重点工作，加大人力物力财力投入，把学校科普基地建成全国优秀科普教育基地，积极申报"全国科普教育基地"。

1. 着力建设铁路文化研究平台

继续开展新时代铁路文化研究，以轨道交通支撑江苏经济社会高质量发展策略、高铁文化、铁路文化育人、铁路红色历史资源保护、"铁色"校园文化建设以及高铁文旅品牌与文创产品应用为研究内容，大力推进新时代铁路文化研究，助推新时代铁路事业发展。

2. 建设詹天佑数字馆

联合中国铁路博物馆共同建设詹天佑数字博物馆，开展詹天佑爱国主义思想研究，传承詹天佑爱国、创新、自力更生、艰苦奋斗的精神，推进将詹天佑精神融入高校人才培养工作。

3. 大力推动江苏铁路教育馆数字化建设

充分利用江苏铁路教育馆现有图文、影像及实物、模型、场景等资源，利用5G、AR、VR等现代信息手段，建设线下线上结合，融知识传播、自助学习、社交互动、资源开发等为一体的江苏铁路历史数字化场馆，打造铁路文化传播新阵地、新品牌。

4. 升级省级中小学生职业体验中心

依托江苏铁路教育馆与高铁实训中心场馆资源，依据中小学生劳动教育不同需求，开发铁路特色体验项目和课程，通过虚拟仿真、交互体验、实际操作等立体体验吸引中小学生前来进行职业体验，开展铁路职业启蒙教育，确保取得一定成效。

二、基地建设特色

（一）铁路文化研究

江苏铁路教育馆设有专门研究机构——铁路文化发展研究院，聚焦新时代铁路文化、铁路红色文化、铁路文化教育与传播领域，致力于建设国内一流的铁路文化研究、咨询、教育、传播和推广应用基地。研究院先后编写出版了《江苏铁路百年人物》《江苏铁路百年遗存》两本书，今年计划完成《江苏铁路百年故事》一书，届时将形成"江苏铁路百年"系列丛书，弥补江苏铁路文化研究空白。研究院每年一度发布开放基金，2021年，立项18项课题，结项10项；2022年立项11项课题（图5）。

图5 铁路文化发展研究院编撰的书籍

（二）展馆主要内容

江苏铁路教育馆展馆展陈面积3200平方米，共投资800万元，现有各类展品400余件。展馆由综合馆和高速铁路馆组成，综合馆设"江苏铁路百年历程"展，分为"晚清时期""民国时期""建国50年""跨入新世纪的江苏铁路"四个部分。高速铁路馆按照铁路专业系统分为9大部分，通过模型、沙盘、场景、展品介绍了高速铁路9大系统的基本原理和技术装备。

（三）特色展教设备

1. 铁路实物展品
（1）机车模型类（图6）
（2）人物雕塑类（图7、图8）
（3）模拟场景类（图9、图10）

2. 互动设备设施
（1）民国二等车厢场景模拟
（2）高铁专业系统展示
（3）数字化互动大屏（图11）

3. 铁路专业教具
（1）沙盘类教具（图12）
（2）模型类教具（图13）

图 6　中华人民共和国制造的第一台蒸汽机车模型

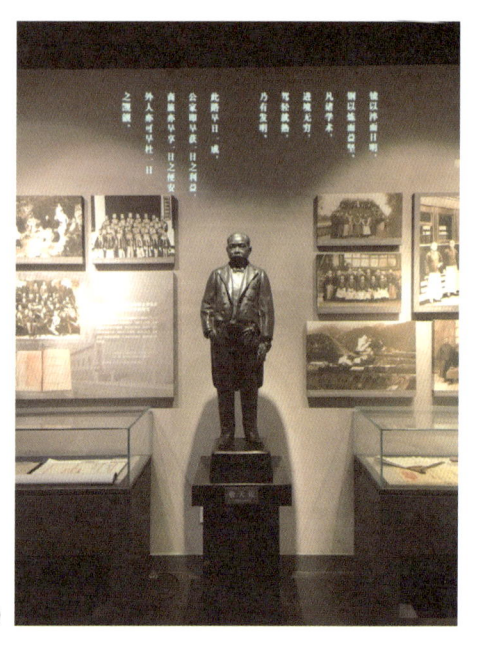

图 7　詹天佑铜像（多媒体）

图 8　陇海铁路大罢工雕塑

图 9　朱自清《背影》场景

图 10　动车组座椅

图 11　江苏铁路光电地图

图 12　列车行车调度系统沙盘

图 13　复兴号动车组模型

三、基地活动展示

文化教育中心自建成以来，依托铁路特色文博资源，积极开展铁路科普活动、进行铁路文化教育与传播、不断提高铁路文化研究水平，主动承担铁路科学知识传播、普及、教育、科研的社会职责，形成开展铁路社会性、群众性科普活动的重要阵地，不断提升学校的科普公共服务能力和影响力。

（一）江苏省铁路红色故事大赛

2021年6月，文化教育中心联合铁路企业举办了"江苏省铁路红色故事大赛"。共有40家铁路单位和相关院校170余名铁路职工和轨道交通专业学生参加比赛，努力营造"人人都会讲铁路红色故事"的思想政治教育氛围，收到了良好的社会反响。全省40多家铁路企业和院校的职工、师生齐聚南铁院，共同重温铁路红色故事，感知铁路红色文化。引导广大铁路职工和青年学生在活动中赓续红色血脉，从百年铁路红色故事中汲取奋进力量（图14）。

图 14　江苏省铁路红色故事大赛

（二）中国铁路文化收藏（红藏）精品展

为展现中国铁路建设发展的光辉历程和一代代铁路人爱党、爱国、爱路的深厚情怀，丰富党史学习教育的形式，学校携手中国收藏家协会铁路文化收藏委员会在学校举办首届"中国铁路文化收藏展览进校园"活动。此次活动得到了中国收藏家协会、江苏省铁道学会的大力支持（图15）。

此次参展的藏品来自全国30个省市自治区，8000多件展品集中展现了中国铁路发展变迁的历史和铁路人薪火相传、接续奋斗的光辉历程。此次活动得到了学校师生们的广泛关注，前来参观、打卡的师生们络绎不绝。活动还通过抖音短视频、图片直播等方式向社会开放，吸引了大批铁路爱好者在线看展。

图15　中国铁路文化收藏（红藏）精品展

（三）雨花石精品展

雨花石是具有南京地方特色的一张靓丽文化名片，南京的雨花石鉴赏习俗也是江苏省非物质文化遗产代表性项目。2021年，学校举办了"铁色贺校庆，红色颂党恩"——夏存新校友雨花石精品展。展览主要以红色为主题，通过一枚枚雨花石歌颂建党百年中华人民共和国的巨变和共产党人为人民服务的初心，展示了各种丰富多彩、形状各异的雨花石，其中由众多血红色雨花石所拼成的"建党100年"字样更是令观展者们印象深刻，深受教育（图16）。

图16　雨花石精品展

（四）沉浸式艺术党课

2021年，学校迎来建校80周年，中心举办以"铁心跟党走　扶轮铸华章"为主题的沉浸式艺术党课，生动讲述了党史和校史故事。两次演出均由大学生艺术团的学生担任演员。通过演出，使学生更加明确自己的历史使命：作为新时代的青年，要听党话，感党恩，跟党走，努力践行"请党放心，强国有我"的青春誓言。

（五）原创铁路主题艺术作品

原创舞蹈作品《我是复兴号》，以铁路元素为主题，用舞蹈演绎了复兴号精神，荣获江苏省第六届大学生艺术展演舞蹈组甲组特等奖及优秀创作奖。

2021年6月，学校编排了再现中国工人运动先驱王荷波革命历程的音乐剧《金陵火种》，作品通过音乐剧形式，以音乐为载体，以舞台表现为手段，讲述了中国共产党首任中央监察委员会主席王荷波带领铁路工人与压迫势力作斗争的生动故事，描绘了烽火岁月里共产党人、铁路工人们不懈奋斗的动人画卷（图17）。

图 17 《金陵火种》演出现场

（六）中小学职业体验活动

文化教育中心自开设中小学研学课程以来，结合中小学综合实践活动、劳动与技术相关课程体系设置了适合不同学段的职业体验课程、广泛吸纳江苏省的中小学生前来中心参观体验，每年举办研学专题活动数十场，接待人数6000人次以上，不断扩大学校职业教育影响力（图18）。

2022年6月，中心联合伊顿教育集团旗下9家幼儿园共同开展"小小铁路工程师"研学活动，共有730名儿童参与其中。孩子们在老师和大学生志愿者的带领下参观了江苏铁路教育馆、实训基地。本次研学活动，向孩子们普及了铁路交通科普知识，展示了铁路出行便捷化的美好蓝图，宣传贴近社会大众的出行意识，增进孩子们对轨道交通科技发展的了解，在他们心中播下铁路的种子，期待小小铁路工程师的梦想可以在孩子们心中生根发芽。

图 18 学校开设《百年铁路》精品课程

四、基地公众信息

（1）微信公众号：江苏铁路教育馆

（2）开放时间：8:30—17:00（工作日），节假日根据学校有关部门要求而定，参访者至少提前1天预约登记

铁道兵纪念馆

一、基地总体介绍

铁道兵纪念馆暨中国铁建展览馆隶属于中国铁道建筑集团有限公司（简称中国铁建），是全国爱国主义教育示范基地、全国中小学生研学实践教育基地，2014年1月建成并向全社会免费开放。场馆以大量历史图片和实物及现代化电子技术手段，全面展现了铁道兵35年的辉煌历程和中国铁建30多年的不凡业绩。场馆建筑面积4800平方米，文物藏品9000多件（套），配备液晶显示器、投影仪、大型电子沙盘等设备、设施百余套。馆内有可演示、体验、互动的模拟驾驶舱、青藏铁路沉浸体验厅、川藏铁路全景俯瞰沙盘、桥梁全息投影、大型盾构机模型、千吨架桥机沙盘等。拥有用于科普展教活动的多媒体教室、研学活动中心和报告厅等，专业讲解人员50多人。场馆管理制度健全，管理工作制度化、规范化和专业化（图1、图2）。

图1 铁道兵纪念馆大厅

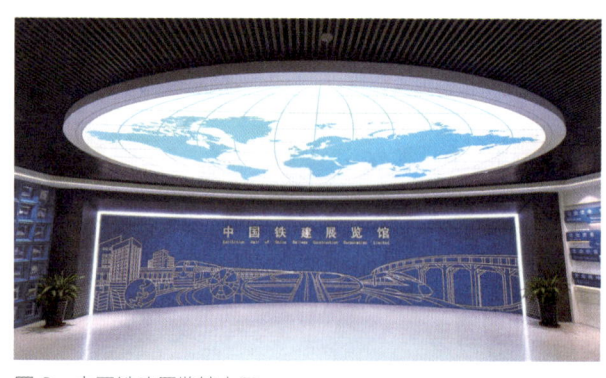

图2 中国铁建展览馆大厅

二、基地建设特色

（一）特色展品

1. "京华号"盾构机模型

场馆里展示着一台国产盾构机"京华号"模型，这台中国铁建自主研制的"京华号"盾构机，标志着我国超大直径盾构成套技术跻身世界前列，它是为北京东六环高速隧道改造工程量身定制的，盾构机整机长150米，总重量约4300吨，最大开挖直径16.07米，是我国企业首次成功实现16米级超大直径盾构机的工业制造。其外观整体采用的是京剧脸谱的造型，极具东方韵味和中国特色（图3）。

图3 "京华号"盾构机模型

十几年前，我国盾构机主要依赖进口，甚至盾构施工都难以独立完成。十几年后，我国盾构机从无到有、从进口到出口，实现了从"跟跑"到"领跑"的跨越，如今多项技术处于国际领先水平。"上天有神舟，下海有蛟龙，入地有盾构。"中国铁建已成为水下盾构和超大直径盾构施工细分领域的"领跑者"，是集研发、制造、销售、服务于一体的国内领先、国际先进的施工装备制造商。培育了大型养路机械、掘进机械、轨道设备等核心产品。拥有国际领先的掘进机制造基地，掘进机年产能达200台，国内市场占有率50%以上，其中TBM国内市场占有率80%以上，高铁电气化产品及配件具有自主知识产权、品类齐全。

2021年10月21日，"京华号"荣耀参加国家"十三五"科技创新成就展，成为引领"中国制造"迈向"中国创造"，推动高质量发展的生动案例。

2. 昆明南站智慧沙盘

昆明南站是我国西南地区已建成规模最大的站房，是集高铁、地铁、公交、出租等交通方式于一体的特大型综合交通枢纽站，是"一带一路"倡议规划中辐射东南亚、南亚的重要基础设施，是国家"八入滇、四出境"国际铁路通道的重要枢纽性节点，于2016年12月正式投入使用。

昆明南站建筑造型汇聚云南元素之精华，简约灵动、气势恢宏，用富有民族特色的色彩、纹饰和细部构件作为建筑语汇，表达出"民族交融之城、国际交流之门"的寓意，被誉为"西南枢纽，南亚之门"。站房总建筑面积为33.47万平方米，是国内抗震设防等级最高的特大型车站，具有"立体叠合""立体疏解""腰部进站""桥建合一""功能可视化引导客流"等特点，并创新性地提出了"城区车站非地面化""单向多点换乘""文化打造百年不朽"等创新理念。站房建筑层数为四层，分别为地下层、出站层、站台层和高架层。站房正面的金色木亭结构，是由S形曲线柱、孔雀及傣族纹样造型构成。两侧八扇羽毛状雕花铝板墙与中部仿木结构，结合昆明独有的地域文化特点形成了"孔雀开屏"的意境，完美呈现了昆明南站"雀舞春城"的设计理念，使昆明南站成为云南最具代表的地标性建筑。

在建设过程中，中国铁建独创孔雀开屏状建筑空间复杂结构设计与施工技术，首创大型高铁站房九度抗震设计、建造成套技术，首次开发大型复杂建筑全寿命期三维可视化结构健康远程实时监测系统等21项自主创新技术；采用结构楼板地面原位拼装、分区分块整体提升的方法解决了大跨度钢结构施工难题，一次性提升屋盖近2万平方米。该工程荣获中国建设工程鲁班奖、第十八届中国土木工程詹天佑奖、国家优质工程金奖。中国土木工程詹天佑奖是我国土木工程行业的科技创新最高奖，被誉为国内建筑界的奥斯卡奖。国家优质工程金奖是工程建设领域最高荣誉，是展示建设工程丰功伟绩的一面旗帜，在行业内具有示范引领作用。

3. 世界首台千吨级高铁架桥一体机"昆仑号"模型

世界首台千吨级高铁架桥一体机"昆仑号"由我国自主研制，被称为巨型的变形金刚，机体长116米，有88个轮子，一个轮胎比一个人还高。它完成了我国首条跨海高铁——福厦高铁湄洲湾跨海大桥的架设任务。"昆仑"二字来源于毛泽东诗词《念奴娇·昆仑》："横空出世，莽昆仑，阅尽人间春色。"（图4）

图4 世界首台千吨级高铁架桥一体机"昆仑号"模型

"昆仑号"相较于传统900吨架桥机，不仅将运载箱梁最大长度由32米延伸到40米，吨位从900吨提升至1000吨，其采用40米箱梁将有效减少列车与桥梁的共振，使运行更加平稳高速，遇到隧道时，传统架桥机必须先拆装后才能通过，一般需消耗3~5天时间，该设备能够实现自动过隧，节省的时间可架设完成一座400米长的高铁桥梁。同时，它还首次实现了隧道内架梁、隧道进出口0米架梁等多种特殊工况下的施工。

在这中国速度的背后，让铁路穿山过海，天堑变通途，架桥机这一"神器"贡献了不可或缺的力量。而能够完成这一架设任务的"昆仑号"，将为推动我国高铁迈向 400 千米及更高时速提供了技术支撑与装备保障。这台千吨级架桥一体机"昆仑号"，标志着我国高速铁路建设在技术与装备上实现了重大提升，为高铁建设再添大国重器，对未来我国高铁建设具有划时代意义。

（二）科学家故事

1. 梁文灏

梁文灏，1941 年 9 月出生，中共党员，曾任中铁第一勘察设计院集团公司副总工程师，教授级高工，中国工程院院士、全国工程勘察设计大师。他是我国隧道界公认的卓有建树的工程科技专家，开创了我国隧道建设史上的多项第一，尤其是在复杂艰险山区长大隧道及黄土、风积沙、高原多年冻土等特殊地区和特殊地质条件下的隧道修建技术方面取得了多项重大突破，为推动我国隧道工程技术领域的科技进步做出了突出贡献。2004 年，他被建设部命名为全国工程设计大师，2005 年当选为中国工程院院士。

从事专业技术工作 40 年来，梁文灏先后主持了 450 多座铁路隧道和 20 多座公路隧道的勘察设计，其中包括西康铁路秦岭特长隧道、世界海拔最高的青藏铁路风火山隧道、目前国内最长的隧道青藏铁路关角隧道、兰武二线乌鞘岭特长隧道、世界建筑规模最大的秦岭终南山高速公路隧道等我国隧道领域的众多重大标志性工程。由他主持攻关的秦岭特长铁路隧道修建技术整体上达到了国际先进水平，荣获 2003 年度国家科技进步一等奖；西康铁路秦岭隧道工程地质勘察获得国家优秀工程勘察金奖；西康铁路秦岭Ⅱ特长隧道获得国家优质工程金奖。

梁文灏多次担任国家重点工程专家组专家，参加了多项隧道及地下工程重大项目的工程咨询和学术活动。他曾担任国家科学技术奖评审专家、中国土木工程学会隧道及地下工程委员会名誉理事及高级顾问等职务，先后获甘肃省"科技先进个人"称号、中华铁路总工会"火车头"奖章。

2. 李金城

参加工作 30 多年来，李金城始终扎根一线，先后参与或主持了包兰、青藏、拉日、黔张常铁路等 20 多项重大铁路项目的勘测设计，为西部铁路发展做出了重要贡献（图 5）。

图 5　青藏铁路总设计师李金城

作为青藏铁路总设计师，李金城在平均海拔4400多米的青藏铁路沿线工作了8个年头。在整个1000多千米的青藏铁路建设工地，李金城是最著名的"活地图"和"工作狂"，越是艰苦的地方、危险的地方，他越要冲在最前面，甚至曾经与死神擦肩而过。他和设计团队以科研攻关为基础，在国内外率先提出了冻土工程设计思想的"三大转变"，成功克服"多年冻土、高寒缺氧、生态脆弱"三大世界级工程难题。创造了世界冻土铁路速度的新纪录，确立了我国在高原冻土工程这一领域的世界领先地位。

2010年青海玉树大地震发生后，李金城主动请缨，率领132名技术人员连夜赶赴西宁，仅用了一天就完成勘测，3天稳定方案，7天内完成设计施工图，创造出令人惊叹的"玉树速度"。玉树灾后重建工作开始后，李金城再次担任了中国铁建玉树灾后重建现场指挥部副指挥长，圆满完成了玉树三年灾后重建设计工作，履行了中央企业应有的社会责任。

李金城是中国共产党第十七届、第十八届中央委员会候补委员，入选国家百千万人才，享受国务院政府特殊津贴。先后荣获中国青年"五四"奖章、全国优秀科技工作者、全国劳动模范、全国优秀共产党员等多项荣誉称号。

3. 王志遂

王志遂是一名铁路桥梁抢修技术专家，参与研制中国战备桥梁器材。他曾参加战争与灾害中的铁路桥梁抢修，长期参与铁路军用梁、舟桥、轻型桥墩等多种桥梁抢修器材研制与应用，发展了浮墩、铁路轮渡等新的抢修手段和技术，在铁路桥梁抢修中发挥了重要作用，为中国铁路桥梁工程保障做出了重要贡献。

抗美援朝战争中，王志遂任中朝联合新建铁路指挥局工程师。回国后，历任铁道兵工程部工程师，铁道兵司令部科学研究处第三研究室总工程师，铁道兵科技研究所副所长、高级工程师，中国铁道学会第一、第二届理事。1965年加入中国共产党，是中共十一大代表。主持研制成功64式和加强型64式铁路军用梁，为中国铁路桥梁抢修提供了一种新器材，译有《螺栓和铆钉连接设计准则指南》等。

1983年铁道兵撤编后，他担任铁道建筑研究设计院技术顾问，在铁路系统的桥梁战备研究中利用就便器材问题，从方案、设计到试验，都积极参与并提出了许多重要的建议，节约了大量费用，更方便了战时使用。如高墩研制的关键是快速拼组问题，他提出顶升拼组方案，试验成功，避免了高空作业的困难，加快了抢修的速度。上海铁路局多次高架浮墩试验、郑州铁路局楔形车架轮渡码头等，他都参与并提出了许多重要的建议。

20多年来，他不仅主持完成了铁路军用梁和铁路舟桥总体方案和梁部结构研制，大跨度应急抢修钢梁、轻型桥墩，还参与和领导了预沉式浮墩、铁路舟桥的改进与发展，简易轮渡等铁路战备桥梁器材研制项目。铁路系统桥梁战备研究项目也都得到了他的参与和帮助，同时他在研制工作中所做的许多基础性技术成果，迄今仍然采用。他被誉为铁路战备桥梁抢修器材研制开拓者之一。

（三）历史故事

1. 成昆铁路的故事

从 1954 年到 1984 年，铁道兵先后修建了黎湛、鹰厦、包兰、贵昆、成昆、嫩林、襄渝、京原、京通、青藏、南疆、通霍、兖石等 52 条铁路和北京地铁 1、2 号线，共建成铁路 12590 多千米。其中最难修建的是成昆铁路。毛主席要求"成昆线要快修"，他说："铁路修不好，我睡不着觉。"这个地方地形地貌非常的复杂，崇山峻岭，石质破碎，全线穿越九级地震烈度带，堪称中国的"地质博物馆"。成昆铁路于 1958 年开始修建，1970 年 7 月 1 日全线通车，全长 1083 千米，桥隧总长 433.7 千米，占线路总长的 40%，平均每 1.7 千米有一座桥梁，每 2.5 千米有一座隧道，共有 991 座桥梁，427 座隧道（图 6）。

图 6　成昆铁路沙盘

铁道兵在当时生产力极度落后的条件下，凭借钢钎和大锤贯通全线。为适应线路需要，隧道要修成"灯泡型""S 型""麻花型"等。1964 年著名数学家华罗庚到成昆铁路解决数学难题时，深为筑路部队的拼搏精神感动，他说：我能计算出一道道数学难题，却无法计算出铁道兵指战员对党和人民的忠诚！并当场写词赞道："铁道兵巧手绘蓝图，彩虹铺上云天。"成昆铁路的修建，结束了我国西南少数民族地区 2000 万人行路难的历史。随后攀枝花钢铁基地和西昌卫星发射基地也随之建立。

1982 年 12 月，联合国宣布象征人类在 20 世纪征服大自然的三项伟大杰作，第一位的就是中国成昆铁路，第二位是美国阿波罗宇宙飞船登月，第三是苏联人造卫星发射成功。成昆铁路象牙雕作为国礼被赠予联合国总部。修建这条铁路，平均 1 千米就有一名战士牺牲。这是和平年代牺牲人数最多的一条铁路线。沿线有许许多多的烈士纪念碑，最大的一座长眠着 100 多位烈士（攀枝花市的同德烈士陵园）。当我们坐着火车行进在祖国大地上时，请不要忘记那些长眠在铁路边的年轻生命！

2. 青藏铁路一期工程的故事

青藏铁路一期工程是从西宁至格尔木，全长834千米，大部分地段在海拔3000米以上。由铁道兵7师、10师修建（并抽调独立汽车团、独立机械团部分连队等配属施工，统一由铁道兵西南指挥部组织指挥）。1959年至1979年，铁道兵三上青藏线，青藏铁路一期工程于1979年9月铺轨到南山口，1984年5月正式投入运营（图7）。

图7 青藏铁路

环境最艰苦、任务最艰巨的是在风火山冻土地段进行施工试验。1974年开始，铁道兵（10师50团13连）开上海拔4750米的风火山试验场，风火山空气稀薄，且"六月雪，七月冰，一年四季分不清"。试验部队不顾头晕脑涨，指甲下陷，心脏扩大、移位等严重反应，三上高原，坚持试验，换来1200多万个极其宝贵的数据，解决了高原铁路施工的世界级难题。该连被铁道兵授予"风火山尖兵连"荣誉称号。

青藏铁路一期工程的关键，是打通柴达木盆地和天峻草原之间的关角山。关角隧道是世界第一高隧，海拔3680米、全长4009米。这里石质破碎，地下水喷涌，最多可达万余吨；隧道内严重缺氧（程度与海拔5000米的高山相当），施工中几乎每天都有人在洞内昏倒。铁道兵部队先后处理大小塌方130多次，用了一千多个日夜，终于打通了这座隧道。

三、基地活动展示

铁道兵纪念馆作为全国爱国主义教育示范基地、全国中小学生研学实践教育基地，联合永定路街道、万寿路街道、永定路学区、清华大学、首都师范大学、北京交通大学等，组织开展了多次爱国主义教育主题活动、科普教育活动和学生研学实践活动。为增进中小学生对铁路建设的认识和了解，普及铁路建设特别是高铁建设的知识，纪念馆定期组织中小学生参观展馆、与学校共同举办铁路建设、高铁建设科技知识等科普讲座，系统介绍中国的铁路建设特别是高铁建设等，全方位展示中国高铁的发展成就，激发广大学生的自信自豪感（图8）。

纪念馆面向全社会免费开放，一直致力于为公众提供科普服务，弘扬铁路创新精神，普及铁道科学知识，长期开展"与铁路建设同行"系列科普课程，先后制作了土压平衡盾构机、大型养路机械 3D 立体拼图、铁道兵文化手账等教学用具，增进学生对中国建筑领域的了解。

纪念馆已与 30 多所院校举办科普活动，联合海淀教育共青团成功举办"红色志愿行，青春我先行"海淀区中小学生志愿讲解员培训活动；北京科普志愿服务总队和北京科普发展与研究中心共同举办"青春最强音，志愿伴我行"科普志愿讲解员等活动，受到观众一致好评。

图 8　开展小学生爱国主义教育活动

四、基地公众信息

（1）地址：北京市海淀区复兴路 40 号中国铁建大厦 B 座 5-6 层

（2）咨询电话：010-52688237、010-52688420

（3）乘车路线：

玉泉路口东站：370 路、436 路、76 路、941 路快车

玉泉路口南站：338 路、436 路、452 路、507 路、644 路、941 路、78 路、389 路、979 路、专 11 路、481 路、610 路、354 路、472 路、473 路

地铁 1 号线：玉泉路站 C 口东

（4）开放时间：9:00—11:30、14:00—16:30（周二至周五）

（5）门票价格：免费

中车太原机车车辆有限公司
机车车辆科普教育基地

一、基地总体介绍

（一）基本情况

中车太原机车车辆有限公司机车车辆科普教育基地位于山西省太原市万柏林区兴华西街129号，隶属于中车太原机车车辆有限公司，是一所进行铁路机车车辆科普教育的教育科研类场馆。

中车太原机车车辆有限公司始建于1898年，是山西省机械工业的萌发地和中国早期的铁路工厂之一。历经124年的建设发展，公司沉淀了深厚的历史文化底蕴，见证了中国铁路机车车辆从无到有、从有到强的发展历程，引领了我国铁路漏斗车60吨级向70吨级、70吨级向80吨级两次大的升级换代，构建了涵盖电力机车检修、铁路货车造修、仓储物流、新产业等业务的综合性轨道交通装备生产体系。为促进铁路文化知识繁荣，展现央企社会责任担当，形成辐射全省、服务全国的铁路文化教育产业链。2014年公司通过整合科普教育资源、梳理轨道交通装备产业发展经络，深度挖掘企业感人历史故事，着手打造了山西省首家集科普教育、社会实践、人才培育于一体的机车车辆科普教育基地，并于2017年正式开馆。

基地建成以来，厚植红色基因血脉，依托便利的交通网络，先进的制造技术，丰富的产品种类以及业内权威的专家人力资源，打造了丰富有趣、品种繁多的科普教育题材。基地占地面积89.02万平方米，建筑面积30.84万平方米，建设有多功能科普文化展厅、历史文化浮雕墙、铁路货车造修基地、铁路机车检修基地等科普场馆，拥有电力机车、铁路货车、工程作业车等各车型样车及模型20多种、50多台（套），史料、文物80多件，展板、展架100多个，除此之外还有大型电子屏幕、数字沙盘、影院等现代声光电展示设备3台（套）。从历史和理学的角度，完整呈现了我国铁路机、货车发展历程。近年来，累计开展科普展览、科普直播等活动近1000场，接待上级领导、客户、国际友人、科普爱好者6000多人次，通过网络直播参观的社会大众超百万人次。

（二）基地专家团队建设及科普人才队伍建设

基地依托公司科学技术协会专家智库开展相关活动。智库内现有专家 359 人，其中包括正高级职称人员 17 人、副高级职称人员 85 人、硕士研究生 49 人、中车集团首席专家 1 名、资深专家 5 名、技术专家 24 名。列入山西省人才计划（三晋英才）人员 56 人、山西省企业创新达人 3 人、晋阳工匠 4 人。同时为更好地开展科普宣传，提高科普活动质量，基地在综合衡量科技工作者业务素质的基础上，组建了由 50 多人组成的科普宣传队伍，其中包含山西省科协认定的科学传播专家 3 人，在科技志愿服务公众号注册的科普宣传志愿者 13 人。

（三）基地科普工作制度建设

基地为提高科普工作管理水平，规范机车车辆科普教育基地的利用使用，全面提升科普服务质量，制定了《科普工作管理办法》，从组织制度建设、科普经费保障、科普宣传内容等方面进行了规范约束。在此基础上，配合中车太原机车车辆有限公司制定的科技工作管理办法、培训管理办法、财务预算管理办法等基本管理制度，构建起了较为完善的基地运行体系，实现了科普教育基地的合规高效运作。

（四）取得的成绩和荣誉

2018 年以来，基地深刻把握"全国铁路科技活动周""全国铁路科普日""9·28 中车开放日"等活动契机，适时开展了"我是中车小家属，我为中国中车点赞""智能铁路科普进校园""走进新国企　探秘火车头""玩转科普·带你认识不一样的机车"等科普宣传活动，出版发行了公司内科普宣传读物《蜕变》，得到了职工群众和社会大众的充分认可和广泛赞誉。2021 年，基地被山西省科协认定为"山西省科普教育基地"，2022 年，被中国铁道学会认定为"全国铁路科普教育基地"。

（五）未来发展规划

深化科普供给侧结构改革，依托国家企业技术中心、科普教育基地等科普创新平台，建立完善科技资源科普化机制，鼓励公司科技工作者结合科研任务参与科普工作，通过组织开展专题培训、铁路科普知识宣传等活动，增强科技工作者科普能力，聚焦铁路交通热点、难点问题，主动、及时、准确发声。

丰富科普资源，提高服务意识。提升优质科普内容创作和传播能力，推动传统媒体与新媒体深度融合，建设即时、精准的信息化科普网络。强化基础设施建设，进一步完善科普教育基地建设，增加基地展板、模型、展架数量，丰富铁路科普知识内容。组织科普志愿者培训，完善科技志愿服务管理制度，提升科普服务业务水平。

大力弘扬科学家精神，建立基地科普专家人才库，邀请公司高级专家、骨干工程师入库，共同做好科普宣传周、科普宣传日活动，借助微信、展板、杂志、报纸等宣传媒体，讲好铁路故事，凸显中车集团社会责任担当，引导社会各界形成知铁路、爱铁路、享铁路的良好风气。

充分利用基地历史文化资源和现代化科普资源，建立健全科普协调联动机制，加强与政府、各级各类学会组织的沟通联络，积极做好科普宣传活动的承办或参与工作，依靠社会公共平台，统筹资源，不断提升科普品牌创建能力，推动企业科普创新工作再上新台阶。

二、基地建设特色

（一）伟大征程

1898年（光绪二十四年）3月27日，清山西巡抚胡聘之预支库银480辆，在太原城北门外柏树园购买普济观旁庙地308亩和庙宇房屋，成立了山西机器局。2018年公司迎来了120周年诞辰，原铁道部部长傅志寰为公司题词"横穿双甲子 再辟新征程"。公司以此为题，将火车头及机械零件组装成一辆急速前进的火车，制成雕塑，象征着公司传承红色基因，赓续精神血脉，继往开来、勇攀高峰的气魄和决心（图1）。

图1 中车太原机车车辆有限公司1898石雕

（二）历史鉴证

图2、图3为位于基地大厅两侧的历史浮雕墙和企业理念浮雕墙。历史浮雕墙展现的是中车太原机车车辆有限公司的历史传承，从1898年（清光绪二十四年）创办山西机器局，成为工厂最初的历史前身，依次向前到1927年以制造枪炮为主的兵工时代，到1958年生产出我国第一台工建型"先锋号"蒸汽机车，到

图2 历史浮雕墙

1959年工厂先进代表参加全国"群英大会"受到周恩来总理的亲切接见，并授予工厂先进集体旌旗，再到1988年工厂转产电力机车检修开启现代化轨道交通装备生产新时代，体现出了铁路人保家卫国、爱岗敬业，为国家铁路行业发展做贡献的奉献精神，最终来到2016年新厂搬迁成功实现转型发展，踏上了新的发展历程。

图3 企业理念浮雕墙

企业理念浮雕墙展现的是中车太原机车车辆有限公司以中车企业使命、愿景、价值观以及工作作风为指引，"正心正道 善为善成"，勇毅前行在高质量发展新征程上，展现了中车人对未来美好发展的无限憧憬和期待。

（三）百年信物

图4为西北机车厂于1934年印发的宣传广告及商标蓝图。其中内容包含工厂经营理念、业务承揽范围、电话号码、电报号码、地址等历史信息，是山西省轨道交通装备产业寻根溯源的重要文物。1934年9月，因隶属于西北实业公司机器厂管理处的壬申制造厂厂房宽大、设备精良，承担了同蒲铁路施工中所需铁路桥梁机具和机、客、货车的制造和修理任务，遂更名为"西北机车厂"，标志着工厂与中国轨道交通装备事业的正式"接轨"。

（四）宝刀不老

图5为1938年日立制作所生产的机车轮轴顶压机，该机器用于机车轮轴退卸、压装。1937年侵华战争

图4 西北机车厂于1934年印发的宣传广告及商标蓝图

图 5　机车轮轴顶压机图

图 6　36 式 75 毫米山炮模型

图 7　"复兴号"蒸汽机车模型

爆发，日军劫收了西北机车厂，鉴于太原市在交通运输线上的重要地理位置，日军保留并恢复了工厂机货车检修能力，并增添大型机械装备保障生产。中华人民共和国成立后，党和政府接收了日军遗留设备并加以利用。经过公司数次对设备的技术改造，目前仍可进行韶山 3 型、韶山 4 型电力机车轮芯与从动齿轮的冷压装。

（五）战争之神

图 6 为西北机车厂仿日本 94 式山炮制造的 36 式 75 毫米山炮模型，实物现保存于中国人民革命军事博物馆。抗日战争结束后，工厂历经战火的洗礼，在兼顾铁路用品生产的同时开始转向军火制造，全年可生产 36 式山炮 113 门、75 式飞雷筒 15000 个、12 式重步兵炮 102 门，修理各类型炮 300 余门。1949 年 10 月 1 日，部分由西北机车厂生产的 36 式 75 毫米山炮与炮兵方队一道在中华人民共和国开国大典上参与了检阅。

（六）民族脊梁

图 7 为"复兴号"蒸汽机车模型。1947 年，工厂成功试制了由工人自主研发设计的第一台 2-10-0 过热蒸汽机车，并命名为"复兴号"。是彼时工厂工友对实现中华民族伟大复兴的热切期盼和对支撑起民族工业脊梁的坚定追求。

（七）矿山"大力士"

图 8 为工厂制造出的中国第一台工建型"先锋号"机车模型，实物现保存于中国铁道博

物馆。工建型蒸汽机车是一款欧洲风格的蒸汽机车，由中车大连机车车辆有限公司设计，中车太原机车车辆有限公司生产的矿山运输用蒸汽机车。于 1958 年开始生产，1961 年停产，共制造 122 台。

（八）血脉相承

图 9 为 80 年代我国铁路制服（春、夏、秋、冬款）。21 世纪初，中国铁路管理体制进行了重大变革，一批企业从铁道部剥离出来，企业开始设计具有自身特色的工衣服装。制服成了展现那一时代铁路人精神风貌的历史文物，是人们心中满满的回忆。

（九）重载"巨无霸"

图 10 为韶山 3C 型固定重联电力机车模型。2008 年，成都铁路局为满足其管辖范围内六盘水—昆明东之间的机车跨局轮乘要求，同时缓解贵阳枢纽的调车紧张，增强机车通过能力，委托中车太原机车车辆有限公司开展韶山 3C 型电力机车研制工作。其间公司对两台韶山 3 型 4000 系电力机车进行了重大技术改造，通过机械、电器和制动空气管路的固定重联，组成了一组十二轴大功率重载货车。韶山 3C 型电力机车是我国铁路第一种、也是唯一一台利用大修进行固定重联改造的铁路机车。2018 年在成都铁路局贵阳机务段退役。

图 8　工建型"先锋号"机车模型

图 9　铁路制服

图 10　韶山 3C 型固定重联电力机车模型

（十）运煤、卸砟好"帮手"

中车太原机车车辆有限公司是我国铁路漏斗车主导研发单位，引领了铁路漏斗车60吨级、70吨级、80吨级的升级换代，设计定型漏斗车等专用货车32种，其中70级煤炭漏斗车和石砟漏斗车是工矿企业和铁路干线施工作业应用较为广泛的专用铁路货车，全路保有量约2万辆。

（十一）筑梦大国重器

图11为中车太原机车车辆有限公司刘永红、侯跃龙和牛清源3名技能工匠利用龙门加工中心、气体保护焊机等设备仪器，采用分步退焊手法焊接而成的鱼鳞焊工作艺品"转向架匠心魂"。作品焊池填充饱满、流畅，焊角收弧圆滑，充分诠释了中车人的匠心品质。

（十二）一起向未来

图12为中车太原机车车辆有限公司技能工匠岳殿安以隶书形式撰写的毛笔书法作品《中车赋》，该作品大小21.6平方尺，全篇共分为4段、21句、397字。采用对偶、比喻、比兴、用典等多种修辞手法，既有豪放派风格，又富有浪漫主义色彩。《中车赋》通篇将企业与国家、世界紧密相

图11 "转向架匠心魂"工艺作品展示　　图12 书法作品《中车赋》

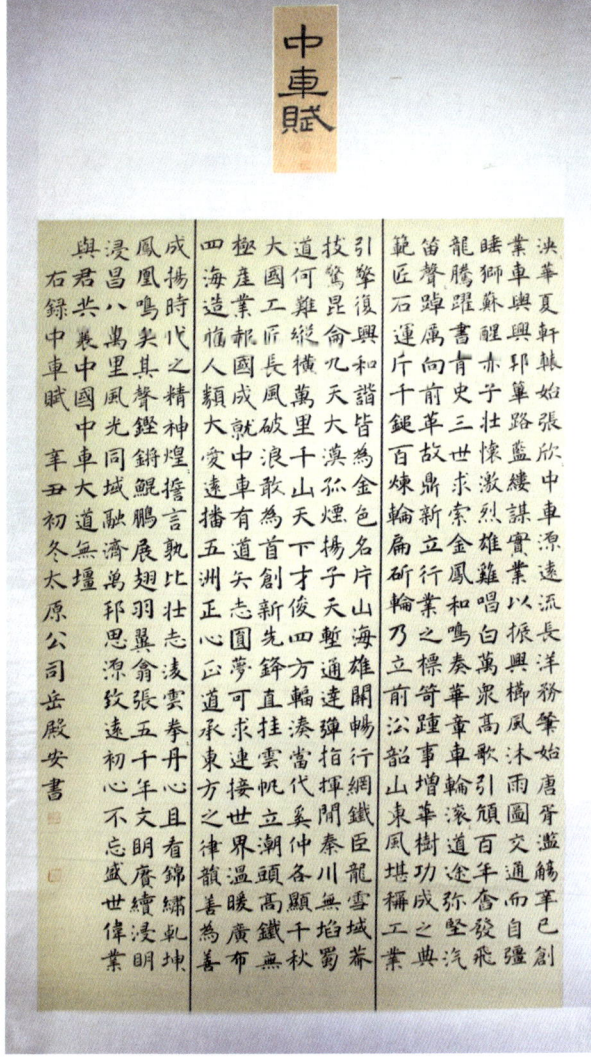

连，体现了中车人的精神气概、勇于担当和伟大作为，具有很强的感染力和号召力。

三、基地活动展示

（一）"我是中车小家属，我为中国中车点赞"科普教育活动

2018年8月15日，基地开展了"我是中车小家属，我为中国中车点赞"科普教育活动。由41名3~15岁的小客人组成的"最萌参观团"，在其父母和相关业务人员的陪同下，参观了基地科普文化展厅、电力机车检修基地、货车出厂线、劳模创新工作室等区域。专业技术人员在模型道具、展板板报等教学工具的辅助下，用通俗易懂的话语为孩子们讲解铁路机、货车知识，带领孩子们领略铁路机车的内部奥妙。在劳模创新工作室内，"晋阳工匠"郭世江生动有趣地为小客人们讲解铁路货车产品知识的同时，利用3D打印技术为孩子们现场打印可爱的小椅子，普及现代制造技术。通过参观活动，增强了小朋友们对铁路知识的了解和兴趣，为普及科学知识，提升下一代花朵的创新意识，探索出了新道路（图13）。

图13 "我是中车小家属，我为中国中车点赞"科普教育活动

（二）"礼赞共和国，智慧新生活"全国铁路科普日活动

2019年9月14~20日，基地开展了"礼赞共和国，智慧新生活"科普活动。举办了图文并茂、内容新颖丰富的智慧铁路科技展览，介绍了铁路货车的类型及运用，在使社会大众深入了解我国铁路机货车历史沿革的基础上，科普了铁路货车各车型及其应用范围。在此期间，基地与太原科技大学交通与物流学院合作开展了"科普进校园"活动，邀请在铁路机车检修领域、货车造修领域具有资深经验的专家向大学生做了关于铁路机车历史沿革和智能技术在铁路货车领域应用情况的科普宣传。通过一系列科普活动的开展，在社会范围内形成了学铁路知识，享科技成果的良好氛围，展现了驻晋央企的社会责任担当。

（三）"走进新国企　探秘火车头"中车全球开放日主题科普活动

2020年9月，基地结合中国中车五周年全球开放日活动，组织开展了"走进新国企　探秘火车头"主题科普活动。邀请30位离退休人员作为"特殊"的客人进厂参观，开展科普宣传，介绍《新时代交通强国铁路先行规划纲要》。与老职工、老领导、老前辈一起共忆"峥嵘岁月"、共赏"铁路新貌"、共享"科技成果"、共展"时代愿景"（图14）。

图14 "走进新国企 探秘火车头"主题科普活动

（四）"玩转科普·带你认识不一样的机车"大型网络科普直播活动

2021年8月31日，基地联合太原市科协、太原市萌芽环保协会共同举办了"玩转科普·带你认识不一样的机车"大型网络科普直播活动。1小时的直播内容共分为山西机械工业的发源地、铁路机货车的历史、火车头里的秘密3部分，分别由专业的专家老师为广大科普爱好者们介绍了山西机械工业的历史沿革、解析了铁路机货车在不同历史时期的车型特点及工作原理、分享了电力机车的内部构造。通过网络直播，基地首次将百年老厂搬上银屏，让更多的铁路科普爱好能够更直观地感受我国铁路工业文明的发展历程及现状。直播点击量达11.3万人次。

四、基地公众信息

（1）微信公众号：太原公司

（2）地址：山西省太原市万柏林区兴华西街129号

（3）开放时间：9:00—16:00（节假日闭馆），需提前预约

（4）联系电话：0351—2649507

中车青岛四方车辆研究所有限公司融合创新展示中心

一、基地总体介绍

（一）基本情况

中车青岛四方车辆研究所有限公司，简称中车四方所，始建于1959年，坐落于美丽的海滨城市青岛，是国内唯一的铁道车辆专业化研究所，是中国轨道交通关键系统技术和产品的重要提供者。中车青岛四方车辆研究所有限公司融合创新展示中心作为中车四方所对外展示的窗口，占地1500平方米，分为"序""立""创""值""愿"5部分，采用多种丰富的多媒体高科技展示手段、以图文并茂的宣传手段和即时互动身临其境的带入方式，让参观者感受中国轨道交通装备产业发展历史，科普中国铁道车辆核心系统技术。融合创新展示中心自2018年建成以来累计接待1000多场1万多人，参观人员涵盖国家部委、政府机关、国内外业主、协会团体、高等院校等，已成为对外积极展示我国铁道车辆核心系统、轨道交通高端装备自主创新发展成果以及"科技自立自强"高端品牌形象的重要基地（图1）。

图1 中车四方所融合创新展示中心大厅

（二）发展沿革

中车四方所融合创新展示中心自2017年规划设计，到2018年11月建成开始对外开放接待。2021年，建成"庆祝中国共产党成立100周年，中国中车创业140周年主题成就展"分展厅。2022年，建成"中车制动创新展示中心"分展厅，同年荣获"全国铁路科普教育基地"称号。

(三)专业特点

作为国内唯一的铁道车辆专业化研究所,中车四方所通过融合创新展示中心对外积极展示中车四方所自主创新发展历程,以及中国轨道交通关键系统技术和产品,是科普铁道车辆知识的重要场所。

基地展示了自1959年建所以来,中车四方所承担铁道车辆"技术研发、产品研制、试验检测、标准制定、信息服务"5大任务,参与中国第一辆双层客车研发、第一辆国产化地铁研制、制定中国第一部铁道车辆整车标准、建成亚洲最大的高低温实验室,始终走在行业创新发展的前列。1978年,凭借多年的创新积累,一举夺得7项全国科学技术大会大奖。1995年起承担青藏车全套电气技术与设备方案的研制任务,首次解决了高海拔电气和供氧世界性技术难题,2005年获得国家科学技术进步奖特等奖等多项自主创新成果。

在关键核心系统和产品方面,系统展示了中车四方所始终坚持"技术研发与技术产业化发展并举"的发展战略,重点发展轨道车辆制动、钩缓、电气、电子、减振、智能装备、绿色节能系统、信号系统等核心产业,为客户提供轨道交通核心系统集成解决方案。通过动车组技术引进、消化、吸收再创新到自主创新,中车四方所已经成功掌握牵引、制动、网络等核心控制系统的板卡级底层关键核心技术,自主化的技术和产品也成功批量运用于以"复兴号"为代表的所有型号高铁动车,覆盖国内所有开通城轨交通运营线路的55个城市,并出口到包括欧美50多个国家和地区,实现了从国产化替代到自主化可控的跨越发展,形成了国内外独有的跨系统、跨专业的技术融合创新优势(图2)。

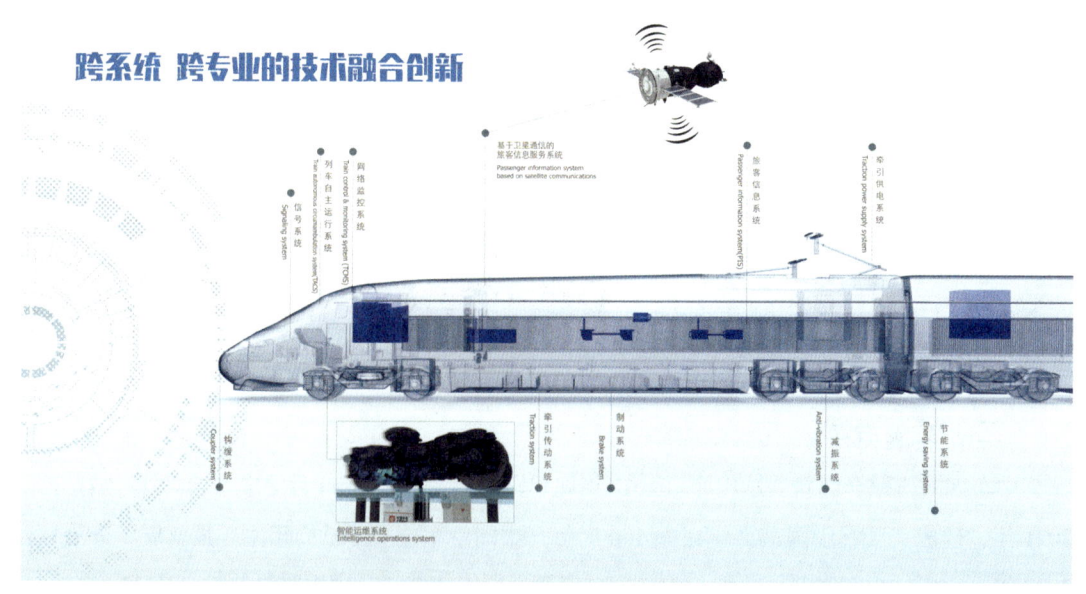

图2 跨系统、跨专业的技术融合创新系统图

面向未来，展示了中车四方所积极开展智能化技术研究和示范应用，加速打造智能运维、智能运行、智能监控、智能供电全寿命周期智能化整体解决方案，主持和参与列车自主运行系统（TACS）、高铁核心机电系统智能制造等14个国家级示范项目，以实际行动引领轨道交通智能化发展。依托上海轨道交通车辆智能运维系统国家级示范工程，"地铁列车全寿命周期管理"项目获得全国设备管理与技术创新成果管理类特等奖。国家示范工程青岛地铁6号线"列车自主运行系统"在国内首次实现车辆、信号的深度融合和地铁列车的自主运行，显著提高城市轨道交通列控系统的智能化水平，真正实现站在国际轨道交通技术前沿并引领行业技术发展方向，使中国轨道交通列车控制技术赶超世界一流水平的数智化转型实践。

（四）专家团队建设

中车四方所共有享受国务院政府特殊津贴专家2人、国家科学技术进步特等奖获奖人1人、茅以升铁道科学技术奖获奖人2人、茅以升铁道工程师5人、火车头奖杯2项、火车头奖杯30人、詹天佑青年奖获奖人1人、泰山产业领军人才1人、青岛市创新创业领军人才3人、青岛市青年科技奖获奖人3人、中车科学家3人、中车首席技术专家7人、中车核心技术人才220人、中车核心管理人才18人，卓越的专家团队成为企业创新发展的顶梁柱，同时也是中车四方所融合创新展示中心建设和运营的强力支撑。

（五）科普人才队伍建设

基地拥有专职兼职科普宣传员及讲解员队伍，其中科普宣传员40人、讲解员20多人；基地的展示策划、活动组织策划队伍5人。队伍定期开展讲解培训和竞赛来持续提升和丰富基地科普人才对软实力宣传的职业能力以及展现方式。

（六）科普工作制度建设

基地的科普教育工作由中车四方所专家委员会领导，由党委宣传部（企业文化部）和技术管理部归口管理，依托《企业文化建设工作制度》，结合融合创新展示中心的特点制定完成了《展示中心管理规定》等相关规章制度，对科普工作机制组织建设、制度建设、队伍建设、科普机制探索等进行了详细的规定，为科普工作的制度化和规范化奠定了坚实的基础。

（七）取得的成绩和荣誉

荣获2022—2025年"全国铁路科普教育基地"称号。

（八）发展规划

围绕中车四方所技术和产业发展历程，以清晰易懂的方式持续讲好"中国高铁故事"，聚焦铁道车辆技术未来发展方向，以沉浸互动的方式不断升级展厅展示内容和方式，让参观者更好地了解中国铁道车辆产业发展历程。未来着力做好以下工作。

1. 丰富展示中心展示内容

围绕中车四方所积极打造的全寿命周期智能化整体解决方案，细化高速动车组牵引、网络、制动、钩缓、减振和旅客信息等系统内容，进一步呈现铁道车辆技术发展历程。

2. 突出沉浸互动体验

立足参观者体验，提升司机台、智慧车窗等既有展示系统的互动性，采用全息投影、裸眼 3D、虚拟现实等方式展现未来智慧轨道交通技术发展方向和成果，满足研学实践和铁路科普需求。

3. 加强科普课程开发

从"产业报国""科技自立自强""智创智造"等维度进行深入挖掘，不断开发符合中小学生、新进员工和社会公众的科普讲解课程。

4. 发挥展示中心发布作用

统筹全年重大铁道车辆产品谱系宣传活动，设计发布会，组织大讲堂等活动，结合国家、行业、公司发展中的重大节点，开展科普宣传。

5. 推进相关资质申报

持续推进中车四方所融合创新展示中心相关基地的申报申请，不断提升展示中心科普水平和成效。

二、基地建设特色

1. 创新之核魔方

采用裸眼 3D 的技术手段，打造了一个光影交织的四方体，寓意着第一代四研人从四面八方汇聚于此，通过艰苦奋斗和自主创新开启了铁道车辆技术全新的发展篇章，是四方所 60 余年创新驱动力的代表与缩影，是四方所创新文化与创新基因的象征，激励着一代又一代四研人坚持产业报国初心，牢记领先领跑使命。

2. 整车三维投影

采用融合投影技术，以实车模型为基础，动态展现了四方所制动、钩缓、牵引、网络等 10 多种关键核心技术和产品全面应用于动车组和城轨列车，是产品种类最多、供货范围最广的核心配套企业。同时也展示智能设计、智能制造、智能运维、智能检修等全寿命周期解决方案（图3）。

3. 弧幕影院

采用融合投影技术，将由受人驱使的列车拟人化，展现中车四方所依托国家发改委示范工程——列车自主运行系统（TACS），通过融合创新研发TACS，基于车-车通信技术和一体化安全平台打造多系统深度融合，列车之间可通过无线通信完成信息交互，从而直接获知前行列车的位置、速度和线路状态，仿佛变成了独立思考的"钢铁侠"，实现列车自主调整、主动进路、自主防护与全自动驾驶，实现了从系统集中控制到分布式控制、从列车自动运行到列车自主运行的技术跨越。

图3 中车四方所融合创新展示中心整车投影

4. 制动系统展项

采用投影、实物、模型等手段，展示了在以人力制动、空气制动、电空制动和微机控制制动为特征的四代制动技术发展过程中，中车制动勇担使命，或填补技术空白，或开创技术先河，一次次推动国产制动系统产品从无到有、从弱到优的飞跃，现在已经实现了高速、高原、高寒、重载、城轨、多元领域全覆盖。中车制动技术60年来走过的从无到有的艰辛历程，是我国轨道交通事业坚毅前行、自主发展的一个典型缩影。

5. 钩缓系统展项

一列常规的高铁只有8节车厢，当客流量很大的时候，可以通过重联变成16节车厢，可以多拉一倍的人。而实现这个功能的，就是头车车钩。头车车钩不仅可以传递动力，还能够连通列车间的气路和电信号，实现两列车之间牵引、制动、网络等系统的全方位同步，让这对高铁CP不仅"手拉手"，还能"心连心"。除"牵手"连接列车车厢、传递动力之外，车钩还能提供纵向缓冲，是"高铁硬币不倒"的重要原因之一（图4）。

图4 中车四方所融合创新展示中心钩缓系统

6. 中车创业 140 周年展览

全面展示了 1881 年创业以来从"龙号"到"复兴号"高速动车组，从时速 30 千米的中国第一台蒸汽机车到时速 600 千米高速磁浮列车下线，从一个个铁路工厂艰难起步到高铁动车"金名片"享誉全球，以及国家百年来的沧桑巨变及中国轨道交通产业在中国共产党领导下取得的成绩。纵观中车 140 年创业史，中车的命运始终与民族兴衰紧密相连。

三、基地活动展示

参加全国（铁路）科普日、科技活动周等重大科普活动，组织轨道交通行业活动、相关亲子活动和中车日等专题品牌科普活动，组织在校生研学实践教育课程，与政府、企事业等进行社会化科普活动，利用互联网、手机等新媒体开展线上科普活动等。

（一）扎实开展科普工作

中车四方所融合创新展示中心扎实开展科普工作，作为一家高科技企业走在了青岛市乃至山东省科普工作的前列。2018 年、2020 年两次荣获全国优秀科普微视频作品大奖，积极传播中国高铁的金色名片形象，展示了大国重器的科技创新实力。《地铁自主运行拟人版》获 2018 年度全国优秀科普微视频作品，《揭秘高速列车如何跨国运行——变轨距转向架地面变轨装置》荣获 2020 年度全国优秀科普微视频作品。

（二）组织开展"走进中车"活动

2019 年，组织开展了首次"走进中车"活动，来自青岛实验高中的同学走入中国铁道车辆核心系统的研发内核，近距离了解高铁之内的"隐形冠军"。在中车四方所融合创新展示中心，通过学习了解中车四方所历史、技术产品、文化理念，老师们和同学们被中国装备制造业蓬勃发展的气象所惊讶，纷纷表示不虚此行，后续将对标学习，将匠心精神运用到工作学习中（图 5）。

图 5　青岛实验高中开展社会实践活动

（三）组织开展轨道交通装备产业链"专精特新"企业对接交流攻关活动

2021 年，省内 30 多家知名企业走进中车四方所融合创新展示中心，感受红色中车，感悟中车发展伟力，点赞中车速度。此外，基地同时承担青岛主办的 2021 年"企业管理企业行品牌公关"活动，青岛市组织本地 36 家单位 50 多位来宾到中车四方所融合创新展示中心参与活动，活动中，与会议代表参观展示中心，展现了中车创新实力，积极宣传推广了中车品牌形象（图 6）。

图 6 "红色信物 创新传承"专题党史学习教育科普活动

（四）组织开展"探访大国重器 弘扬工匠精神"主题媒体公关活动

2021 年，邀请环球网、今日头条、网易、半岛都市报、青岛电视台等媒体参观四方所发展成就，同时，组织承办中国中车反向路演活动，宣传中车创新实力，推广中国中车品牌。

（五）组织开展"青岛游学、走进中车"系列活动

2021 年，华中科技大学机械科学与工程学院师生走进四方所探访大国重器，感悟红色中车，体验百年伟业，激发磅礴动力。复旦大学管理学院走进四方所，感悟红色中车百年伟业，了解高铁核心技术，学习四方所现代管理经验，感受中国中车品牌伟力。

（六）承办"喜迎二十大'添彩'中车梦"主题亲子活动

2022 年，在第 5 个"全国科技工作者日"和第 72 个"国际儿童节"即将到来之际，基地承办了"喜迎二十大'添彩'中车梦"主题亲子活动，邀请了中车四方所 100 多名员工子女来到基地感受中车文化，学习高铁知识，欢度儿童节。中车员工与子女通过活动中的学习与体验充分感受了中车企业文化，提升了对轨道交通行业的了解和认识，为行业播下崭新的火种（图 7）。

图 7 "喜迎二十大'添彩'中车梦"主题亲子活动

四、基地公众信息

（1）微信公众号：中车四方所
（2）开放时间：8:00—17:00

中车石家庄车辆有限公司

一、基地总体介绍

中车石家庄车辆有限公司是世界五百强——中国中车股份有限公司的全资子公司，其前身是正太铁路石家庄总机厂，始建于1905年，是河北省会石家庄城市发展历史上第一座工业企业，曾被老石家庄人亲切地称为"铁路大厂"。历经百年沧桑，已发展成为拥有4000多名员工，集铁路货车、轨道装备空调、城轨车辆、新能源汽车、环保新材料、冷链物流装备等多种产业协同发展的现代大型企业（图1）。

公司的厂史馆，占地面积1000平方米，分为"百年印迹"和"石门星火"两个展馆，系统讲述了"火车拉来的城市"——石家庄的城

图1 基地外景及全景组图

市发展史、中国共产党领导下的石家庄市红色革命斗争史、石家庄市区内第一座工业企业百年发展史和铁路货车、轨道装备空调、城轨车辆、新能源汽车、冷链物流装备等新兴高端装备制造产业的相关科普知识。作为高端装备制造企业，公司拥有完整的铁路货车、城轨车辆、新能源汽车工艺生产线，可以为研学旅行的中小学生提供现场零距离的参观体验，感受工业制造的"美与力量"（图2）。

在游览公司展馆中，让同学们通过历史图片、实物、多媒体展示等载体，了解石家庄历史最悠久的工业企业红色革命史与发展史，认知石家庄市由村庄发展成为城市的变迁过程。通过现有的40多部研学实践教育课程，满足大、中、小学生对铁路轨道交通装备研学和求知需求。

公司培养了一支兼职讲解员、安全员、辅导员队伍，共有30多人，在开展科普活动时提供讲解服务和安全保障。服务队伍每年进行专题培训和星级评定，巩固和提升服务技能。

2016年公司获批石家庄市文化广电和旅游局"石家庄市工业旅游示范点"称号，2020年获批石家庄市教育局"石家庄市中小学生研学实践教育基地"，2021年获批石家庄市总工会"石家庄市职工思想政治教育基地"，2022年获批"石家庄市爱国主义教育基地""河北省中小学劳动与研究实践教育基地"和"全国铁路科普教育基地"。同时，公司被石家庄铁道大学、石家庄市二十三中学授予"社会实践教育基地"。

图2 中车石家庄车辆有限公司厂史馆（党史馆）组图

二、基地建设特色

（一）"无役不从"孕育红色基因

作为石家庄市重工业的摇篮和近代化的标志，这里诞生了石家庄市的第一名共产党员，第一个党小组，第一个党支部，第一任党的石家庄市委书记，第一个市区内的红色工会组织，第一个共青团组织，第一位石家庄市全国党代会党代表，第一位中华全国铁路总工会委员长，第一名女共产党员。工厂工人先后在党的领导下组织和参加了正太铁路大罢工，同情二七大罢工，支持"五卅"反帝爱国运动大罢工，并先后参加抗日战争、解放战争、抗美援朝战争，被无产阶级革命家陈毅元帅誉为"无役不从"的光荣老厂。

無役不從

陳毅

图3　陈毅元帅题词

1969年10月25日，陈毅元帅在工厂调研时说，"我党领导的革命斗争，你厂工人都参加了，可以说是'无役不从'啊！"并欣然写下"无役不从"4个字，高度评价了工厂工人为中国革命事业做出的贡献，彰显了无畏的革命精神和浓浓的爱国情怀（图3）。

由德国克虏伯公司、比利时乌格雷公司、法国托马斯热福钢铁厂、英国巴罗赤铁矿钢铁有限公司等企业生产的一批老钢轨，于公司搬迁前夕在老厂区被发现。铭文显示，这些老钢轨分别生产于1900、1902、1903、1905、1907等年份，它们不仅揭示了中国近代早期铁路建设与世界各国之间在材料供应和技术来源方面的密切联系，而且佐证了中国近代铁路建设的萌芽与肇兴、公司百年发展壮大的坎坷与辉煌，具有重要的铁路工业遗产保护和历史学术研究价值。

1922年9月3日，在中国共产党的领导下，石家庄正太铁路工业研究会传习所成立，12月更名为正太铁路总工会，开始领导工人运动，是石家庄最早的工会组织（图4左）。

1926年1月，彭真在石家庄领导工人运动期间，代表正太铁路总工会，向12名工人纠察队队员每人颁发了一枚银质五星义勇奖章，以表彰他们活捉出卖高克谦的工贼、舍身斗争的英雄壮举（图4右）。

图4　正太铁路总工会会徽、工人纠察队银质义勇奖章

石家庄第一任市委书记陈梅生使用过的柳叶刀、"二七"老工人李德存使用过的老工具箱，这些宝贵的历史物件，由先辈们的后人捐赠给公司，时刻昭示着我们继承先辈遗志和优良传统，建设美好新生活。

1941年侵华日军占领工厂时修筑的大水塔，凝聚着中国劳工的血汗。当时水塔的主要功能是为蒸汽机车补水，后来一度成为石家庄市地标性建筑。在1947年解放石家庄的战役中，高大的水塔发挥了地标和指挥所的作用，解放军在这里关押和审讯了被俘的国民党守军师长刘英。

（二）"国家名片"引领高端装备制造

依托中车的高端技术平台，中车石家庄公司以"服务铁路运输、服务城市交通"为发展方向和企业定位，建设集轨道交通装备绿色制造商、城市智慧交通综合解决方案提供商和产业数字化服务商于一体的一流企业。

城市立体化交通综合解决方案沙盘模拟城市立体化交通，涵盖了公司产品：铁路货车、轨道装备空调、城轨车辆、新能源汽车、环保新材料、蓄冷式智能冷链装备等，生动展现了中国中车发展战略与城市交通布局的深度融合（图5）。

"石家庄地铁石家庄造"。自2016年3月首列石家庄造地铁下线以来，公司已向石家庄市提供地铁车辆45列，服务于省会地铁2、3号线，以安全、平稳、舒适兑现了向用户和市民的承诺。

图5 城市立体化交通综合解决方案沙盘

保卫蓝天、绿色发展，依托国内领先的电机、氢能源等关键技术发展新能源汽车产业，公司出品的多款新能源汽车，已服务于石家庄、邯郸、邢台、唐山等地。

公司研发的蓄冷式智能冷链装备（俗称"移动冷库"），以"无源释冷、绿色环保、恒温恒湿、一箱到底"的性能优势，在勇担运送抗疫果蔬、云花出滇、中老铁路物资运输等重任中获得广泛赞誉。

公司致力于打造智能轨道快运系统，它是集自主导向、轨迹跟随、全电驱动、智能驾驶等功能为一体的安全、高效、绿色的新型中运量轨道交通方式，将为未来智慧城市交通贡献最佳方案。

公司将历史文化、特色产品、流行元素充分结合，精心策划设计了文化衫、优盘、背包、车模、饰品挂件等一批具有鲜明中车特色的文创产品，作为基地之行的纪念，给来访者留下更深刻的印象。

（三）丰富"看点"，用心设计参观路线

参观活动可根据宾客自身需要选择参观路线，路线中共有建设型蒸汽机车、厂史馆、铁路货车车间、新能源汽车厂房、城轨车辆厂房、科普视频、火车模型拼装等多个可参观可体验的环节。

（1）建设型蒸汽机车。通过现场实物零距离观看和听讲解，让来访者了解蒸汽机车发展历史，了解中国解放、前进、上游、建设、人民五大蒸汽机车发展历程，知晓蒸汽机车结构组成等内容（图6）。

（2）厂史馆（党史馆）。通过参观展厅和聆听讲解员的讲解，系统了解正太铁路历史、中车石家庄公司历史、石家庄城市肇兴发展以及三者之间的紧密联系，知晓石家庄公司产业

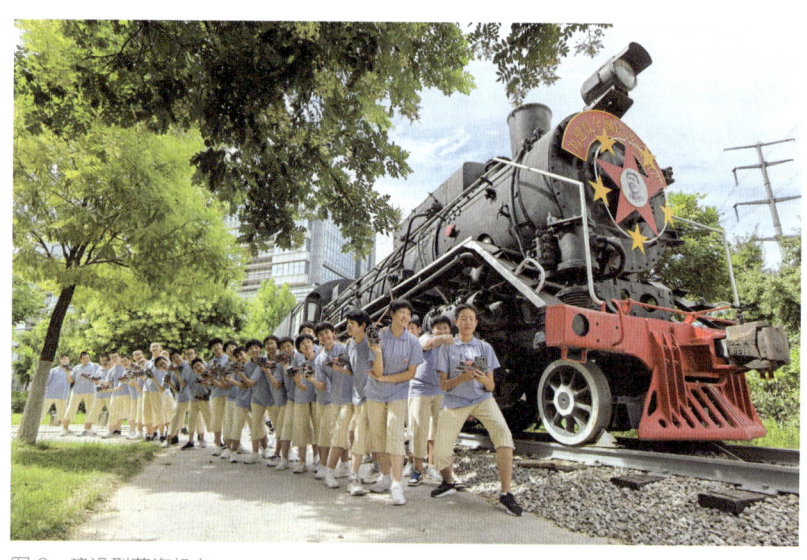

图 6　建设型蒸汽机车

结构和产品、中国中车品牌文化等（图 7）。

（3）铁路货车车间。通过走进铁路货车车间，了解铁路货车生产全流程，以及铁路货车如何从一块块钢板变身成为一辆辆崭新的铁路货车（图 8）。

图 7　厂史馆中的百年老钢轨

图 8　铁路货车车间

（4）新能源汽车厂房。通过与产品零距离接触，了解新能源汽车制造全流程，试乘车体验环节，让来访者切身感受到中国中车强大的研发生产制造能力（图 9）。

（5）城轨车辆厂房。了解城轨车辆制造的主要环节，植入"石家庄地铁中车造"概念，树立中车高端装备制造形象，提升"中国中车"品牌信赖度，形成口碑推广效应（图 10）。

（四）工业雕塑彰显行业特色

在公司厂区内，分布着 10 组具有行业特色的工业雕塑。2019 年，公司历时几个月，策划和制作了这些寓意积极向上，展现产业工人力量和对企业热爱、美好企盼的工业雕塑。它

图9　新能源汽车厂房

图10　城轨车辆厂房

们取材于铁路货车的废弃部件，摇枕、侧架、交叉杆、车轮、车轴、车钩等，经过切割、加工、组合、上色，华丽转身成为一件件艺术品，工业雕塑提升了石车的艺术韵味，彰显了铁路工业企业厚重有力，寄托了员工的美好愿望，以及产业报国的责任担当（图11）。

（五）开发科普课程，彰显社会责任

中国中车拥有141年光辉历史，是国家"金名片"高端装备走出国门的代表作，习近平总书记历次视察中车并作出重要指示，公司是全国最大的铁路货车造修基地之一和省会地铁列车、新能源城市公交车生产制造商。凭借这些优势，公司编制了以铁路机车车辆发展历史，石家庄城市发展变迁历史，石家庄红色革命历史，铁路机车车辆、新能源汽车研发制造三大模块、三大主题，共计40部适

图11　工业雕塑组图

图12　研学实践教育课程

用于小学、初中、高中不同年龄段的研学实践教育课程，形成了省会特有的社会科普研学实践课程体系。自主研发设计了符合社会科学科普教育的研学地图实践手册，用知识问答和地图打卡的形式激发青少年学习兴趣，寓教于乐（图12）。

三、基地活动展示

（一）政务接待和商务活动

中车石家庄公司地处石家庄市装备制造基地，作为百年"铁路大厂"，具有浓厚的铁路工业特色，同时作为石家庄市装备制造业的领军和窗口单位，引领着城市交通装备发展航向，代表着国有企业和所处地域的装备制造水平。因此，政府机关视察指导和商业实体来访频繁，公司接待团队利用这些契机，普及石家庄历史、铁路和城市交通装备知识，充分展示行业魅力和企业文化，赢得政策支持和合作机会（图13）。

图13　政务接待和商务活动

（二）开放日活动

每年，公司以"9.28中车日""9.29建厂日"以及新产品下线交付等为契机，开展火车探秘和观摩交流等各种形式的开放日互动活动。近5年来，举办活动20多次，接待2000多人，开放对象群体包含但不限于新闻媒体、社会团体、专家学者、兄弟企业、员工家属等。使社会公众对"火车拉来的城市"和高端装备制造业有了更多更深的了解，树立了"城市品牌"和"国家名片"的良好形象（图14）。

图14　中国中车全球开放日

（三）工业旅游项目

工业旅游是传播形象和实施科普的重要途径。公司工业旅游项目主要瞄准在校大、中、小学生及幼儿研学教育和亲子游学，其次是中老年红色爱党爱国教育、高端装备制造业工业参观游。工业旅游活动分为半天活动和全天活动两个模式，共有蒸汽机车、形象展厅、铁路货车、新能源汽车、城轨车辆、科普视频、火车模型拼装等多个可参观可体验的环节，游客可根据自身需要选择参观路线（图15）。

公司于 2016 年 12 月 21 日成功获批石家庄市工业旅游示范点，经过建立健全制度办法、增设设备设施、培养接待队伍、参观路线规划、科普课程开发等各项准备工作，于 2017 年 11 月 26 日迎来首批游客，成为中车第一家正式运营的工业旅游企业。基于长远发展的目标，公司于 2019 年年初，将"旅游服务"正式纳入公司章程和经营范围，工业旅游项目实现制度化、规范化、产业化。

图 15　亲子游学社会实践大课堂

目前，公司已与多家旅行社和研学机构达成长期合作关系。游客除多数来自石家庄地区外，还有周边省、市，如天津市、山西省的游客等，甚至还有上海市的青年研学团慕名而来。截至 2023 年 3 月，累计接待游客 200 多批次，共计 1.2 万多人。

四、基地公众信息

（1）微信公众号：石车天地

　　　抖音号：中车石家庄车辆有限公司

（2）抖音科普专栏：CRRC 石家庄公司研学科普教育

（3）开放时间：8:00—17:00，每日最大接待量为 1000 人

（4）地址：河北省石家庄市栾城区裕翔街 168 号

胶济铁路青岛博物馆

一、基地总体介绍

胶济铁路青岛博物馆位于胶济铁路的起点青岛火车站，于2021年12月31日建成开放，是一座反映胶济铁路诞生发展的专题性展馆。展区面积1480平方米，馆藏文物、展品和图片实物1400多件。展区由五个展厅组成，主题分别为"起点""联接""抗争""铸魂""腾飞"，以回眸的视角俯瞰100多年来胶济铁路的发展历程以及对中国近代史的影响，展示了铁路与城市之间密不可分的关系，充分体现了"胶济零公里、城市新起点、时代领跑者"的建馆主题。胶济铁路博物馆青岛馆建成后，与胶济铁路博物馆济南馆"一体两翼、首尾呼应"，形成了文化济铁新坐标（图1）。

图1 胶济铁路青岛博物馆外景

胶济铁路青岛博物馆立足胶济铁路"零公里"起点，以百年胶济精神文化脉络和科普研学价值为重点，充分发挥服务优势，成为济铁文化传承平台、爱国爱路教育基地和路地合作文化交流桥梁的平台。博物馆注重加强专业化管理运营，开馆以来制订了开展科普工作的长期规划和年度计划，确定年对外开放天数270天。博物馆自2022年1月1日正式开馆运营以来，到2023年3月，接待参观人数已达到3.6万人，成为山东省内知名专题铁路展馆。

博物馆场所内设高铁、机务、车辆、工务、电务、供电、经营开发、劳模创新等铁路系统专业科普展区1处，设施设高铁模拟驾驶和VR影院1处，展区面积1200多平方米（图2~图4）。

各展区播放《放眼看世界》《路权收回后的艰难发展》《第一台国产八一号》《机械原理》

《碑心石》《客运服务 品牌引领》《百年胶济 高铁逐梦》等科普专题视频，通过声、光、电及科技手段与互动体验内容相结合，向参观者普及铁路工业发展史、铁路运营管理，展示铁路现代科技，具有强烈的科技感和体验感。

配备开展科普工作专兼职人员11人，与中国铁路济南局青岛地区各站段开展志愿者队伍建设管理。制定了科普业务培训制度、科普教育活动计划安排、《胶济铁路博物馆志愿者管理实施细则》等制度。

胶济铁路青岛博物馆建成后，与胶济铁路博物馆济南馆形成"一体两翼、首尾呼应"的文化济铁新坐标。开馆以来，推出"探索铁路奥秘""藏品里的胶济铁路史""高铁发展成果"系列研学项目，成为青岛地区中小学生的首选实践教育基地。编写了《藏品里的胶济铁路史研学手册》《带小朋友走进胶济铁路青岛博物馆100问》等研学教材，激发爱国爱路热情，增强研学活动的实践性和趣味性。

胶济铁路青岛博物馆近期发展规划：聚焦交通强国、铁路先行，充分发挥铁路工业资源优势，注重亲身体验参与实践活动，进一步推进科普教育基地建设。胶济铁路青岛博物馆开馆后，将充分利用现有的科普档案，结合声、光、电等多媒体手段，设计开发铁路科普展品，把深奥的科技知识通过通俗易懂的方式展示给大众，增强吸引力，让更多的参观者到胶济铁路青岛博物馆来参观并接受教育。

图2 博物馆展厅蒸汽机车模型

图3 博物馆展厅复兴号模型

图4 博物馆展厅铁路零件模型

（1）设计开展专业系统的研学课程方案，通过拓展功能区域，增加高铁模拟驾驶、VR4D影院铁路知识动态普及，增加体验式教育和研究性学习，与研学专业机构深入合作，进一步提高博物馆展示内容与学校课程融合度。

（2）加强铁路资源融合，充分利用胶济铁路沿线的坊子、峪山等胶济老工业建筑资源，立足胶济零公里，重走胶济铁路，了解铁路百年变迁，感受中国铁路的发展历程。

（3）和中小学、社区联合，进一步改善铁路科普研学旅游交流观摩的基础条件，把铁路科普的课堂设置在铁路运输一线运营场景中，提升铁路科普的实践性和体验感（图5）。

图5 博物馆VR4D影院

二、基地特色展品

1. 胶济铁路零公里主题雕塑

胶济铁路零公里雕塑设计简洁，寓意丰富。零公里雕塑由一个圆环和3条平行的钢轨组合而成，圆环的设计源于机车车轮，雕塑以圆环表现胶济铁路"0公里"的主题，"0"象征了胶济铁路从无到有、从零起步到腾飞发展的巨大生命力，"0"也象征了青岛站是胶济铁路零公里起点站，象征了胶济铁路是国铁济南局的历史起点。3条平行的钢轨分别选用胶济铁路修建初期的钢轨、胶济铁路复线建设时期的钢轨、高铁时代的钢轨，3条钢轨的制造年代分别对应了在胶济铁路使用的蒸汽机车、内燃机车、高铁动车3种主力机型的更新换代，钢轨是铁路的重要基础部件，3条钢轨象征了胶济铁路技术装备的升级发展。3条钢轨前后错落，既营造出机车行驶过程中的速度感和运动感，也表达了铁路人奋进向前的精神。3条钢轨还象征胶济铁路从最初的一条单线铁路，发展成为胶济铁路、胶济客专、济青高铁"三条铁路，六线并行"的大运能通道。

2.《中国》

《中国》全称《中国——亲身旅行和据此所作研究的成果》，共五卷附两册地图集，德国地理、地质学家冯·李希霍芬著。1868年至1872年，冯·李希霍芬先后两次到中国14个省区进行实地考察。这套著作从1877年到1912年陆续在柏林出版，对中国的地质、地形、交通、经济、居住条件等许多方面都做了论述。冯·李希霍芬的意见对德国推行霸权主义，侵略山东政策的制定影响重大,他本人也充当了欧美资本、特别是德国资本向中国扩张的开路人角色。

3. 德制钢枕

胶济铁路是中国第一条使用德国钢枕超过300千米的铁路,后来钢枕逐渐被木枕、混凝土枕代替。钢枕的主要优点是：不怕火烧；不担心蛀虫；生产过程简单；承受荷载大；可提供较大的纵、横向阻力,牢固保持轨距；可通过电焊进行破损修补；回收率高,废钢回收高达70%。不过,钢枕也有明显的缺点：与其他轨枕相比造价高；在有绝缘需要的线路上不能使用；容易被酸性土壤、工业气体、阴湿和空气中的盐分侵蚀；列车通过时产生的噪音较大；到冬季容易出现裂痕甚至折断。胶济铁路就出现过这种情况,1926年,在原有轨枕之间增加9根钢枕,折断情形才完全终止。钢枕长2.4米、高80毫米,底宽184毫米,重50千克,两端弯曲。采用角形鱼尾板,长675毫米,总横断面39.912平方厘米,总重量19.535千克,最高负荷为每平方毫米7.62千克。

4. 劝认集金赎路送款单

一战结束后的巴黎和会上,西方列强无视中国利益,把德国在山东包括胶济铁路的全部权益让给日本,引发了轰轰烈烈的"五四"爱国运动,中国代表拒绝在和约上签字。直到1923年1月1日,中国政府才经过华盛顿会议的艰苦谈判,收回了胶济铁路路权,但需要支付日本4000万日元赎金,赎路款未偿清前,胶济铁路车务长、会计长由日本人担任。收回胶济路权令国人振奋,但筹款赎路计划最终失败,4000万日元赔款本息全部由胶济铁路承担。但此后战事频发、时局不稳,铁路收入不稳定,几经努力每年仅能勉强支付利息,距离还清巨额本金遥遥无期。最终,胶济铁路力图振兴的步伐随着1937年七七事变日军的全面侵华,止步于此。"劝认集金赎路送款单"和存根,就是当时国人筹款赎回胶济铁路的见证和凭据。

5.《胶济铁路接收记》

1923年1月1日11点半,胶济铁路移交仪式在即将成立的胶济铁路管理局隆重举行。中方接管人员与日方各主管人员进行详细交接,并逐一点收。至1月31日,胶济铁路管理权及行车权已由中方路局全权接管,《胶济铁路接收记》就记录了这一过程。胶济铁路的收回,是中国首次通过外交谈判形式收回路权,是中国近代史上具有里程碑意义的一次外交胜利。中国虽收回胶济铁路主权,但日本握有胶济铁路债券及车务长和会计长两个关键职位,依然在很大程度上操纵胶济铁路,对山东的政治、经济也依然影响巨大。

6. "胶济铁路总工会四方分会执行委员会"图章

1925年2月,在中国共产党领导下,胶济铁路工人率先在四方机厂举行大罢工。3月,胶济铁路总工会正式成立，下设青岛、高密、坊子、张店、济南、四方机厂6个分会，成为青岛历史上第一个行业总工会，拉开青岛工人运动的序幕。4至5月，胶济铁路总工会积极声援"青岛惨案"和上海"五卅惨案"抗议活动，并与青岛其他行业工会联合成立了"青岛工界援助各地惨案联合会"，成为青岛第一个全市性工人联合组织，"开山东工人阶级斗争的纪元"。这枚图章也成为"红色胶济"的历史见证。

7. 华东支前抢修铁路纪念章

在淮海战役中，后勤运输成为决定战争胜利的关键。据《淮海战役史》记载：淮海战役期间，铁路工人和民工积极抢修铁路，共抢修68座铁路桥梁、228座涵洞，修复铁路共计110千米，铁路对支前运输发挥了重要作用，为淮海战役取得最后胜利做出了贡献。1949年华东局支前委员会特制颁发了一枚纪念章，铜质，设计为不规则的扇形，红黄底色，正中镌"华东支前抢修铁路纪念章"3排文字，下方刻绘有满载军事物资隆隆向前方开进的列车图案。

8. 路签机

19世纪50年代，为了防止出现火车相撞情况，应用了"时间间隔"加"闭塞"的行车方法，路签机诞生了。如果司机不到站把路签交到站长手里，站长就无法将路签放入路签机，前方站也就无法开通区间道岔。在不停车的小车站，工作人员会把路牌放入路签上的牛皮袋中，并把它挂到出站方向，站台末端的路签接收器上。火车进站时，司机先把从上一站带来的路签套进路签接收器中，在火车离站时，司机迅速摘取之前挂好的路签，作为进入下一个区间的凭证。

9. 模拟驾驶

从青岛开往济南的动车模拟驾驶体验展项。空间按照1∶1模拟高铁驾驶舱搭建，观众可以体验模拟驾驶，驾驶体验过程中可以进行鸣笛、加减速等操作，中途设置了动车会车的场景。胶济铁路的最高时速是200千米/时，为了让观众体验高铁速度，所以在视觉上实现了更高的速度。透过前方的"窗户"，实景穿越青岛、青岛北、潍坊、淄博、济南东、济南站，济青旅途间的美丽风景尽收眼底。

10. VR4D 影院

观看《胶济铁路的前世今生》。戴上VR眼镜，坐上时光列车，穿越到一百多年前，开启一段百年铁路风霜之旅。影片讲述了胶济铁路建设历程中人民不断抗争、奋斗的故事。一条胶济线浓缩了百年的屈辱和新生的荣耀，体现了胶济铁路在艰难困苦中百折不挠的进取精神，见证了今日之中国铁路生机蓬勃、活力迸发、前程远大。

三、基地活动展示

胶济铁路青岛博物馆以铁路历史为基础，以现代化高科技展陈手段为载体，面向大众普及铁路知识，展示铁路发展成就，激发青少年的爱国爱路情怀，作为国铁济南局集团公司教育平台，胶济铁路青岛博物馆充分发挥博物馆在"科普教育"阵地建设中的作用，提高科普教育工作影响力。围绕完善基本参观功能、增加场馆的科技常识普及，让大众通过铁路发展了解国家科技进步，努力打造铁路文化品牌，获得了良好的社会效益和经济效益。

开馆以来，分别和青岛市博物馆学会、青岛市南区文旅局、青岛市南区图书馆、青岛市北区委党校红景校区管委会、各博物馆进行胶济铁路科普教育交流研讨。联合青岛市新华书店书城、青岛市市南区文旅局、市南区图书馆，开展"跟随《青岛文化地图（续篇）》走进胶济铁路百年历史"主题交流，以"塔楼的时间刻度——青岛火车站的历史变迁"为主题，讲述中国近代史的风雨沧桑，回顾胶济铁路的发展历史和百年老站青岛站的历史变迁。与青岛电视台联合制作播出《探秘百年胶济线，见证火车变迁史》，向社会进一步宣传铁路知识。积极参与青岛市市南区22家注册和备案博物馆联盟，携手共同深入开展铁路科普教育，讲好城市故事，担当起保护传承和弘扬城市文化的使命（图6）。

深入开展科普研学活动。开馆第二天即策划开展铁路主题研学活动首发团，组织50名小学生和家长到博物馆参观。和人民网人民视频栏目加强合作，在新冠肺炎疫情期间开展云上研学活动。2022年4月30日上午10点，人民网人民视频直播"这就是中国速度"首播——云游胶济铁路青岛博物馆，感受胶济铁路百年发展历程和伟大飞跃，"体验"高铁的中国速度。于5月1日推出"疫情不躺平，云上看胶济"铁路主题云上研学课堂，来自青岛市南区50余名学生和家长参与云上直播课堂。组织举办9期"新起点"专题读书活动，开展铁路知识专题学习研讨，多方面多举措普及铁路知识（图7）。

图6　博物馆讲座

图7　"云游胶济铁路青岛博物馆"节目

精心策划青岛客运段、青岛动车段、淄博工务段等铁路站段的主题党日活动、新入职大学生胶济铁路史培训教育、"走进胶济铁路百年历史"专题讲座等活动，展示胶济铁路百年历史，宣传铁路发展成就和铁路的科技进步。配合地方媒体开展"文旅青岛""大家来收藏""生活快线"采访及广播视频直播活动，与《青岛画报》策划"胶济铁路青岛博物馆：零公司启程，穿越进年风云"专版、与《高铁易行》策划"追寻铁路印记，聆听铁路故事""铁路老物件，诉说大历史""胶济铁路上的百年老站""胶济铁路青岛博物馆展品观博"等专版，向社会广泛宣传铁路的发展成就（图8）。

图8 主题党日活动

以研学旅行为载体，对接青岛市南区文旅局，以"重返胶济铁路零公里，探寻百年富强路"为主题，设计铁路研学主题课程，积极参与青岛市2022年百场公益研学活动，推出"胶济百年红色力量""藏品里的胶济铁路史"研学课程，组织53场次中小学生藏品里的胶济铁路史、高铁模拟驾驶体验、胶济铁路百年历史VR影片观影、铁路小知识问答、"铁路的历史和未来"手绘画创作和亲子阅读等科普研学和社会实践活动，激发爱国爱路热情，增强研学活动的实践性和趣味性（图9）。

图9 学生参观博物馆组图

四、基地公众信息

（1）地址：青岛市市南区泰安路 2 号青岛火车站东广场

（2）乘车路线：青岛地铁 1 号线、3 号线及 15 条公交线路直达

（3）开放时间：周三至周日 9:00—17:00（16:30 后停止入馆），周一周二闭馆（法定节假日除外）

（4）预约电话：0532-82089800

（5）微信公众号：胶济铁路博物馆

中国铁路兰州局集团有限公司中卫工务段中卫固沙林场

一、基地总体介绍

（一）基本情况

中国铁路兰州局集团有限公司中卫工务段中卫固沙林场"麦草方格"党员教育基地前身是国营卫宁防沙林场，始建于1950年，隶属宁夏回族自治区农业厅林业局，任务是负责原中卫县的防沙、治沙工作。1956年，国务院组织了大批国内外专家奔赴沙坡头进行治沙研究，并成立了国营中卫固沙林场。1958年8月1日，横贯中国西北的包兰铁路正式通车，建立了宁夏回族自治区首家以沙漠治理为主题的"沙生植物园"综合性博物馆，负责接待上级领导、国内外专家、学者、学术考察团及部分游客。1996年10月，更名为"沙坡头治沙成果展厅"，被宁夏回族自治区和兰州铁路局命名为"爱国主义教育基地"（图1）。

图1 固沙林场科普教育基地远景

（二）发展沿革

为全面展示沙坡头治沙历史和成就，扩大展示效果，1998年开始动工新建中卫工务段中卫固沙林场科普教育基地，以沙坡头治沙成就展厅为主体的科普教育基地，将原展厅更改为多媒体展室。2000年7月，科普教育基地交工并布展，2001年初正式对外开放，其附属建筑包括职工宿舍等，建筑面积共490平方米，含室外共计占地面积760平方米。2010年10月，被中华人民共和国科学技术部、中华人民共和国环境保护部联合命名为"国家环保科普基地"。2018年，将"沙坡头治沙成果展厅"更名为"麦草方格"党员教育基地，2018年6月被中国铁路总公司评为"党员教育示范基地"，2022年5月被中国铁道学会评为"全国铁路科普教育基地"（图2）。

图2　固沙林场展厅一角组图

（三）专业特点

如今，包兰铁路这条沙漠铁路已经成为沙坡头旅游景区的一道靓丽风景，成为人类在严重沙害面前展示信心、力量和勇气的精神高地，成为尊重自然、科学治沙、人与自然和谐相处的生态标本。固沙林场治沙工程的意义范畴已大大超越了保护铁路本身，超越了民族、语言和疆界，波及整个地球，在中国乃至世界的治沙、环保、农业、林业、水利、交通、旅游和科学、文化、艺术等领域产生了极其深远的影响。

心中没有绿洲，治沙人的意志终将屈服于浩瀚沙漠。正是有了爱路爱国的奉献情怀，一代代铁路治沙人无怨无悔挥洒青春汗水，心系人民拓宽人生画卷，谱写了一曲有梦想、有信念、有奋斗、有奉献的壮美人生，映衬着铁路人创造人民幸福的博大胸襟，反映出铁路人自觉奉献社会的真挚情怀。

（四）专家团队和科普人才队伍建设

半个多世纪以来，一代代兰铁治沙人怀着立足荒漠报效祖国的真挚情感，自觉把治沙固沙工作放在爱路爱国的大视野中定位，肩负起治沙护路的重任，坚定了打造绿色沙漠生态铁路的信心。为了确保包兰铁路畅通无阻，1958年包兰铁路开通后，在党和政府的关心下，中科院、铁道部、林业部等部门联合组织攻关，包括竺可桢在内的100多名专家学者先后奔赴沙坡头，与铁路职工同吃、同住，共同研究解决固沙难题。

为了解决流动沙丘的稳定难题，李树荣、刘安邦、张宝善等中卫固沙林场老场长带领职工群众，根据当地农民"寸草遮丈风"的经验，进行了大面积的平铺麦草压沙和圆形、三角形、放射形、格状、带状等各种不同形状的麦草方格治沙试验，最终创造了中国人的治沙

"魔方"——1米×1米的麦草方格，不仅攻克了"流沙固定"这个世界性难题，并且为确保包兰铁路畅通无阻提供了根本性保证。

为了找寻麦草方格里适宜种植的旱生灌木，20世纪60年代曾代表兰铁治沙人到北京参加五一观礼的老职工李金玉与几个技术员风餐露宿，千辛万苦前往沙漠深处的通湖山采集花棒、柠条、沙拐枣等树种。

为了彻底解决铁路两侧防风固沙和植被永续覆盖难题，张克智、林庆功等继任场长带领科研人员前赴后继，孜孜不倦地进行了树种引进优化、日常养护等方面的深度研究，先后推出多项科研成果，为沙漠创造生机，为解决治沙的世界性难题提供了有形的样板和成功的范例。他们将枯燥艰辛的治沙工作融入到创造生态文明、建设美丽中国的时代大格局中探索实践，先后在腾格里沙漠植树造林超1.69亿平方米，保障了铁路、公路运输畅通，践行了"人民铁路为人民"的服务宗旨。

进入新时代，牢记人民铁路为人民的初心，践行以人民为中心的发展理念，聚焦交通强国、铁路先行，深化强基达标、提质增效。退休在家的原中卫固沙林场场长张克智，每年深入固沙林场，对青年职工言传身教传承和弘扬"坚守、创造、团结、奉献"的麦草方格精神，给麦草方格精神注入时代的内涵，做到与时俱进，践行社会主义核心价值观和新时期铁路精神，勇攀高峰的创造意识、不辱使命的团结气概、弘扬爱岗敬业的奉献品格，这是行业的要求、时代的召唤，在铁路率先实现现代化中奋勇争先，展示新作为、新形象。

时至今日，铁路依然是一个比较艰苦的行业，许多职工远离城市和家人，忍受严寒酷暑、流动分散、孤独寂寞，独立作业，历史的接力棒传到了新一代铁路人手中。年轻一代治沙人康文岩、刘斌、卢琴春科研攻关小分队，他们白天做试验采集数据，晚上查阅资料，反复对比数据，一步步推进攻关试验，顺利完成了《利用绿洲耕作土人工制作沙结皮》，实现了快速形成沙结皮的科研成果。随后，他们又完成了《移动式阻沙障阻沙效果试验研究》，探索提出了工厂化制作高立式沙障的生产工艺流程图、成本管理流程图和施工组织横道图，还完成了《包兰线沙坡头段沙害治理成效遥感监测研究》科研项目，通过遥感监测研究，清晰监控包兰线沙坡头段土地沙漠化动态演变过程及发展趋势。新一代年轻人承载起固沙林场这种不辱使命的团结精神，创造了一系列行之有效的服务方式、操作方式、管理方式，为西北铁路发展做出了重要贡献。

（五）取得的成绩及荣誉

1988年，国家科技进步奖特等奖颁发给了两个不同领域，一项颁给了关系国家安全、大国地位的国之重器"两弹一星"，而另一项颁给了被国外治沙专家和联合国誉为"世界上首位"的包兰铁路"五带一体"治沙防沙工程。

1994年，联合国环境规划署授予中卫固沙林场"全球环保500佳单位"，联合国副秘书长兼环境规划署执行主任伊丽莎白·多德斯韦女士亲自向时任中卫固沙林场场长的张克智颁发了获奖证书（图3）。

60多年来，中卫固沙林场职工扎设半隐蔽式格状草75000亩，培育沙生植物1亿多株，在腾格里沙漠植树造林253.5万多亩（1亩≈666.67米^2），建设林区面积56612.4亩。在沙层厚度达86~100米的铁路线路两侧，建起了长16千米、宽800米的治沙"五带一体"防护体系。

图3 全球环保500佳单位奖牌

随着荒漠化、生态环保日益成为全球关注的焦点问题，沙坡头治沙奇迹的国际交流、环境教育和旅游开发价值日益凸现，成为宁夏独有的沙漠旅游品牌。他们的奋斗成果不仅造就了沙坡头国家5A级旅游景区，而且吸引了美国亚马逊、ZT、微软等140多家云制造、云服务、云应用项目和企业在这片热土上落户创新。

（六）发展规划

（1）展厅广场路面硬化，铺设大理石砖，修缮改造灌溉及排水渠，总面积300平方米，移动世界卫生组织纪念碑，安装治沙精神标语，展厅安装空调。

（2）大门楼改造大门采用钢架起造型，干挂大理石。安装防护栏采用地面砌40厘米砖墙，上面安装铁艺护栏，护栏及砌墙总长约80米。建设专用停车场，首先路面硬化，再铺设草坪砖，施划停车线，建筑面积约520平方米。入口路面与景区硬化路面接壤，面积约有300平方米。门楼大字、门卫室改造。

（3）植物园改造维修清理园区中的杂草、枯树，整平地面、打梗、修缮林间观光小路。清理卵石防火带上的积沙积土，还卵石防火带本来面貌，修建麦草方格隔离带。对园区的灌溉渠进行清理修缮。对领导观摩时期种植的树木进行养护修剪，在路两侧种植侧柏绿化带并建设滴管系统。利用植物园的坡度，建设麦草方格隔离带。安装与研究所之间的隔离护栏。

（4）建设基地精神堡垒，建设精神堡垒高度为8米，面积在30平方米左右，主体采用钢结构，表面使用独行钢板封闭，使用喷塑油漆，精神堡垒上的字使用精工不锈钢烤漆字。精神堡垒露台面积为200平方米，露台地面采用大理石铺设，四周安装防护栏，观光小路路面为宽2米、长200米，采用混凝土硬化。

二、基地建设特色

兰州局集团公司中卫工务段中卫固沙林场,在沙坡头半个多世纪的治沙护路实践中,一代代铁路治沙人勇于探索,敢为人先,攻克难关,运用麦草方格的固沙技术,不仅成功锁定了"沙魔"对包兰铁路的威胁,造就了一片享誉世界的神奇绿洲,创造了人类治沙史上的世界奇迹,同时也培育了"坚守、创造、团结、奉献"的"麦草方格"精神(图4)。

图4 固沙林场科普教育基地院内

1. "麦草方格"精神

中卫工务段中卫固沙林场治沙人战天斗地的豪情、坚韧不拔的毅力、志在必成的信念,这种精神来源于他们对党的热爱、对国家的热爱、对社会主义的热爱,具体体现在他们对人民铁路的热爱上。"坚守"是麦草方格精神的灵魂,因"爱"而"创造",因"爱"而"团结",因"爱"而"奉献"。2018年年底,段党委最终提炼出"坚守、创造、团结、奉献"的麦草方格精神,即:忠诚朴实的坚守精神,勇攀高峰的创造精神,不辱使命的团结精神,敬业爱岗的奉献精神。

2. 坚守

包兰线沙坡头段,黄沙肆虐,直接威胁包兰线的行车安全。时值社会主义建设时期,中卫铁路固沙人加入了建设中华人民共和国的浩荡大军,掀起了固沙护路的建设热潮。他们以"三块石头支着一口锅"的坚守信念,面对高温酷暑,飞沙走石,怀着"为大家、舍小家"的家国情怀,发扬一不怕苦、二不怕死的革命精神,谱写了惊天地、泣鬼神的革命英雄主义诗篇,不论何时读来,都令我们后辈无限敬仰和深深感动。他们几十年如一日,不计名利,默默耕耘,为确保包兰线安全畅通,作出了不可磨灭的贡献。这力量来源于他们对人民铁路的无比热爱。

3. 创造

面对沙丘流动、寸草不生的世界级治沙难题,中卫铁路固沙人,用数不清的麦草方格结成的金色巨网把高大的沙丘结结实实地笼罩住,他们的非凡创造力在这一片大漠中完整地表现出来。在沙漠上种草栽树,通过植被固沙,这是治沙人的理想。然而,要把它变成现实，却是异常艰难的。因为每推进一步，都需要无数次试验，一次试验周期就得一年。中卫铁路固沙人，不畏艰难，不怕失败，硬是在一块块麦草方格上，培植出了很难成活的沙生植物，这正是他们创造力的体现。中卫铁路固沙人以科学的态度，严谨的作风，在实践中逐渐摸索出"五带一体"的治沙防护生态体系，正是体现了他们永不止步，勇攀高峰的创造精神。

4. 团结

面对挑战，敢于迎难而上，这是态度和品格，也是胆识和魄力。沙漠上修建铁路，这需要勇气和决心。阻止黄沙侵路，确保行车安全，这是中卫铁路固沙人必须通过的生死考验。面对考验，中卫铁路固沙人没有退缩，而是众志成城、勇敢团结地承担起了这一严峻而又艰巨的重任，他们心中只有一个信念：一定要挡住黄沙，锁住"黄龙"，决不能沙进人退。历史已经做出了回答，他们不辱使命，把答卷写在了广漠的大地上。

5. 奉献

干一行、爱一行、专一行，对于当年的中卫铁路固沙人，也许他们并没有想到自己在创造历史，他们内心想的就是要把自己承担的一份工作做好，这是一种良好的职业习惯，是一种专注的工作态度，是一种诚挚的敬业精神。他们立足岗位，踏实工作，忠于本职，一日一日地干，一心一意地做，不仅干好了，而且干出了大事业，获得了国家科技进步特等奖，得到了"人类环境卫士"的盛誉，这正是爱岗敬业的奉献精神使然。

三、基地活动展示

（一）开展义务植树暨中卫地区党员主题党日活动

为积极推进生态文明建设，引导全段职工以实际行动践行绿色发展，增强保护环境的生态意识，2022年4月9日，工务段组织中卫地区段属各车间及段部各科室人员和中卫地区铁路相关单位共计532人次，参观了兰州局集团公司中卫工务段中卫固沙林场沙坡头科技展馆，并组织所有党员、青年团员等进行入党宣誓和主题党日活动，参观麦草方格党员教育基地、治沙历史和标本展览室。结束后所有人员到达包兰铁路k703+400–k704+300上行左侧的灌溉林带进行义务植树，共计栽植樟子松和云杉2605棵。

（二）开展宁夏及中卫地区党政机关人员学术交流活动

为促进治沙学术交流，2022年6月17日，沙坡头国家级自然保护区管理局与兰州局集团公司中卫工务段联系，协同中卫市林业和草原局、中卫市各林场共46名领导干部参观了中卫固沙林场沙坡头科技展馆，并参观麦草方格党员教育基地、治沙历史和标本展览室。

四、基地公众信息

（1）微信公众号：中卫工务段（zwgwd5725）

（2）地址：宁夏中卫市沙坡头区迎水桥镇沙坡头火车站西侧（沙坡头旅游景区沙漠区大门向北约100米）

（3）开放时间：8:30—17:00（周末及节假日期间闭馆），需提前预约

（4）联系电话：0955-7096245

北京交通大学大学生机械博物馆

一、基地总体介绍

（一）基本情况

北京交通大学大学生机械博物馆属于教育科研类场馆，2022年被认定为全国铁路科普教育基地。

大学生机械博物馆由北京交通大学机械与电子控制工程学院筹建创办。旨在以机械博物馆为平台，开展具有吸引力的大学生素质教育和创新实践活动，使学生通过了解机械发展历史，品味机械文化，提升学习兴趣、专业素质和文化修养，营造良好的学习风气和学术氛围。

目前，博物馆藏品总计近千件，其中包括C_2型蒸汽机车1台、百年老机床2台、机械打字机305台、机械计算机144台，各类机械观测仪器、纺织机械、影音设备、办公设备、生活用具等老物件，以及各类火车（含复兴号高铁）、飞机、架桥机等模型和一批具有学术价值的文献资料，拥有VR虚拟仿真、数字化综合展示等信息化平台等，建有学生创客空间（图1~图3）。

图1 北京交通大学大学生机械博物馆馆徽和简介

大学生机械博物馆是北京高校博物馆联盟成员单位、中国博物馆协会高校博物馆专委会成员单位和北京科学教育馆成员单位。央视、光明网、

图2 北京交通大学大学生机械博物馆展厅一角

人民网、中国教育电视台、新浪在线以及《中国科学报》《科技日报》《中国交通报》等主流媒体纷纷予以关注报道。累计开发文创产品近 30 款，经济效益 30 多万元，其中 10 多款亮相北京服贸会。原创微电影《大学生机械博物馆奇缘》入选中宣部《学习强国》平台。大学生机械博物馆已成为北京交通大学校内一道靓丽的风景线，享有校内"网红"的美誉，受到各界人士和外国友人的广泛好评。

图 3　博物馆藏品组图

（二）发展沿革

"一流大学要有一流的博物馆"几乎成为高校博物馆界的共识。基于此理念，大学生机械博物馆由北京交通大学机电学院依托机械学科于 2013 年开始筹建。

2013 年 9 月 21 日，C2 型蒸汽机车在机械工程楼落成，拉开大学生机械博物馆建设的序幕。

2017 年 9 月博物馆展厅建成揭幕并对外开放，同时以机械为主题的创客空间建成。

2018 年 1 月，大学生机械博物馆正式加入北京高校博物馆联盟。9 月，博物馆引进 STAR13 老车床、马鞍形小车床两台百年车床，采用汉能太阳能薄膜发电技术照明，点亮百年老车床，成为校园新景观；在机械工程楼十层建成数字化综合展示平台，可供师生、校友等进行交流与互动体验；引进 1∶20 高仿制造复兴号 CR400AF、CR400BF 电动车组模型，突出学院学科及行业特色。11 月，大学生机械博物馆加入全国高校博物馆专委会。

2019 年 3 月，大学生机械博物馆成为北京科学教育馆协会首批会员单位。

2020 年，新冠肺炎疫情下推出博物馆"云参观"；博物馆十余款文创亮相 2020 服贸会；推出原创育人微电影《机械博物馆奇缘》并入选中宣部《学习强国》平台。

2021 年，推出博物馆 VR 全景展厅；矗立 KF1 蒸汽机车设计者应尚才教授铜像，编排话剧《中国机车先驱》，开展爱路报国精神传播。

2022 年，大学生机械博物馆被认定为全国铁路科普教育基地。

2023年，北京交通大学机电学院编排公映传承爱路报国精神原创话剧《中国机车先驱》。

（三）专业特点

机械与人类的文明紧密相连。从早期简单的杠杆、滑轮，到工业革命时期的机床、蒸汽机，再到当今社会的工业机器人、高速列车，每一次机械领域的重要发明与变革，都为人类添上神奇的翅膀，加速改变人类文明历史的进程。

18世纪以来，伴随着工业革命的发展，机械打字机、机械计算机、缝纫机、照相机、留声机等一批小型机械陆续发明并得到普遍使用。它们不仅为人们的工作和生活提供了便利，而且也为机械发展史增添了精彩的华章（图4）。

北京交通大学机电学院在校友和师生的支持下，收集了一批不同历史阶段的小型机械，并将部分藏品进行整理、修缮后辟专馆展出，旨在为"品味机械文化、感悟创新精神"提供小小平台。让我们徜徉在锦绣的机械百花园中，一起享受它沁人的芬芳，走近机械，欣赏机械，热爱机械。

图4 蒸汽机车藏品

大学生机械博物馆的主要功能是创新实践育人、校园文化育人和科普宣教育人。大学生机械博物馆是国内首个有特色的高校机械博物馆，是学生综合素质培养基地和科普教育基地，博物馆的建设与发展，涉及藏品征集、信息收集、网站建设、宣传册印制、文创产品开发、学生创新实践活动、数字化综合展示平台的运行维护、科普宣教、学术交流、志愿服务等。主要创意内容如下：

（1）科普与机械相结合，凸显人文情怀。将机械文化融入科普教育，让原本微冷的机械文化拥有了温度，大学生机械博物馆志愿团队师生引导更多学生研究机械历史文化知识，培养团队协作精神和换位思考，强化双创意识，体现育人功能。

（2）有效结合专业学习，以知促行。结合学生特点和专业特点，通过开展融实践体验和研究于一体的教育和培育独具特色的创新创业实训项目，引导学生品味机械文化，感悟创新精神，通过欣赏机械、研究机械、热爱机械，提高学生专业兴趣和学习动力。

（3）融入爱国主义教育，根植行业使命。通过对于我国第一辆自主设计的大马力蒸汽机车KF_1型蒸汽机车及其设计监造者应尚才教授技术救国故事的演绎，让师生牢记交通强国使命。

（四）专家团队建设

大学生机械博物馆聘请机械工程领域的多名教授、副教授组成的专家团队，负责博物馆建设及藏品收藏研究规划。同时聘请中国科学院自然科学史研究所所长张柏春研究员、台湾科学工艺博物馆馆长陈训祥教授、研究组主任林仲一教授、萧国鸿研究员以及台湾高雄科技大学黄世钰教授等多位机械史和博物领域专家为本馆的顾问团队。

（五）科普人才队伍建设

本馆拥有一批机械工程领域的多名教授、副教授组成科普队伍。如，北京交通大学机器人研究中心执行主任姚燕安教授及科研团队，基于实验室研发的先进机器人，推进机器人科技普及教育。与北京师范大学第二附属中学、北京市西单小学等10多所中小学建立机器人联合实验室，开发"几何机器人"科技教材与课程，每年为2000多名中小学生讲授"几何机器人设计与制作"科技课程（图5）。

图5 参观展览及科普活动组图

在专家队伍建设的同时，兼职的志愿讲解员团队也不断壮大，目前已建设成为一支拥有40余名讲解员的成熟团队。打造"以机械之美传承历史使命，以奉献之心服务社会公众"的志愿讲解团队，从语言、仪态、基本知识等方面，不断提升志愿者团队的服务水平，提高讲解能力，秉承"诚朴务实、创新进取"的机电精神，将志愿服务工作做好。

（六）取得的成效

大学生机械博物馆自揭幕运行以来，取得了一系列可喜的成效：开展了学生综合素质培养、创新实践活动和对外科普活动；累计接待包括两院院士、国外院士、使馆官员、国内外科研机构负责人、青年科学家、用人招聘单位、校内外师生、校友和社会公众参观逾1万人次；通过微信平台等媒体浏览博物馆及藏品、纪念品等已超过3万人次。《中国科学报》《科技日报》《中国交通报》《大学生》杂志社以及中国网、中国教育电视台、新浪在线等主流媒体纷纷予以关注报道，光明网两次直播累计辐射近800万人收看，唤醒了公众对机械的热爱（图6）。

大学生机械博物馆已成为学院学生综合素质教育的重要平台和对外交往的重要窗口，成为校内一道亮丽的风景线和校外来访的重要参观点，享有校内"网红"的美誉，受到各界人士和外国友人的广泛好评。

图6 创新实践和对外科普活动

（七）发展规划

大学生机械博物馆是国内首个以机械为主题的博物馆，且兼具铁路特色，其建设目标是：初步建成一个初具规模的国内首个知名的、有特色的大学生机械博物馆。藏品涵盖铁路机车、机械打字机、机械计算机、纺织机械、观测工具、影音设备、生活机械等各个方面，博物馆的内涵建设不断丰富，育人功能不断强化，文化特色日益彰显，使大学生机械博物馆成为北京交通大学机械领域人才培养的重要拓展，对外交往的重要窗口、校园文化传播的重要载体和科普教育的重要基地。

未来3年，博物馆将紧抓落实《全民科学素质行动计划纲要》和北京市建设"博物馆之城"规划契机，依托全国铁路科普教育基地、北京高校博物馆联盟、全国高校博物馆专委会等资源优势，顺势而为，在外延建设和内涵发展同步发力，着力打造具有铁路机械特色的"小而精"博物馆品牌。

强化铁路机械科普特色。 继续收集小型铁路机械装备，或大型装备模型，丰富馆藏内容；在唐山研究院和未来雄安校区提前布局铁路机械文化科普教育及研学基地。

推进"小而精"智慧博物馆建设。 引进智能机器人导览及讲解，扩大VR虚拟现实等现代信息技术，推进"机器人+"博物馆服务模式升级，推动大学生机械博物馆空间拓展及硬件改造，持续推进博物馆衍生文创产品研发、增强互动体验等内涵建设，逐步形成"小而精"的高校博物馆特色品牌。

推进博物馆衍生文化建设。 增强博物馆宣传效果，改版博物馆网站，出版《走进大学生机械博物馆》画册，制作博物馆宣传小折页。深化博物馆文创研发与运行管理，推出更多铁路机械精品文创产品。完善编排科学情景剧《中国机车先驱》并进行巡回展演，传承和弘扬铁路人的爱路报国精神。

二、基地建设特色

本馆基于馆藏 KF₁ 型蒸汽机车模型以及其设计监造者、北京交通大学机械与电子控制工程学院前身铁道机械系，首任系主任应尚才教授的爱路报国精神，进行事迹挖掘并机械能科普话剧创作，推出原创短剧《中国机车先驱》。

应尚才教授（1896—1982 年），浙江奉化人，是我国著名机械工程专家和教育家，曾设计并监造了我国第一台 KF₁ 型客货两用大型蒸汽机车，主持并制订了一系列铁路机车车辆的技术标准规范，是我国铁路技术标准的开拓者之一，是北京交通大学杰出历史人物之一。

应尚才教授早年负笈英美，西学列强，抱定"技术救国"的宗旨回国，结合我国铁路运输的特点和需要，设计并监造了 KF₁ 型客货两用大型蒸汽机车，这是中国人首次自行设计并监造的大型蒸汽机车，反映了中国工程师为解决当时"卡脖子"技术难题所体现出的不懈努力及创新精神。他长期致力于实现中国铁路机务技术标准化，主持并制订了一系列铁路机车车辆的技术标准规范，是中国铁路技术标准的开拓者之一。后期他转入教学领域，从事培养机械工程和铁路机务技术人才，为中国铁路牵引动力的发展、科技人才的培训、技术标准的制定做出了重要的贡献。

应尚才教授一生从事与铁路相关的教学科研工作，他那种坚持真理、热爱祖国、献身铁路科技事业的爱国主义精神始终如一。即使在病魔缠身、行动困难的晚年，他仍在病床上致力于高海拔地区牵引动力问题的研究，直到 78 岁高龄，还发表了最后一篇科技论述。应尚才抱定"技术救国"的宗旨，为我国铁路事业和教育事业贡献了毕生的精力。应尚才教授所秉持的"技术救国""爱路报国"精神，激励着师生为报效祖国而不懈奋斗。

2020 年，北京交通大学机电学院学生演绎的科学情景短剧《中国机车先驱》，展现我国著名机械工程专家和教育家应尚才设计中国第一台大马力蒸汽机车的事迹，被《科技日报》等媒体报道。

2021 年，北京交通大学机电学院以应尚才教授诞辰 125 周年为契机，矗立应尚才铜像，举办"知行合一、爱路报国"——应尚才教授生平纪念展，展览以应尚才教授的基本事迹为线索，以照片、视频、文物等形式记录集中展示了应尚才教授在抗战前主持设计并监造 KF₁ 型蒸汽机车，中华人民共和国成立后担任学院首任系主任时期为铁路人才培养做出的突出贡献，体现了应尚才教授"知行合一、爱路报国"的伟大品格（图 7）。

图 7　应尚才教授生平纪念展

2023 年，北京交通大学机电学院编排公演原创话剧《中国机车先驱》。该剧立足于中华民族救亡图存和中华人民共和国百废待兴的时代背景，讲述了应尚才秉科技兴国初心，赴美求学；献身国家（铁路）建设，筚路蓝缕；俯首铁路人才培养，呕心沥血，引导广大青年学生向先辈学习，把智慧和力量凝聚到新时代交通强国建设的宏伟事业中来（图 8）。

图 8　原创话剧《中国机车先驱》

三、基地活动展示

（一）服务教育教学情况

开展 2 个第二课堂实践项目。面向本科生开展《机械历史文化与创新》实践项目，使学生通过了解机械发展历史，品味机械文化。开展《大学生机械博物馆志愿服务》实践项目，每年选拔培养 15~20 名在校学生讲解员志愿者，仅 2020—2021 学年，博物馆学生讲解员们获评各类荣誉超过 100 项，累计获得奖学金 10 万多元。2020 年"大学生机械博物馆志愿服务项目"荣获北京市志愿服务品牌项目铜奖。

服务第一课堂教学。配合《机械工程专业导论》《机械设计基础》《创新创业导论》等本科生课程的教学实践环节。

（二）面向中小学生及社会公众开展科普

每年接待大中小学学生和社会各界人士近 5000 人，每年六一儿童节设立博物馆开放日，中小学生体验虚拟驾驶高铁的乐趣，拍下了足不出户游遍全球的虚拟成像照片。这些科普项目让孩子们享受到了机械魅力，度过了一个特殊而有意义的节日。光明网、央视 CGTN（英语频道、法语频道）2 次先后直播，累计 800 万人次收看。人民网、中国网、中国科学报、北京晚报等媒体纷纷报道大学生机械博物馆的育人成果。

（三）新冠肺炎疫情下推出"云参观"及 VR 全景展厅

由于新冠肺炎疫情限制入校参观人数，博物馆录制了"云参观"，线上参观博物馆超 5000 人次；推出了大学生机械博物馆 VR 全景展厅，使远在千里之外的参观者也能身临其境。

（四）开发出 20 多款铁路机械文创产品

由学生自主研发成器机车纪念尺、突突火车帆布包、高铁纸雕灯等 20 余款反映铁路机械元素的文创产品，累计销售 2 万余件，经济效益 30 余万元；其中 12 款学生文创产品参加 2020 年服贸会线上展览，《"成器"机车纪念尺》和《突突火车帆布包》获得了 2019 年《人民铁道》文化创意奖（图 9）。

图 9　博物馆文创产品组图

（五）推出原创微电影、铜像、话剧等文化成果

原创育人微电影《机械博物馆奇缘》入选中共中央宣传部《学习强国》平台，阅读量超 5 万人次。挖掘我国第一台大马力 KF$_1$ 型蒸汽机车设计者应尚才教授爱路报国事迹，矗立应尚才教授铜像。以博物馆藏品 KF$_1$ 型蒸汽机车的故事编排演绎成原创科学情景剧《中国机车先驱》，展现我国著名机械工程专家和教育家应尚才设计中国第一台大马力蒸汽机车的事迹，以激励交大师生不忘爱路报国初心、牢记交通强国使命。

四、基地公众信息

（1）微信公众号：木几咖啡

（2）开放情况：北京交通大学大学生机械博物馆面向社会公众免费开放

（3）开放时间：14:30—17:00（周二至周六），其余时间根据预约可随时安排

中南大学轨道交通科普基地

一、基地总体介绍

（一）基本情况

中南大学轨道交通科普基地是一家以"双一流"轨道交通特色学科为依托的科普教育基地，是中国科协首批"全国科普教育基地"、中国铁道学会"全国铁路科普教育基地""湖南省优秀科普基地""长沙市专业科普基地"（图1、图2）。

中南大学轨道交通科普基地形成了以国家及省部级重点实验室、铁路园、科普馆、模型陈列馆、高铁模拟驾驶室、创客空间为一体的线下科普场所。一是展示我国铁路百年发展，传承铁路文化、铁路精神；二是开展国际水平专业培训和国际交流重要平台，科普工作和教学科研工作并驾齐驱；三是学生开展社会实践和人文活动的重要载体，向大中小学生等普及轨道交通知识和科技成果，培养青少年学生爱国情操和科学文化素质。接待国内外参观、交流、访问累计4万

图1 中南大学轨道交通科普基地展厅一角

图2 中南大学轨道交通科普基地远景

余人次，力争建设一个知名铁路文化窗口，锻造一张轨道交通新名片。

（二）发展沿革

长期以来，中南大学交通运输工程学院高度重视科普工作，努力打造科普优质品牌，已从一般性科普阶段走向专业化、制度化、常态化、国际化发展新阶段。建设完成"轨道车辆碰撞及耐撞性"等虚拟仿真平台；开辟了"先进轨道交通科普基地"网站和"科普天地""交通科普"公众号专栏；先后接受中央电视台、美国 Discovery 等 10 多家权威媒体采访；成果入选科普图书《丝路高铁》；参与制作《科技大发现》等科普节目。2016 年起，基地共接待来自欧美、澳洲、港澳台 30 多个国家和地区以及国内的政府官员、专家、学者、大专院校和中小学生等的参观、访问和交流活动超 200 余场次，面向社会大众作科普报告 60 余场，受益学生 18000 多人次，承担来自各大铁路局、列车制造厂、铁路设计院的社会培训任务超 4000人次，为推动行业进步，打造普惠创新、全面动员、全员参与的社会化大科普格局，推动新时代科普工作全面提升作出积极贡献，成为轨道交通领域科普工作最有影响力的科普基地之一。主任梁习锋 2017 年被聘为中国科协首席科学传播专家，基地 2018 年被评为湖南省优秀科普基地，2019 年被认定为长沙市专业科普基地。2021 年基地负责人彭勇教授获全国科技活动周重大示范活动表彰，被湖南省科技活动周组委会感谢表彰。2022 年基地先后被认定为中国科协首批全国科普教育基地，中国铁道学会全国铁路科普教育基地，国家交通运输科普教育基地。

（三）专业特点

基地依托双一流特色学科，列车空气动力学、列车撞击动力学、大风行车安全、智能驾驶等优势学科，注重知识性、趣味可玩性、参与性、互动性，结合国内外轨道交通学科的最新进展，以浅显易懂的方式，将科普内容打造为看得到、摸得着的"实物"。利用多种形式让青年学子与社会公众感受到轨道交通行业发展的巨大空间，了解学科发展前沿、尖端内容，建立行业荣誉感。同时将学生相关理论课程专业知识与现场实际情况结合，让同学们对专业知识与实践结合有新的收获。同时深刻挖掘中南大学铁路学科 60 多年的发展史，共享红色教育和轨道交通科技知识资源。

（四）专家团队建设

基地聘请了丁荣军院士、钟掘院士、刘友梅院士、孙永福院士、田红旗院士、桂卫华院士及中国中车首席科学家丁叁叁、万人计划获得者刘可安、全国五一巾帼奖章获得者曾艳梅等交通行业技术专家 70 多人担任指导教师。中南交通人 24 年来奋战在高速铁路、高原高寒铁路、风区铁路等重大工程科技创新一线，在取得系列原创成果、创造多个第一、为中国高铁发展做出了重要贡献的同时，视科普工作为己任，打通专业与科普路径，特别是院士、知名专家努力做好表率，每年均开展师德学风道德及学术诚信宣讲、科普报告，受益听众逾7000人次。5名教授参与入选由教育部、科学技术部、中国科学院、国家自然基金委联合组织的"10000个科技难题"相关工作；1名教授担任湖南省"畅通工程"小组组长；8位教师担任专业学会副主任委员，20余位教师担任专业学会委员，为科学普及、区域和行业发展充分发挥智库作用。负责基地建设的"轨道交通安全关键技术创新团队"荣获全国"工人先锋号"称号；2名教授先后获中华全国铁路总工会"火车头奖章"，梁习锋教授被中国科协聘为首席科学传播专家。

（五）科普人才队伍建设

打造"科普专家队伍""科普管理队伍""志愿者科普队伍"三支有特色、专业化、有战斗力的科普队伍。以中国科协首席科普专家领衔的科普专家队伍，规模达到43人，主要承担科普讲座、国内外企事业单位来访参观科普讲解等工作；以党政领导领衔的科普工作管理队伍8人，主要承担科普基地日常运行管理工作；以学生为主体的科普志愿服务队伍，现有200多名队员，秉承"科技报国、追求卓越"的理念，践行"担当、求实、奉献、创新"的中南交通人精神，承担大中小学生科普参观讲解、科普基地日常运行协管等工作（图3）。

图3 科普人才队伍

（六）科普工作制度建设

中南大学建立了轨道交通科普基地工作制度，主要包括科普基地日常管理，基地的主要职责，理想信念教育，专业认知实践教育，科普基地内部管理制度，注重基地管理机制建设，加强科普专职、兼职工作人员的管理，注重科普基地志愿者人才培养，加强日常管理，完善工作制度，建立工作报告制度，建立完备的科普工作档案管理制度，科普基地物质保管与设施维护工作等。

（七）成绩与荣誉

2017年主任梁习锋被聘为中国科协首席科学传播专家；2018年被评为湖南省优秀科普基地；2018年获国家科技进步奖创新团队；2019年被认定为长沙市专业科普基地；2019年

基地创新成果作为"湖湘科技创新七大名片"被致敬；2020年成果入选《丝路高铁》获湖南省优秀科普作品奖；2021年彭勇同志获全国科技活动周先进个人；2021年获湖南省科技活动周组织委员办公室感谢表彰；2021年中南大学《天路》等科普节目荣获"红色基因时代魂——党史中的革命歌曲密码解读"竞演一等奖；2021年高速铁路建造运维科普动画视频大赛作品获奖6项；2022年报送国家交通运输部全国科普讲解大赛作品2项；2022年被认定为中国科协首批全国科普教育基地；2022年获评"中国铁道学会全国铁路科普教育基地"（图4）。

图4 科普基地获得的荣誉组图

（八）发展规划

依托中南大学铁路特色，紧扣"交通强国，铁路先行"战略，在"十四五"发展规划明确：基地将以国家特色科普基地为目标，高标准建设，力争在科普平台、科普设施、科普组织、科普活动、科普作品等方面提质升级，全方位向社会各界人士展示我国在轨道交通基础设施、先进装备等方面研究取得的伟大成就，培养一支高素质专业化科普人才队伍，将基地建设成为国家交通运输科普基地，成为国内知名的铁路文化窗口。

1. 构建全链条、开放式、特色化科普体系

依托轨道交通安全国际合作联合实验室、轨道列车安全保障技术国地联合工程研究中心等平台，辅之以现代化科普展示平台和技术，形成了以铁路园、先进轨道交通科普馆、模型陈列馆、高铁模拟驾驶室、创客空间、各实验室（研究中心）为一体的科普教育场所。2017—2019年，建设完成"轨道车辆碰撞及耐撞性""轨道交通车站大客流管控""列车电力牵引传动与故障诊断"等虚拟仿真实验平台；开辟了"中南大学先进轨道交通科普基地"网站和"交小宣"科普公众号专栏；制作了"交通小卫士"挂件等为载体的文化纪念品。至此，

科普基地基本形成了实验室与专业科普馆为一体，专业讲解与智能展示相结合，"线上+线下"相互补充的科普生态链体系，为科普工作开展打造了坚实的物质基础。

2. 实施多维度、多形式、重效果的科普推进策略

（1）加强队伍建设。依托科普基地，建设了3支稳定的科普力量。以中国科协首席科普专家领衔的专业科普专家队伍，科普专家队伍规模达到36人，主要承担科普讲座、国内外企事业单位来访参观科普讲解等工作；以行政人员为主的科普工作管理队伍，主要承担科普基地日常运行管理工作；以学生为主体的铁路园科普志愿服务队伍，现有37名队员，秉承"科技报国、追求卓越"的理念，践行"担当、求实、奉献、创新"的中南交通人精神，承担大中小学生科普参观讲解、科普基地日常运行协管等工作。

（2）科普能力不断提高。针对科普对象和科普场景的不同需求，优化科普资源配置，创新科普形式，科普能力不断提高，科普成果竞相绽放。在校内，举办了中南大学首届先进轨道交通科普讲解大赛，组织科普志愿者专题培训，队伍科普专业化和基地运营管理能力逐渐提升，各类科普对象满意度达到90%以上。基地建设项目入选中国科协2019年度推动实施全民科学素质行动立项项目（中南大学唯一单位）。在通过平面媒体和新媒体，开拓线上科普专题，网络思政工作案例《网媒融合，文化育人，传播交院好故事》被推荐参加教育部第三届全国高校网络教育优秀作品展示。与湖南省教育电视台合作，完成《科技大发现第二期》科普节目录制。建设网络新媒体平台，2018年湖南省科技厅主管期刊《发明与创新》微信公众号以《【科普之旅】体验不一样的飞驰人生——走进中南大学先进轨道交通科普基地》报道科普基地建设成果。2019年高铁题材电视剧《最好的时代》以"中国制造 工业蝶变"为主旋律在科普基地取景拍摄，讲述了几代高铁人为掌握高铁核心技术呕心沥血的奋斗历程。

3. 打造国际化、品牌化、人文化高水平科普基地

（1）积极开展对外交流合作，促进中国优质科普资源国际共享。围绕列车空气与碰撞动力学等方面与美国辛辛那提、英国伯明翰、澳大利亚莫纳什等大学的专家开展专题交流，举办50余场国际学术研讨会，接待中俄青年论坛、泰国驻昆明领事馆、香港等国际和地区代表团10余个，基地国际化日益提高。加强交流与合作，通过国际学术会议，校际、校企、校地之间的访问，打通从基础研究、应用技术研发到示范应用的全链条，推进学科国际引领。

（2）学科院士、知名专家共20余位先后接受中央电视台、美国Discovery、湖南卫视电台，《中国知识产权报》等10多家国内外高端媒体采访，介绍学校参与研发"复兴号"的先进轨道交通技术成果和中国工程成就，普及科研成果如何转化为"复兴号"高新技术的知识，

同时，累计接待来访人次近 2 万人次，基地品牌效应显著。

（3）配合媒体做好《中国高铁：创新之路》《超级工程Ⅱ：中国车》《走遍中国：跑出世界最高速》《了不起的高铁 1：踏地而飞》《火车上的中国》《先进轨道交通装备研发　让湖南领跑中国速度》等专题节目制作，参与审定高铁科普著作《丝路高铁》出版，入选中国图书对外推广计划（俄语版），"超高速列车" 2019 年作为湖湘科技创新七大名片被致敬，均体现了基地创新成果。

4. "十四五"发展规划要点

科普平台。由目前的湖南省级科普平台建设升级为国家级科普平台，打造铁路行业内国内知名专业化科普基地。

科普设施。增加设立或改造完成专业化科普报告厅，进一步完善科普硬件设施运转；完善科普网站和公众号内容建设，力争打造国内知名科普网站。

科普组织。进一步规范科普组织管理，力争增设科普专岗 1 人，扩大科普兼职岗；主动谋划科普工作，年度工作有计划有总结，推进科普各项工作更加规范可持续发展。

科普活动。主动对接各级科协及行业协会的各项科普活动，配合做好科普宣传；保证科普基地对外开放天数每年 200 天以上，年均接待各类参观人数不少于 3000 人次；对接权威媒体，争取每年与权威媒体合作科普活动至少 1 次。

科普作品。充分挖掘学科优势资源，打造系列优质科普作品，力争出版科普图书 1~2 部，发表科普文章 2~3 篇，制作科普视频 4~5 个，在此基础上争取省部级以上科普作品奖 1 项。

二、基地建设特色

（一）特色展品

1. 列车气动动模型实验系统

拥有自主研建的列车气动动模型实验系统，时速最高可以到 800 千米，模型比例是 1∶20。整个试验台的长度为 180 米，分为加速段、试验段、制动段 3 段，每段各有 60 米。到目前为止，我国所有时速在 400 千米以上的列车高速交会及穿越隧道的气动动模型实验，均在该平台上完成。在 2004 年获国家科学技术进步二等奖。在这里，动模型列车速度从时速 200 千米到 400 千米，再到现在超过 600 千米，跑出了世界最高速。实验平台解决了目前实验存在的两大瓶颈：一个是速度，一个是缺少风。4 个展示台上陈列着我国高速列车车型的大家族，展现了我国高铁事业的蓬勃发展。我们在高速列车外形的研究从"七五"计划一直持续到现在，完全自主研制了先锋号中华之星等高速列车（图 5）。

2. 高铁模拟驾驶室

基地所展示的模拟器是等比例仿真 CRH380B 定制研发的高铁司机室，线路模拟兰新线的新疆哈密段。模拟器设备是由操纵台仿真系统、接口采集系统、前向视景仿真系统、列车仿真运行系统、声音仿真系统等辅助设备组成。在驾驶舱，参观者们可以一步步地跟循着指示，在列车操控平台模拟司机各项操作，感受列车的牵引和制动过程，监测列车各项性能指标，在前方的大屏显示器可以模拟风沙雨雪等多种驾驶情况，周围的小屏幕可以显示列车两旁地形环境，同时我们的座椅是六自由度平台能够根据不同运行状态实现不同升降、振动响应，真实地还原高铁在各种工况下的运行状况和操作特性（图6）。

图 5　列车气动动模型实验系统　　　　图 6　高铁模拟驾驶室

在这里，大家身临其境地感受在不同路况下高铁司机的操作过程和列车行驶状态，领略国之重器所带来的中国速度。

（二）科学家故事

用生命做科研的驭风使者——中国工程院院士田红旗教授带领的轨道交通团队

铁路，人们习惯把它称为"国民经济的大动脉"。发展列车速度每小时 200 千米以上的"高速铁路"系统，一直是中国人民的梦想。

今天，中国铁路已经穿越戈壁大漠、横亘高原山脉，并且步入高铁时代，在铁路现代化这个经济社会发展的关键战场，中南大学科学家团队不断刷新和创造着新的历史纪录。

大风是铁路运输的"天敌"。中国工程院院士田红旗教授团队则是勇战这个"天敌"的"驭风使者"。

这个由她领衔、中青年为主的科研团队长期驻扎在荒漠戈壁、高原山脊，冒着生命危险找风、识风、防风，研究出了"铁路大风监测预警与行车指挥系统"。这技术是"青藏铁路工程"国家科技进步特等奖的重要内容之一。

经过持续研究与改进，他们创建了大风环境下铁路安全行车技术体系，解决了世界风灾最严重地区的高速高原高寒铁路行车难题，广泛运用于新疆铁路、京沪高铁、沪昆高铁等国家重大铁路工程中，完成了穿越百里风区的新疆铁路立体防风体系设计并运用至今，实现了15级强风下兰新线列车快速安全通过风区。

空气动力问题是制约高速铁路发展的瓶颈之一。面对这一挑战，田红旗团队迎难而上，从零开始，全力投入高速铁路气动设计理论方法、技术及系统，构建起我国铁路空气动力学基础与工程技术体系，创立列车气动外形结构协同设计、列车/隧道耦合气动结构优化等方法，实现气动阻力、交会速度由原技术落后到世界领先，关键气动指标达国际领先水平，为2022年4月21日我国复兴号高速列车实现世界最高速870千米明线相对交会运行提供了重要技术支撑。田红旗团队提出车辆结构力流/能量流有序耗散、车辆间防偏爬协调控制等设计方法，发明耐冲击吸能安全列车技术，研建国际首套实际运营轨道车辆碰撞试验系统。完成"复兴号"等高速列车耐撞性设计研究、试验及评估，完成我国城市轨道列车、出口纽约、波士顿等22个国外城市列车的耐撞性设计、试验及评估，助力中国铁路领跑世界。

三、基地活动展示

为弘扬科学精神，倡导科学方法，营造有利于科技创新的社会氛围，形成人人关注科技发展、支持科技工作、参与科技创新的良好局面，在省科学技术厅的指导下，中南大学轨道交通科普基地高度重视科普工作，努力打造科普优质品牌，多次成功举办各类大型科普活动与特色科普教育活动。

（一）大型科普活动

举办第六届中俄"长江－伏尔加河"青年论坛。来自俄罗斯伏尔加河沿岸联邦区14个联邦主体的132名青年代表与中国长江中上游6省（市）的180青年代表"湘"遇"湘"聚，了解轨道交通发展史，体验高速列车前沿科技，激扬青春梦想（图7）。

图7 第六届中俄"长江－伏尔加河"青年论坛

入党积极分子思政教育。计算机学院、资安院、地信院、公管院等院系入党积极分子和发展对象思政教育平台重点推进。

以轨道交通学科积淀为载体,开展长沙市中小学科普专场活动。基地共接待来自湖南卫视新闻大求真节目组、交通院20级专业学生、铁道附属小学及师大附中博才实验中学等人的参观、访问和交流活动5次,受益群众500余人次,接待长沙市中学学生到中南大学科普基地参观与科普体验活动,同时与轨道交通科学传播专家团队老师进行深度交流。倡导科普进课堂,基地负责人彭勇教授举办了铁道附属小学科普专场讲座,将轨道交通专业知识用生动易懂、幽默风趣的科普语言呈现,受到了广大小学生的热烈欢迎,反响非常不错。为打造普惠创新、全面动员、全员参与的社会化大科普格局做出积极贡献(图8~图10)。

图8 新少年教育活动中心参观

图9 浏阳中学参观

图 10　科普进课堂——小学生主题活动

（二）特色科普教育活动

1. 以全国科技活动周为契机，积极组织科普讲解与作品大赛

响应国家科技报国、科普惠民政策，积极部署全国科技活动周、全国科技工作者日、全国铁路科普日等重大节日活动，策划实施了"中南大学轨道交通科普基地系列科普活动"，组织第三届交通科普讲解大赛，首届科普作品评选大赛，大力弘扬科学精神、普及科学知识、提升科普引力，鼓励轨道交通学子们用专业知识解读不一样的科普魅力，狠抓科技周活动各项工作任务的落实，以科学素质提升为方向全面开展中南大学科普基地科技活动周（图11）。

图 11　科普讲解与作品大赛

2. 联合湖南卫视频道，制作科普向《新闻大求真》，贴近群众，以科技强国、科普惠民为指向

活动周基地先后接受湖南卫视媒体采访、配合天心区科技局拍摄宣传片、配合完成《新闻大求真》节目组全程拍摄活动过程，协助完成《心科技、在身边》科技周宣传片，将拍摄的视频制作成科普视频在全省范围内演播，作为湖南省科普教学片，提升民众科学素养，宣传湖南高铁科研特色与科普先进轨道技术。为推动行业进步，打造普惠创新、全面动员、全

员参与的社会化大科普格局，推动新时代科普工作全面提升做出积极贡献，成为轨道交通领域科普工作最有影响力的科普基地之一（图12）。

图12 天心区科技局拍摄科技活动周宣传片组图

四、基地公众信息

（1）开放情况：全年对外免费开放

（2）微信公众号：中南大学轨道交通安全实验室

吉林铁路博物馆／吉林铁路科普馆

一、基地总体介绍

（一）基本情况

吉林铁路博物馆／吉林铁路科普馆建成于2018年，隶属于吉林铁道职业技术学院，建馆以来面向全社会免费开放。高校是社会文化的风向标和文明传承的引领者。吉林铁道职业技术学院筹建吉林铁路博物馆的初衷就是要铭记历史，常怀爱国之心，就是更好地发挥自身特色优势，更好地服务于全社会，更好地弘扬传统文化，自觉引领社会文明。

吉林铁路博物馆占地面积3000平方米，它以时间为脉络、以路徽为印记，分为4个展区，包括中东铁路、民国铁路、南满铁路、人民铁路。吉林铁路的历史本身就是一部东北人民的爱国史、反抗外来侵略史、抗战史、解放史，一部中华人民共和国老工业基地铁路事业大发展、大腾飞的历史。目前，馆内展出文物百件以上，配有大量图片、史料、展品、景箱、模型，并采用多媒体等现代化手段进行展示、互动。吉林铁路博物馆的建成填补了吉林省没有铁路博物馆的空白，是吉林铁路历史的专业史料基地、吉林铁路党建历史研究基地，同时也是一个集学术价值和教育价值为一体的红色爱国主义教育基地（图1）。

图1 吉林铁路博物馆大厅

吉林铁路科普馆占地面积300平方米，是吉林省铁路科普教育基地。在"一带一路"建设如火如荼、中国铁路事业大发展的今天，吉林铁路科普馆的建成有着十分积极、重要的现

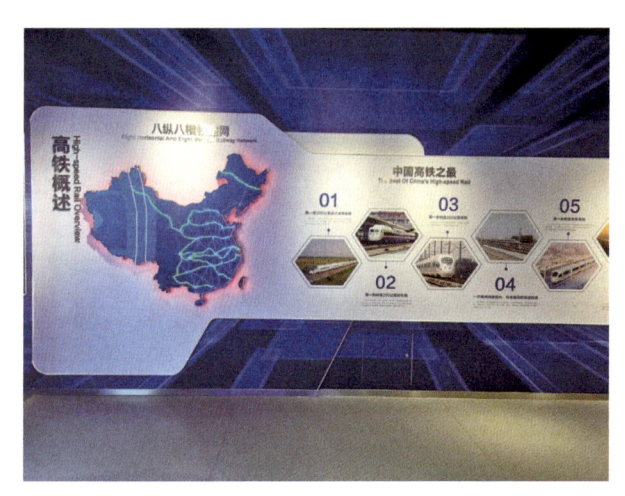

图2 吉林铁路科普馆大厅

实意义。科普馆突出的是科学性、现代性、未来性，它全面展示了高铁的来龙去脉，配有"八横八纵"高铁蓝图、核心沙盘、模拟驾驶台、虚拟调度、高铁设计等互动设施。广大中小学生看后，不仅能增强对于中国铁路知识的科普性了解，而且更能激发他们的兴趣，立志投身于中国铁路建设事业。吉林铁路科普馆筹建的初衷就是要展望未来，树新时代报国之志。目的是向社会宣传，向大众普及铁路科普知识，学生们参与馆内多项互动后，会提升中小学生的兴趣和爱好，从而更加丰富中小学生的业余文化生活，使他们在科普知识的环境中得到陶冶和熏陶，达到职业启蒙的效果，同时也可以为市民打造一个特色旅游资源（图2）。

（二）科普工作情况

吉林铁路博物馆/吉林铁路科普馆重视科普工作，积极开展丰富多彩的科普活动。为了更好地规范各项科普工作，博物馆制定了相关工作制度，包括《科普工作管理制度》《学生志愿者管理章程》《博物馆接待服务标准及工作流程》等，成立了以馆长为组长的科普工作领导小组，建立科普工作计划总结制。博物馆现有专职科普工作人员4人，兼职9人，每年在学生中挑选、培养20人以上青年科普志愿者，负责参观讲解接待、科普知识宣传等工作，同时，博物馆不定期开展科普工作人员的业务培训，以提高科普工作效果。

科普工作的开展激发了公众对历史文化的深入探索和研究兴趣，深化爱国主义情怀，促进学生学习和传承我国优秀传统文化，让公众感受到了铁路事业发展的磅礴力量，社会反响热烈。

（三）取得的成绩和荣誉

2018年吉林省全民科学素质建设资助扶持重点项目；2021年1月，由中共吉林省委、吉林省人民政府命名为"第六批吉林省爱国主义教育基地"。

（四）发展规划

1. 增加文物收藏数量，丰富多媒体展陈手段

持续丰富文物展品，近3年计划新增文物展品100件以上，改造现有设施，利用先进的多媒体交互技术，给公众沉浸式体验，更好的科普铁路知识。

2. 壮大科普人才队伍，提升科普工作能力

健全博物馆科普工作领导小组，补充专职科普工作人员，加强科普人员培训，建立一支以专家带头，全馆积极参与的科普人才队伍，每年招收、培养不少于 30 人的学生科普志愿者团队。

3. 提升科普内容创作，促进全媒体科学传播

开发针对中小学、高校生等不同团体的高质量科普内容，提升科普内容的创新性和传播能力，推动传统媒体与新媒体深度融合，利用期刊、微信公众号、抖音短视频、展板等媒介发布科普内容，进行线上和线下相结合的全媒体传播网络。

4. 开展大型科普活动，创建优质科普品牌

加强与中国铁道学会、中国铁道文博会、当地科协与其他科普基地的合作，推动经验互鉴和资源共享，继续组织好科技周、科技日、博物馆日，打造科普工作品牌，每年开展至少 4 次形式多样的专题品牌科普活动，深入到乡村、社区开展科普讲座，提高公众科学素养。

5. 完善科普工作制度，加大科普经费投入

强化领导责任，建立和完善科普工作激励机制、人才培养机制，保障每年科普经费投入在 5 万 ~10 万元。

二、基地建设特色

（一）吉林铁路博物馆

吉林铁路博物馆以时间为脉络、以路徽为印记，分为 4 个展区：中东铁路、民国铁路、南满铁路、人民铁路。步入序厅，首先映入眼帘的是位于中心位置的吉林省最早的蒸汽机车雕塑，按照 1∶1 比例进行仿制（图 3）。左右两侧是"风雨历程"主题墙，左侧展示了中东铁路艰难筑路、黄旗屯车站（现今吉林西站）、抗联烽火、红灯记、庆祝吉林解放 5 个场

图 3　蒸汽机车雕塑

景，右侧展示的是中华人民共和国成立后吉林铁路的大发展、大突破，有复兴号高铁、吉林站、铁路电气化改造、现代化筑路设备、珲春口岸 5 个场景。

1. 中东铁路展区

以"马关条约"的签订为开端，讲解中东铁路公司的建设过程、组织机构的运营与管理，以及在中东铁路饱经沧桑的历史中的英雄人物，如张锦春、赵尚志等，中东铁路见证了中国人民为了国家的主权和路权进行不屈不挠的斗争。中东铁路时期特色展品见表 1、图 4。

表 1　中东铁路时期特色展品表

序号	展品名称	件数	展品简介
1	钢轨	1	展示的是 1904 年中东铁路时期筑路时使用的窄钢轨，距今已有 100 多年的历史
2	炊具、饭盒、水杯	4	展示的是修建中东铁路过程中使用的炊具 / 饭盒 / 水杯
3	餐刀、窗户栓	5	展示的是修建中东铁路过程中使用的餐刀，修建车站站舍用的窗户栓
4	饭桶	6	展示的是修建中东铁路过程中使用的饭桶，饭桶呈锥体形状。饭桶耳朵上有年份和双头鹰标志
5	木制工程尺	1	展示的是修建中东铁路过程中测量用工程尺
6	奶桶、盘子	3	展示的是修建中东铁路过程中使用的奶桶 / 餐盘，餐盘上有双头鹰标志

我们在中东铁路展区做了一个日俄战争的现场还原图，日俄战争是指 1904 年到 1905 年，日本与俄国为了争夺朝鲜半岛和中国辽东半岛的控制权，而在中国东北的土地上进行的一场帝国主义列强之间战争。日俄战争是世界上唯一一场两个交战双方国家在第三方国家领土上进行交战的战争，完美诠释了弱国无外交，中国沦为战场，被帝国主义国家践踏、掠夺，在此场景中，参观群众通过这段历史事件，能够深刻体会到我国这 70 年的砥砺奋进不是一朝一夕得来的（图 5）。

图 4　中东铁路时期的木制工程尺

图 5　日俄战争的现场还原图

2. 民国铁路展区

从 1911 年辛亥革命到 1931 年"九一八"事变，吉林省内国有铁路是在内有军阀混战、外有日本侵略势力扩大、吉林人民反日情绪不断高涨的形势下逐渐修建的。民国铁路展区主要介绍在此期间修建的洮昂铁路、奉海铁路、吉敦铁路、吉海铁路、洮索铁路等 9 条铁路，这 9 条铁路对维护中国主权和对东北经济的发展有着极为重要的意义。民国铁路时期特色展品见表 2、图 6。

表 2　民国铁路时期特色展品表

序号	展品名称	件数	展品简介
1	报告、书籍	4	展示的是民国十八年（1929 年）中俄关于中东路交涉史略书籍以及撰写的报告
2	打字机、图纸	2	展示的是民国时期使用的英文打字机以及建设用图纸
3	钢轨	1	展示的是 1926 年修建民国铁路过程中用到的钢轨

图 6　民国铁路时期的书籍

3. 南满铁路展区

这部分展区主要讲解"南满"铁路的演变过程，以及在南满铁路时期各铁路局的组织机构。特色展品见表 3、图 7。

表 3　南满铁路时期特色展品表

序号	展品名称	件数	展品简介
1	喷灯 / 炭火熨斗 / 纪念模型 / 满铁算盘 / 瓷制铁道定制产品	6	展示的是南满铁路时期使用的铜制喷灯 / 炭火熨斗 / 庆典纪念模型 / 算盘 / 瓷制茶壶 / 茶杯。这里的铜制喷灯、算盘上有清晰的南满时期的铁路路徽印记，熨斗上有日本太阳旗
2	圆规（1 套）/ 计算工具（计算尺）/ 南满时期文件编纂 / 机关车名鉴	4	展示的是南满铁路时期使用的圆规 / 计算尺 / 文件编纂汇编 / 机关车明称鉴汇总
3	日本车辆制造 / 满洲国地图 / 奉天车牌	3	展示的是南满铁路时期日本车辆制造图册，图册印刷质量的清晰、精制 / 满洲国地图 / 昭和十四年（1938 年）的奉天车牌
4	蒸汽车图鉴 / 车辆部分品名录 / 铁道用语词典 / 满铁机关车名鉴	6	展示的是南满铁路时期的蒸汽机车原理图纸 / 车辆目录明细 / 铁道用于词典大全 / 满铁机关车名称汇总
5	铁道设计图表全集 / 车辆制造说明图纸 / 设计资料 / 满洲满铁	9	展示的是南满铁路时期的铁道设计图表大全 / 车辆制造说明图纸明细 / 设计资料杂志刊物
6	金融券 / 手摇电话	6	展示的是南满铁路时期发行的各种金融债券 / 铁路站舍上使用的手摇电话机
7	钢轨	3	展示的是南满铁路时期修建铁路时使用的钢轨（1938 年、1939 年、1940 年）
8	日军刺刀 / 抗联梳子 / 东北抗日联军服装 / 棉帽	4	展示的是南满铁路时期日军使用的刺刀 / 东北抗联战士使用的梳子、戴过的棉帽 / 东北抗联战士穿着的军装（模型）。

此时期也是日寇侵略与掠夺中国的时期，日本侵略者大肆掠夺东北地区资源，包括掠夺煤炭、木材等资源、掠夺大米、大豆的资源、滥发纸币、大规模组织日本人移民东北。东北人民的反抗没有停止过，以冯占海为首的东北抗日联军在林海雪原间，进行着奋勇抗争，冯占海被誉为"吉林抗日第一人"，他们在非常艰难困苦的环境里长达14年的艰苦斗争中牵制了数十万日伪正规军，有力地支援了全国的抗日战争，因此在南满铁路展区也介绍抗战过程中吉林的英雄人物，如冯占海、杨靖宇、陈翰章等民族英雄。

与抗日相关，展区设置了《红灯记》的现场还原图，故事原型发生在吉林省吉林市龙潭山火车站，讲述的是3个不同的人家共同抗日的故事（图8）。

图7　南满铁路时期的喷灯

图8　《红灯记》的现场还原图

4. 人民铁路展区

这部分展区主要分为创业奠基时期、建设发展时期、改革开放时期、转型发展时期4个时期，主要以讲解我国人民铁路时期高质量发展成果为主。此时期特色展品见表4、图9。

表4　人民铁路时期特色展品表

序号	展品名称	件数	展品简介
1	各种铁路规章、画册、东北解放纪念章	7	展示的是人民铁路建设初期的各种规章汇编/画册/各种样式的东北解放纪念章
2	毛泽东号机车模型、册子	2	展示的是毛泽东号蒸汽机车1:48比例的车模型。毛泽东号机车历经蒸汽、内燃、电力机车的六次更新换代，该模型是第一代蒸汽机车原型制作
3	铁路营运站示意图	1	展示的是人民铁路初期全国铁路营运站示意图
4	军用铁路灯、嘎斯铁路灯	2	展示的是人民铁路时期使用的军用铁路灯、嘎斯铁路灯。嘎斯灯是用电石作原料，用水作催化剂生成乙炔气体燃烧而发光的照明工具

续表

序号	展品名称	件数	展品简介
5	工具包	1	展示的是人民铁路时期列车乘务员使用的皮制工具包
6	铁路法院布告	1	展示的是人民铁路时期铁路运输法院颁布的打击铁路犯罪、保卫铁路安全的通告
7	饭碗、水杯、餐盘	7	展示的是人民铁路时期列车上，不同列车段使用的饭碗、水杯、餐盘
8	车票、站台票、货票	30	展示的是人民铁路时期乘车时使用的车票及货票，有纸板票、代用票、区段票、站台票、货票。车票承载了很多人的记忆，这里展示的是吉林境内的一些老车票
9	电锁器联锁控制盘	1	本展品名称为电锁器联锁控制盘，具有监督室外设备状态、控制信号机点灯、监督进路显示等功能
10	检票钳、钥匙扣、检车锤、测量仪、车轮检查器、蒸汽机车原理	11	展示的是人民铁路时期铁路车务、乘务、检车人员分别使用的检票工具、开各种车门工具、检车工具/蒸汽机车原理模型
11	路徽、内燃机车、电力机车、沈局蒸汽机车退役纪念模型	7	展示的是人民铁路时期的铁路路徽以及铁路大提速后使用的和谐号内燃机车、电力机车的模型
12	复兴号模型	1	展示的是现在在京沪、京津、京港高速铁路运行的复兴号机车的模型。该车的型号为CR400AF。字母：CR是China Railway的缩写，即中国铁路；"A"和"B"为企业标识代码，代表生产厂家，"A"代表青岛红神龙配色、"B"代表长客金凤凰配色；"F"代表技术类型代码，表示动力分散式机车
13	电锁器	2	电锁器是安装在道岔握柄或信号握柄上的一种电磁锁闭装置，它由锁闭电磁铁和回路管制器两大部分组成，前者的作用是锁闭握柄，后者的作用是表示道岔的位置
14	陈复兴沙盘、火车、车厢	20	陈复兴先生制作并捐赠的火车沙盘、火车模型和车厢模型
15	旅客列车时刻表	1	铁路旅客列车时刻表
16	定期票、工作证、医疗证	3	铁路定期票、工作证、医疗证

在抗美援朝战争中，东北铁路职工在美军对铁路进行狂轰滥炸的艰苦情况下，建成了一条打不垮、炸不烂的钢铁运输线，创造了现代战争中军事运输的奇迹。在此展区会讲解志愿军英雄王景洲的故事。王景洲，吉林省磐石县烟筒山镇人，参加中国人民志愿军铁路援朝大队，首批跨过鸭绿江，任志愿军新成川车站车号员，志愿军二级英雄，革命烈士。他在1951年2月率先排除定时炸弹，荣立特等功。3月2日黎明，为了弹药车免遭敌机轰炸，和战友们冒着生命危险，

图9 人民铁路时期的车轮检查器

图10 各个时期的铁路制服展示

将弹药车推进山洞隐蔽。当推到第八辆车时，敌机出现了。面对敌机的轰炸、扫射，让战友们进待避所隐蔽，自己则和岳永昌全力推着那辆车，但车的惯力太大，不住下滑，眼看就要与刚推进去的7辆车相撞，就会发生爆炸，危及沸流江大桥。危急时刻，王景洲用力推开岳永昌，自己手拿撬棍插在车轮下边，仍抵不住，就将自己的身躯塞在撬棍底下，挡住了下滑的车辆，避免了事故的发生，当场壮烈牺牲，时年仅22岁。中国人民志愿军为了表彰其不朽功勋，中共志愿军铁道军管总局党委追认为中国共产党员；中国人民志愿军政治部给追记一等功，并授予二级英雄称号。《人民日报》等国内十几家报纸、杂志、电台，都以"不朽的人"为题，报道了其英雄事迹。

最后，在参观接近尾声之时，还将展示各个时期的铁路制服，让参观者穿梭时光隧道，以铁路制服的变迁为载体感受吉林铁路的发展腾飞之路（图10）。

（二）吉林铁路科普馆

吉林铁路科普馆占地面积300平方米，包括序厅、高铁概述、探秘高铁、体验区、尾厅5个部分。通过参观科普馆可以让观众快速、全面、系统地了解中国高铁的发展历程、规格型号、简单的基础知识以及所取得的辉煌成就。

2016年修订的《中长期铁路网规划》中明确指出，中国要在2030年建成"八纵八横"高速铁路网，高铁覆盖范围不断扩大，从"四纵四横"到"八纵八横"，从国内走向海外，以高速缩短距离上的漫长旅途，中国高铁正以其勃勃雄姿书写着人类交通史的新纪元。中国高铁总体技术水平已进入世界先进行列，在高铁概述展区展示了"八纵八横"高速铁路网，并介绍中国创造的高铁之最及主要型号列车。

在探秘高铁展区，会向观众介绍高速铁路线路建造技术、动车组设计制造、列车控制系统、牵引供电系统、安全保障系统等内容，展示以投影结合沙盘的形式真实还原的车站。高速铁路是一个集高新技术于一身、复杂的超大规模集成系统，高速列车的快速、安全、正点运行是这些系统相互协调配合运作的结果。

体验区是中小学生参观者最感兴趣的展区，这里以多媒体屏的形式展示了最新高铁磁悬浮列车、复兴号、超高速列车，互动项目有虚拟换衣、虚拟驾驶、虚拟调度、高铁设计师。

虚拟换衣：大家站在屏幕前，不用脱去身上的衣服就能体验穿上高铁制服的风采；虚拟驾驶：利用现代高科技手段让我们在一个虚拟的驾驶环境中，感受到在内燃机车、电力机车、高速铁路中接近真实效果的视觉、听觉和体感的驾驶体验；虚拟调度：我们设置虚拟调度游戏，用寓教于乐的形式，体现调度工作的重要性；铁路卓越工程师：3台互动一体机，通过视频和工程师查询系统展示历代铁路

图11 多媒体屏的体验区

卓越工程师的生平及贡献，利用拼图互动游戏，让参观者更好地了解历代卓越工程师的成就，同时增加互动乐趣（图11）。

三、基地活动展示

（一）日常参观

吉林铁路博物馆/吉林铁路科普馆从开馆至今一直免费向社会开放，并提供讲解服务，社会团体、个人均可以预约参观。博物馆现有专职讲解人员3人，兼职9人，以及20多人的青年志愿者团队。至今，吉林铁路博物馆/吉林铁路科普馆共接待参观15595人次，其中中小学生1968人次。

作为爱国主义教育基地，吉林铁路博物馆在本学校及本地区内成了独具特色的党员教育的场所之一。参观者在吉林铁路博物馆的展厅中行进，仿佛穿梭在中东铁路的沧桑磨难、民国铁路的方兴未艾、南满铁路的抗日烽火、人民铁路的迅猛腾飞之中，提高了党组织的感染力和吸引力，激励着广大党员不忘初心、牢记使命，在新时代新形势下展现新作为、作出新贡献。

吉林铁路博物馆吸引了大批吉林省中小学生参观，博物馆宣传铁路历史文化、传承红色精神，不仅加强了中小学生对于中国铁路知识的科普性了解，而且更能激发他们兴趣和爱国情感，立志于投身中国铁路建设事业（图12）。

（二）全国科技周现场教学

吉林铁路博物馆将中国铁道学会制作的《科技强国、科普惠民——全民共享中国铁路高

图 12　永吉实验小学学生来馆参观

质量发展成果展》以展板形式展出，展板内容从我国自主研发的轨道技术开始，以现代化的智能车站结束。现场由专业讲解员讲解中国铁路建设、装备和运营领域科技创新的发展历程和重大成就，展现中国铁路生生不息的创新活力和服务国家、社会和人民的使命担当。讲解后带领观众参观科普馆，讲解铁路科技知识，现场解答疑问，并进行动车设计、驾驶动车等场景式互动。

在参观活动中，通过讲解员的讲解，让观众对铁路事业有了新的想法与认知，赞叹中国铁路事业迅猛发展的同时，树立远大志向，以积极的态度和高昂的斗志投入到学习和生活当中，为铁路事业的发展做出自己的贡献。

（三）博物馆日"铁路知识有奖竞答"活动

为充分彰显博物馆的教育功能，让收藏在博物馆里的文物"活起来"，吉林铁路博物馆在每年"5·18博物馆日"举办"铁路知识有奖竞答"活动。来馆参加的同学们在博物馆老师的讲述下深刻了解吉林铁路的发展历史，全面掌握我国铁路的重大成就，追忆铁路的红色记忆，并以博物馆寻宝的方式互动，让观众仔细搜寻并认真记录文物背后的故事。

（四）科普知识宣讲

吉林铁路博物馆加入"关爱小雨人"计划，与丰满区特殊教育学校长期联系，为了拓宽孩子的知识面和视野，邀请了丰满区特殊教育学校学生和家长来到博物馆、科普馆、火车头广场，宣讲铁路科普知识，进行互动游戏，让孩子们身临其境感受中国高铁的发展（图13）。

（五）"四季高铁摄影展"活动

为迎接中国共产党成立一百周年，见证党领导下铁路建设发展取得的巨大成就，传播铁

图 13 "关爱小雨人"计划活动现场

路文化知识，2021年举办了摄影家邹毅《看四季高铁 赏大美吉林》摄影展。

穿越壮丽百年，驰骋锦绣山河，展现中国速度，此次摄影作品展，是邹毅将镜头对准最美高铁和家乡吉林，一年四季持续跟踪拍摄，汇集成"春之声""夏之光""秋之韵""冬之魂"四部吉林省高铁风光进行曲，展现了高铁穿越繁华都市、奔驰在田野山间的壮阔场景，呈现出一幅幅崭新的大美吉林画卷。此次摄影展吸引了校内外热爱摄影、热爱铁路文化的各界人士参观。

四、基地公众信息

（1）微信公众号：吉林铁路博物馆

（2）地址：吉林省吉林市永吉经济开发区吉桦东路1号

（3）开放时间：9:00—16:00（周六、日及节假日闭馆），需提前预约

（4）联系电话：0432-66137309

包头铁道职业技术学院科普教育基地

一、基地总体介绍

（一）基本情况

包头铁道职业技术学院科普教育基地坐落于内蒙古自治区包头市九原区职教园区，是2019年经内蒙古科协批准建设并向公众开放的轨道交通特色教育类科普活动场所，2022年获批中国铁道学会第二批全国铁路科普教育基地。

基地占地面积3000多平方米，分为室内和室外两个部分。其中，室内场馆主要依托学院各类专业实训中心，提供铁路职业认知和体验；室外场所由铁路雕塑和模型两部分构成，配套使用仿真、模拟、数字等软硬件设施。通过开展主题性、全民性、群众性的科普活动，面向公众普及中国铁路历史文化、轨道交通基本认知及职业启蒙教育，鼓励和引导广大青年学生热爱科学、崇尚科学、弘扬科学精神、提升科学素质。

（二）人力资源

基地的依托单位为包头铁道职业技术学院。学院是内蒙古自治区唯一一所独立设置的铁路高等职业院校，也是自治区示范性高等职业院校和区域高水平高职院校和专业群建设单位，现开设轨道交通类特色专业19个，其中，全国职业院校交通运输类示范专业点1个，国家创新发展行动计划骨干专业2个。拥有专业基础扎实、科学素养较高的专业技术人员579人，其中，179人具有高级专业技术职务；教育部行业职业教育教学指导委员会专家3人，铁路专业教学指导委员会副主任委员或委员7人。作为内蒙古铁路职业教育集团的牵头单位，学院全面贯彻落实科教兴国战略，不断提升新时代职业教育现代化水平和服务能力，充分发挥轨道交通专业类别齐全、科技工作者密集、智力荟萃等资源优势，在包头市科协指导下，积极开展轨道交通特色科普宣传。

基地隶属学院科协管理，现有科普专兼职人员60多人，"科创中国"注册专家34人，科创联络员 33 人，每年常态化开展科普人员业务培训 2 次以上；具有科普宣传栏约 15 延米，内容更换频次达 4 次 / 年；网站发布科普信息约 50 次 / 年；科普宣传报道平均 5 次 / 年；参加大型科普教育宣传活动次数 5 次 / 年；开展主题科普活动 2 项 / 年；积极开展科技志愿服务活动并提供科普公共服务年限已达 3 年，目前已形成较为完善的功能架构和较完备的基地管理机制。

2021 年基地被包头市科学技术协会评选为"包头市最受欢迎科普基地"；2022 年入选包头市科学技术协会"基层科协示范点"项目。

（三）发展规划

"十四五"期间，基地将继续搭建优质科普宣传平台，加大投入力度，发挥轨道类特色院校服务社会的情怀与责任，助推科普工作高质量发展。发展规划如下：

进一步加强基础设施建设。升级基地硬件设施，引入高科技声像设备，创造更加接近真实的轨道交通特色虚拟场景，体现轨道交通领域高新技术发展；增加卧式触控一体机、科普图书等展示设备数量，建设"科普图书室"等基层科普阵地；继续修订并开发轨道交通特色类科普教育知识手册；集成全院优质科普资源，在"网上科技工作者之家""科创中国"等平台上传科技人才信息、相关领域创新需求等；更新官网科普宣传内容，开拓新媒体宣传渠道，不断扩大科普工作影响力。

持续加大科普活动组织力度。推出具有特色的科普展览，开办科普讲座，在保障目前每年千人科普研学的基础上，继续扩大科普宣传的受众面；加强与地方铁道学会、其他科研机构、社会团体等合作，参与科普产品研发，强化科普宣传工作。

深入推进科普人才队伍培养工程。继续扩大科创联络员队伍；加强与社会兼职科普专家的密切联系；积极推动在校大学生担任科普讲解员；组织广大科技工作者深入基层开展科技教育与普及活动；提高专兼职志愿者科普队伍服务能力，每年定期开展科普工作人员培训，提升科普队伍的整体素质。

二、基地建设特色

（一）詹天佑雕塑

詹天佑是中国铁路发展史上第一位中国自己的铁路工程师。在他的领导下，我国自主成功建成了第一条铁路——京张铁路。这是我国铁路建设的一座最伟大的里程碑。为纪念这位伟大的爱国工程师，他的铜像至今巍然矗立在青龙桥车站，人们经过那里，都会肃然起敬，无限缅怀他的丰功伟绩。在詹天佑生活的时代，我们的国家正忍受着帝国主义列强的凌辱，

图 1　詹天佑雕塑

詹天佑却在当时勇敢地提出"各出所学、各尽所知，使国家不受外侮，以自立于地球之上"的主张，体现了中华民族百折不挠的民族气节。从小痛恨帝国主义的詹天佑，立志为振兴中华而奋斗。1872 年，12 岁的詹天佑赴美留学，发愤刻苦学习，于 1881 年学成回国，将毕生的精力奉献给了中国铁路事业，当时我国修建的每一条铁路，无不渗透着他的心血和汗水。他常年奔波在野外山岭，和工人们同吃同住，风餐露宿；他在洋工程师面前从不低头，创造了使帝国主义为之震撼的伟大成绩。如今，我国的铁路四通八达，飞速发展，提速再提速，正在向着现代化加速前进，而我国铁路事业的创业者、开拓者——詹天佑，他的爱国、拼搏和奉献精神将永远激励着一代代的中国铁路人（图 1）。

（二）列车运行指挥演示区

演示区依托列车运行指挥中心，占地 1937 平方米，由编组站、高速虚拟仿真、普速铁路、调度所和线路站场、调车、车辆一体化演练室等部分组成，为青少年学生了解铁路职业岗位提供直观认识，也为科普铁路交通运输知识方面提供了保障（图 2）。

1. 编组站演示区

编组站是从事铁路货物列车编组和解体作业的车站。其主要任务是根据列车编组计划的要求，大量办理货物列车的解体和编组作业。对货物列车中的车辆进行技术检修和货运检查整理工作，并且按照运行图规定的时刻，正点接发列车。所以，人们往往称编组站为"列车

图 2　列车运行指挥演示区

的工厂"。

基地以亚洲最大编组站——郑州北站为原型建设仿真模拟编组站。编组站主要设备是调车场和调车设备。调车作业的效率与安全，除了与调车人员的技术水平和熟练程度有关，主要取决于车站所采用的调车设备和技术设施。本编组站为三级六场综合性自动化编组站，分为上下行两套调车作业系统，由驼峰值班员控制终端、自动化驼峰控制仿真系统、编组站值班员工作站、编组站到达场作业仿真控制系统、编组站信号员工作站、编组站出发场作业仿真控制系统，全部采用目前最先进的设备，全景仿真呈现编组站的技术作业过程。

2. 高速虚拟仿真演示区

高速仿真系统，模拟四个新型高铁车站间的行车作业。投影大屏展现虚拟沙盘三维视景，可以在既有线路实训演练时，显示和实物沙盘一样的场景；可以通过虚拟沙盘追踪视角切换模块，以不同角色的视角动态、智能的追踪显示视景画面，观察车站、列车的运行状态。

高速铁路仿真系统的控制台设置完全按现行新型高铁站设置，实训岗包括车站应急值守人员、电务应急值守人员，可以实现CTC自律分散及特殊情况非常站控两种模式高速铁路的接发列车实训要求。

3. 普速铁路演示区

列车运行指挥中心建有10个普铁车站，车站站型全：编组站、区段站、中间站；涵括了目前铁路系统的所有基本闭塞法：自动站间闭塞、半自动闭塞、自动站间闭塞；每个车站配有车务终端系统，采用微机联锁软件为正版授权的卡斯柯、交大微联系统，与铁路系统采用的系统一致，既可以完成正常情况下的不同行车闭塞法的接发列车作业，也可设置各种非正常情况（例如：轨道电路红光带、道岔失表等）接发列车，展示车站值班员、助理值班员、信号员岗位技能。

4. 调度所演示区

调度所设置为高铁CTC行车调度和普铁CTC行车调度两套系统，分别设置列车调度员、助理调度员岗位、多站监控系统，可以实现调度命令下达、车机联控、列车运行图编制与调整等行车调度指挥工作岗位工作。

（三）火车票代售点

火车票代售点是2016年9月与呼和浩特铁路局校企共建的，日常工作与包头（东）站直接对接并接受上级铁路部门管理及实时监控的客运营业点。代售点大厅展示的列车时刻表，与车站实时同步更新。共有3个窗口：售票窗口122号、123号窗口及中铁快运窗口。参观者通过学习，充分了解了铁路车票制票流程及售票的专业知识，并与自己的日常交通生活联系，加深对铁路客运票据产生流程及铁路工作人员一丝不苟的岗位职责的认知（图3）。

图3　火车票代售点组图

（四）机车模拟驾驶演示区

演示区依托机车模拟驾驶演练中心，包括机车乘务员出、退勤操纵台、HXD3型司机室操纵台、计算机及网络设备等，以和谐3型大功率交流传动电力机车为原型，集成列车运行监控装置（LKJ）、列车控制监视系统（TCMS）、机车车载安全防护系统（6A）、机车综合无线通信设备（CIR），利用虚拟仿真和互联网技术，采用沉浸式演练模式，向参观者展示从待乘、出勤、接车、出段、途中运行（非正常行车、应急故障处置）、终到站、退勤等作业全过程（图4）。

图4　机车模拟驾驶演示区组图

（五）钢轨探伤演示区

演示区依托钢轨探伤实训中心，占地面积为261平方米，由钢轨焊缝探伤、钢轨母材探伤、数据分析区等部分组成，为青少年学生和社会参观者认识钢轨伤损、操作探伤设备、分析探伤数据提供了有力保障（图5）。

图5 钢轨探伤演示区组图

1. 钢轨焊缝探伤演示区

钢轨焊缝探伤是对无缝线路焊缝连接处的缺陷检测。即通过利用不同组合形式的探头对钢轨焊缝区轨头、轨腰、轨底进行超声检测，进而实现对钢轨全断面检查。目前，钢轨焊缝探伤区设有4个大型操作台，并配置有目前行业内最先进的钢轨焊缝探伤仪、钢轨焊缝超声成像检测仪、标准试块、专用试块、铝热焊焊缝伤轨以及闪光焊焊缝伤轨等。

2. 钢轨母材探伤演示区

钢轨母材探伤是对线路除钢轨焊缝区以外的部分进行缺陷检测。即通过利用钢轨母材探伤仪中70°、37°、0°探头分别对钢轨轨头、轨腰、轨底进行超声波检测，进而保证钢轨正常使用。目前，钢轨母材探伤实训区共有八组轨道，其中每组轨道包括引轨、伤轨、专用试块，同时，钢轨母材探伤区还配置了16台两种不同生产厂商的钢轨探伤仪，旨在能够有效满足南北方不同铁路局对设备的要求。

3. 钢轨伤损数据分析区

通过利用钢轨探伤仪专用分析软件对钢轨缺陷数据进行分析与统计，能够清晰掌握钢轨探伤过程中仪器的参数设置，钢轨的缺陷位置以及为线路养护工区下达钢轨重伤通知书。

（六）铁道大型养路机械演示区

铁道大型养路机械模拟仿真平台始建于2013年，在2018年进行设备升级及改造，目前为国内领先、国际先进的虚拟仿真平台。该平台能满足50人同时在虚拟平台上进行D09-32捣固车和QS650清筛机进行铁路施工作业，能展示铁路大型养路机械内部的电气原理、机械原理和液压气动原理；还能满足8人一组在仿真实训设备上相互配合进行施工作业。通过平台参观及模拟演练，青少年学生和社会参观人员能够了解铁路工务现场施工的工作环境、工艺流程和职业技能（图6）。

图6 铁道大型养路机械演示区组图

三、基地活动展示

基地致力于打造轨道交通特色科普，助力提升全民科学素质，着重培养青少年对轨道交通事业的了解和热爱，充分发挥轨道类特色院校服务人民的社会功能，传递学院服务社会的情怀与责任担当。自成立以来，每年开展"全国科技工作者日""科技周"主题系列活动，开放科普基地场馆，举办科普知识讲座，制作科普宣传板报和科普宣传展板，利用网络进行科普宣传；全年开展科普讲解员培训；2019年开放接待15期4000多名参观者交流学习，2020—2022年受新型冠状肺炎疫情影响，年接待参观人员2000多人；2020—2022年开展新型冠状肺炎防控科学知识与方法的科普宣传工作、推荐"防疫课堂"和"防疫小讲堂"两部原创微视频参加"内蒙古自治区科学防疫科普微视频优秀作品征集"活动。

（一）开展形式多样的科普教育讲解活动

基地年开放天数300天左右，每年接待包头市职教园区青少年职业认知社会实践，参观人数达2000人以上，已成为深受包头市青少年喜爱的轨道交通类科普教育场所（图7）。

图7　基地科普志愿者或科普讲解员带领参观者感受轨道交通的魅力组图

（二）多途径拓展科普教育影响范围

编写《铁路知识科普宣传手册》，发挥轨道类特色院校服务社会的情怀与责任，助推科普工作的开展。利用官方网站专设科普宣传栏，推介轨道交通文化及轨道交通小常识方面的科普文章，更新及时，内容丰富，制作精美，形式生动活泼，深受大众欢迎（图8）。

图8　科普宣传官方网页及科普宣传手册组图

（三）连续3年组织科普讲解员参加内蒙古自治区科普讲解大赛并获佳绩

包头铁道职业技术学院科普教育基地2020—2022年连续3年举办内蒙古自治区科普讲解大赛包头铁道职业技术学院选拔赛，激发学院师生对科普知识传播的热情。2020—2022年连年推荐3名选手参加自治区赛，荣获自治区二等奖1人次、三等奖2人次以及优秀奖3人次，1名选手获得自治区"十佳科普使者"荣誉称号，包头铁道职业技术学院获得"优秀组织奖"荣誉称号。2022年，选派8名选手参加包头市赛，取得了一等奖1项、二等奖1项、三等奖

图9 2021年度全区科普讲解大赛包头铁道职业技术学院赛绩组图

图10 科学家精神报告团内蒙古行包头站《两弹元勋邓稼先》报告会现场

2项的优秀成绩（图9）。

（四）举办"众心向党 爱国奋进"科学家精神报告会

在中国科协、自治区科协和包头市科协的精心部署安排下，举办"众心向党 爱国奋进"科学家精神报告会，鼓励青少年勇于探索、求真、实践、创新，把科学精神融入青少年教育全过程，引领更多青少年投身科学事业（图10）。

（五）定期组织基地科普讲解员培训及业务考核

提高专兼职、志愿者科普队伍服务能力，每年定期开展科普工作人员培训，提升科普队伍的整体素质。

四、基地公众信息

（1）地址：包头市九原区职教园区平安大道7号

（2）开放时间：9:00—17:00（周六、日及节假日不开放）

（3）联系电话：0472-5253198

西安铁路职业技术学院
轨道交通科普教育基地

一、基地总体介绍

（一）基本情况

西安铁路职业技术学院轨道交通科普教育基地，建有包括铁路和城市轨道交通工程维护、运营管理、信号控制、机车驾驶、机车车辆检修、供电技术等专业场景，形成了集人才培养、实习实训、技术研发、技能鉴定等功能为一体的特色育人环境，建有詹天佑文化广场、铁道机车车辆陈列场、列车驾驶体验馆、磁悬浮列车运行演示馆等一系列科普场所。通过学铁路历史文化知识、听铁路人故事、体验铁路运行作业过程、参与铁道线路及机车车辆检修过程等，开展职业启蒙教育、劳动体验活动和轨道交通前沿技术研学活动，根植铁路文化，树立交通强国信心。

（二）发展沿革

基地所在职业院校，创建于1956年，是原铁道部直属学校，从1986年到1999年，铁道部颁布"五定"方案，把基地列入"面向全国、全路服务"的十所铁路中专之一。2006年，由西安铁路运输学校和西安铁路运输职工大学合并组建而成。目前总占地约50万平方米，建筑面积33万平方米，基地立足轨道交通行业，积极服务先进制造业、现代服务业和战略性新兴产业，培养了一大批高素质技术技能人才，为陕西乃至全国经济社会发展提供有力人才和技能支撑。

（三）专业特点

基地建有铁道交通运营管理等7个专业群，共开设41个专业，其中国家骨干专业3个、中央财政支持建设专业1个、全国职业院校交通运输类示范专业点2个，专业中有70%以上是轨道交通运营管理类专业，对接轨道交通运营管理产业链，覆盖铁道及城市轨道运营管理全部岗位。基地遵循中国职业教育之"轨"，坚守立德树人之"道"，厚植铁路文化精神，形成了"主动负责、彻底奉献"的西铁院精神和具有铁路特色的基地文化。把轨道铺进基地，将火车开进基地，使基地成为充满铁路元素的"主题公园"，营造了浓郁的铁路文化氛围。基地文化育人成效多次被中国教育报、中国教育电视台、"学习强国"平台、陕西日报、陕西广播电视台、西安日报、西安电视台、西安教育电视台等主流媒体报道。

（四）专家团队建设

基地培养组建了"师德高尚、专业精通、技术精湛、专兼结合"的专家团队，其中担任全国铁道职业教育教学指导委员会和教育部职业院校教学指导委员会主任、委员19人，国务院特殊津贴1人，国家级荣誉9人，省级荣誉11人，全国职业教育轨道交通行业名师7人，从企业聘请了高级工程师、高技能人才、劳动模范和工匠人才等26人，专家团队为基地建设和运行提供了智力支持和保障。

（五）科普人才队伍建设

基地紧贴省市科协要求，逐年壮大科普人员队伍。基地连年荣获陕西省全国科普日优秀组织单位奖、西安市全国科普日优秀组织单位奖。每年组织师生进行科普讲解大赛，年均培养优秀科普人员20多名。

（六）科普工作制度建设

根据基地科普制度，每年全国科普日活动由教科研处牵头组织，党委宣传部、院团委、现教中心、各二级学院等相关部门配合，发布活动正式文件通知，确定科普主题，师生联合开展科普活动。结合全国科普日、"科技之春"等，制定《西铁院全国科普日活动指南》，由教师学生组成的百人科普团队进入街道、社区、村镇等，开展以铁路知识科普活动为主题，结合群众关注的热点的科普活动，弘扬科学精神，促进了科学发展，营造讲科学、爱科学、学科学、用科学的氛围。

（七）取得的成绩和荣誉

基地是全国铁道职业教育教学指导委员会委员单位、全国高铁制造与机电技术产教联盟理事单位、中国职教学会轨道交通专业委员会副主任委员单位。2019年7月，基地获批国家级铁道机车生产性实训基地、铁道交通运营管理专业生产性实训基地、高速铁路信号控制系统校企共建生产性实训基地。2021年6月，基地获批教育部示范性职业教育集团（联盟）培育单位（西安轨道交通职业教育集团），8月，获批教育部职业教育示范性虚拟仿真实训基地培育项目（轨道列车智能运行与维护系统虚拟仿真综合实训基地），西安市铁道工程技术产教融合实训基地，9月，获批西安市民终身学习体验基地。2022年3月，被陕西省人社厅认定为高技能人才培训基地。

（八）后期规划

（1）加大科普场所建设，年均增加500平方米。与教育部学校规划建设发展中心共同建设未来教育科技创新基地，各专业实训基地开发科普教育功能，新增铁路博物馆、展览馆等科普场所1000平方米。

（2）持续开展青少年铁路科普，年均增加300人次。申报陕西省中小学生研学教育基地和西安市中小学生劳动教育实践基地，发挥多校区优势，辐射校区周边，加强与幼儿园、中小学联系，开展"大手拉小手，感受铁路科技"活动，引导青少年感受到轨道交通魅力、筑牢交通强国梦。

（3）强化城镇劳动者科普宣传，年均宣传培训1000人次。面向城镇劳动者开展科技咨询、科技培训等活动。优化《西铁院全国科普日活动指南》，推进师生进街道社区，印制科普读本，为居民开展热点科普宣传。

（4）拓展各类人才科学素养，年均举办科普讲座20场。学院作为西安市干部培训教育基地，西安市技能人才培训基地等，通过举办培训班等活动，强化领导干部和公务员牢固树立交通强国，铁路先行等意识，大力拓展领导干部和公务员的科技视野。

（5）运用新媒体科普宣传，年均点击量突破5万人次。利用西铁院微信公众号、微博、抖音等新媒体，策划推出一批群众关切的铁路科普话题，吸引社会公众直接参与话题互动。

（6）增加科普资金投入，年均增加不少于10万元的科普活动专项经费。在现有学院年度经费中，加大科普专项资金，保障科普活动开展。

二、基地建设特色

基地经过多年建设，形成了一批具有鲜明铁路特色的室内外科普场地及展品，主要包含轨道交通专业综合实训中心、高速铁路运行控制技术实训中心、高速列车驾驶体验馆等。

（一）轨道交通专业综合实训中心

2016年，按照"整体规划、分期实施、校企共建、虚实结合、功能完善，合作共享"的建设原则，在基地北侧整体策划建设轨道交通专业综合实训中心（图1）。2017年，由中铁西安勘察设计研究院完成整体设计，采用校企合作方式与中铁武汉电气化局共同开展建设，中心建设过程

图1 轨道交通专业综合实训中心

中紧扣轨道交通行业特点，结合生产任务、过程和标准，融合现场生产管理模式和先进技术，共投入5300多万元，于2019年年底一期完工。中心囊括了目前铁路和城市轨道交通车、机、工、电、辆5大工种20多个核心职业岗位，使基地拥有了特色鲜明、设施先进、功能完备、综合度高的轨道专业实训场所。可满足专业教学综合改革需要，满足学院服务行业企业技术培训、技能鉴定需求以及校园文化建设及科普活动需要。中心设置与现场工作环境、工作任务相同的典型工作岗位和工区，融入企业文化，开发教学功能，使全院占70%以上的轨道交通类专业学生受益。中心设置有以下区域：

1. 站房

中心起于地下负13米，其中地下一层为地铁站台，站台形式为岛式站台，包括上下行两条正线，地上3层为国铁站房，可实现地铁与国铁两种运输方式之间的零换乘（铁路站厅与地铁站台通过楼梯连接）。同时，中心设有车辆转向架检修演练场，地上3层设有国铁车站、高速铁路运行控制演练场。

2. 站场

站场设四股到发线（含正线2股道），一股牵出线，包括有砟和无砟（整体道床）轨道两种轨道形式，可满足铁路工程相关专业学生在站场内进行轨道平顺性检测、轨距测宽、捣鼓作业等实践学习。同时，站场股道设有接触网线路及检修演练场，可满足铁道供电相关专业学生进行吊弦、导高、拉出直等实践学习。

3. 机车车辆陈列场

机车车辆陈列场通过与中国铁路西安局集团有限公司合作，采用半赠送的方式添置内燃机车1台，电力机车1台，铁路客车车辆2台、平板货车车辆1台，转向架6个，给予了中心建设大力支持。

蒸汽机车（前进1956）：前进型蒸汽机车是中国第一种自行设计制造的大功率干线货运机车。1956年9月由大连工厂试制成功，各项技术指标均达到世界蒸汽机车的先进水平。曾为中国多个铁路局所使用，其后逐渐被内燃及电力机车取代。在服役的30多年里，前进型蒸汽机车以伟岸雄姿、撼人气魄，驰骋在祖国的万里河山，为经济社会发展作出了巨大贡献，被誉为"历史的功臣"。蒸汽机车，那运行时震撼大地的轰隆隆巨响、那汽笛发出的震耳欲聋的鸣叫、那扑哧扑哧发出的炽热白色蒸汽、那雄壮伟岸的身躯，都曾令我们感到无比的震撼。在这老机车上，总有一种让人回味的岁月痕迹和悠悠怀念（图2）。

内燃机车（东风4型、DF4），东风4型内燃机车是中国铁路史上生产数量最多、运用最广泛的内燃机车车型。是东风系列里面，更是中国内燃机车中的经典车型。该车从首台下线使用开始距今已有几十年的历史,至今仍然在使用当中,而且数量仍然相当庞大。即便是我国铁路已经走进铁路电气化的今天,他的地位依然没有动摇,甚至在某些地区,他仍然是运输的主力(图3)。

电力机车(韶山6型SS6B):1968年,株洲电力机车厂终于试制出新的电力机车,并以毛主席的家乡韶山命名,机车命名为韶山1型(SS1型)。韶山6B型电力机车曾经是中国干线运输的客、货两用主力车型,它曾经是陇海线上的客运明星,虽然在今天的交流时代,SS6B型电力机车已逐步退役,但它依然是一代铁路人心目中的明星。这台是最具纪念意义的一台6B,也就是株洲电力机车厂生产的第一台韶山6B型机车原型车1001号。

图2 蒸汽机车(前进1956)

图3 内燃机车(东风4型)

(二)高速铁路运行控制技术实训中心

高速铁路运行控制技术实训中心以西安局管内实际运营线路中选取的3站2区间真实数据为基础,配套现场实际设备和虚拟实训设备完整再现高铁信号运行的全部过程。线路设备制式采用我国自主研发的针对300~350千米/时列车运行的CTCS-3级列车控制系统及通信信号设备,并搭配备用的针对200~250千米/时列车运行的CTCS-2级列车控制系统。演练场设计最高时速C3为350千米/时,C2为250千米/时(图4)。

图4 高速铁路运行控制技术实训中心

1. 室内外信号设备

信号机械室按照真实高铁车站进行设计，遵循 CTCS-3 级列车运行控制信号系统，以学院既有室外线路和实训楼进行改造，实现三站两区间运行线路（选取线路为郑西客专上真实车站线路），真实车站以既有线路进行改造，新增室外基础信号设备和室内机械室设备等，其中室外新增有 8 组道岔转辙机、6 架出站信号机、2 架进站信号机、4 架调车信号机、1 架区间信号机、1 个标准带调谐区的 ZPW2000 移频区段，以及有源应答器、无源应答器等室外信号设备；室内部署有机械室组合架、电源屏、区间闭塞系统、联锁系统、列控系统、虚拟车载仿真系统、列控中心接口仿真系统、故障考核系统等，项目建成后可完整演练整个 CTCS-3 级列车运行过程（图5）。

图5　室内信号设备

2. 调度中心

调度中心有室外模拟盘、控显终端、300S 模拟器、200H 模拟器及视频监控系统，能够接入三站两区间真实信号系统，并实现列车在该线路上模拟行车。

3. 信号工艺、信号设备博物馆

工艺展览馆分别展示方向盒、XB 箱、终端盒配线，信号机、转辙机内部配线，电缆敷设、电缆接续、电缆成端、室内防雷工艺、明示化工艺、移频柜工艺等室内外精品工艺的演变过程，为参观学习者对信号工艺设备有更深刻的认识。

铁路常用器材展览馆展示继电器、变压器、断路器、信号机构、点灯单元、转辙设备、轨道设备以及各器材（包含组合侧面端子焊接及万科 18 柱端子各 4 个）的拆解零部件。参观学习者对信号设备有更深入的认识，更好地了解各信号设备的组成及原理。

三、基地活动展示

（一）基地定期开展"大手拉小手，传承铁路文化"科普活动

每年邀请校区周边幼儿园、中小学学生进校科普铁路知识，共同制定科普方案，精心策划活动路线。通过讲述"铁路之父"詹天佑故事、学习铁路发展史、走进实训演练中心、体

验模拟驾驶火车场景，观摩火车检修过程等，根植铁路文化，增强文化自信。

2020年10月23日上午，国际港务区陆港一幼130余名大班小朋友在园长、老师的带领下来基地开展"解锁轨道奥秘，探寻家乡之美"的社会实践活动（图6）。

上午9时，陆港一幼师生来到基地牵引动力学院门楼前，基地靳丽君

图6　陆港一幼小朋友来基地参观学习

老师向孩子们致欢迎词，介绍活动内容，以"开火车""修火车""火车医生""火车吃什么"等富有童趣的语言与孩子们互动，激发孩子们对轨道交通的兴趣，为后续各项参观活动做好专业引领。

在铁道机车模拟仿真实训室，牵引动力学院教师薛振洲老师向孩子们讲述铁路发展史。为了能将专业知识讲述更加生动，薛老师声情并茂并辅助动作，运用小朋友们已有的生活经验，虚拟游戏化场景，向他们讲解蒸汽火车的原理，并指挥现场技能大赛训练的学生演示如何开火车，现场氛围异常活跃。

随后，走进铁道机车实训演练中心，感受模拟驾驶火车场景，一起观察车轮、车架结构，观摩火车检修过程，孩子们对专业的维修场景极为好奇，个别幼儿低声模仿火车检修时工程师的专业沟通语言。结合幼儿园教师前期讲述"铁路之父"詹天佑的故事，靳老师带领孩子们参观了詹天佑广场，瞻仰雕像，并合影留念。

进入基地综合演练中心后，薛老师带领孩子们参观了三代机车，并介绍了接触网是电力机车主要动力源，帮助幼儿巩固、加深对火车构造的理解。教师们带着孩子观察、触摸铁轨、石渣，加深幼儿对轨道知识的了解，孩子们兴高采烈地在演练场合影留念。此次活动既是陆港一幼课程建设的重要实践，也是普及全国科普日活动的常态化活动之一。由基地教科研处牵头组织的全国科普日活动已开展多年，并多次获得陕西省、西安市优秀组织单位奖和特色活动奖。此前基地科普日活动，曾多次接待中、小学生参观，此次科普活动是学院首次面向幼儿进行科普宣传。

（二）基地举办首届科普讲解大赛

基地结合全国科普日，每年举办系列科普宣传活动，通过宣传板、公众号等线上线下的形式向师生宣传科普知识，组织科普讲解大赛，培养科普人才队伍。

图7 基地举办首届科普讲解大赛

2018年3月4日，基地首届科普讲解大赛暨第四届陕西科普讲解大赛选拔赛在港务校区举行，副院长安学武到现场观看比赛并为获奖选手颁奖。大赛由教科研处处长赵铁民主持。各二级学院院长及教学部门负责人担任评委（图7）。

比赛中，选手们以生动的语言向观众讲述了"复兴号""新能源汽车""万物互联""互联网医疗""可燃冰""无人机"等科学知识，展示了我国丰富的科普资源。经过激烈角逐和评委现场打分，电气工程学院程颖菲、基础部吴敏2人获得一等奖。牵引动力学院刘芳璇、朱亚男，机电工程学院张佩3人获得二等奖。土木工程学院殷艳萍、图书馆陈晔、基础部王蕾、思政部邢星、土木工程学院傅乔5人获得三等奖。电气工程学院、基础部获得优秀组织奖。获得一等奖的选手经过后期培训，将代表学院参加第四届陕西科普讲解大赛。

安学武为获奖选手颁发了获奖证书，他对此次比赛的组织工作和选手的表现给予了充分肯定，并对获奖选手表示祝贺，鼓励大家要再接再厉，把科普融入到课堂和生活中去。

（三）驻华大使夫人代表团来基地参观考察

基地紧贴高铁"走出去"，率先设立中俄合作办学机构——国际交通学院，与泰国廊曼技术学院合作设立"中泰轨道交通学院"，先后承担肯尼亚"蒙内铁路""中老铁路""中泰铁路"等本土员工技能培训，设立"一带一路"轨道交通人才培训基地，扩大中国铁路技术在世界的影响力。

2021年7月8日上午，"一路有你 全运有约"驻华大使夫人西安行活动来到西安铁路职业技术学院，来自加蓬、冈比亚、尼日尔、印度尼西亚等国的驻华大使夫人在基地参观考察。党委书记施利民代表全院13000多名师生致欢迎词，热烈欢迎大使夫人代表团的到来（图8）。

图8 驻华大使夫人代表团来基地参观考察

施利民对西安铁路职业技术学院

办学历史和学院在轨道交通技术技能人才培养方面的深厚基础和显著成效进行了介绍。此外，施利民提到了学院"与中国铁路并肩前行，与各国同行共同进步"的理念，强调学院把敞开校门、真诚合作放在重要位置，"希望通过合作交流，为促进共建人类命运共同体做出自己的贡献。"

在基地牵引动力学院实训室，各位大使夫人在听了讲解"CRH380AL型高铁动车组"模拟驾驶的操作方式后都跃跃欲试，体验得津津有味，不时发出"wow"的赞叹声。尼日尔驻华大使夫人MmeInoussa Zara对中国的铁路技术赞叹有加："我们国家没有这样成熟的铁路技术，这一点是需要我们学习的。"她还详细询问了学院开展境外办学和招收留学生的情况，希望能和学院在培养铁路技术技能人才方面达成合作。

冈比亚驻华大使夫人Jammeh Nyima Gambjan说："我们国家并没有很多的铁路线路，这方面比中国弱一些。我回家后会把看到的场景转述给我的丈夫，未来希望通过自己的努力，实现更多的国际合作。希望我们国家有一天也能够实现铁路技术的跨越式发展。"

院长赵春平代表学院向驻华大使夫人们赠送了丝巾，他说"丝绸"象征丝绸之路，小小的丝巾联结起我们大大的友谊。红色是中国文化中最喜庆、吉祥的颜色，象征红红火火，希望把吉祥带给各位；丝巾上的鸟儿和梅花图案是"喜上眉梢"的吉祥寓意。梅花在雪中绽放，代表了坚毅的美好品质，而梅花之上的喜鹊代表了我们欢聚一堂的喜悦心情。祝愿各位大使夫人在西安参访期间愉快、顺利，也欢迎再次访问基地，同基地开展交流与合作。

四、基地公众信息

（1）微信公众号：西安铁路职业技术学院（XRVTI1956）

（2）地址：陕西省西安市国际港务区港务大道396号

（3）开放时间：8:30—16:30（周六、日及节假日不开放），需提前预约

（4）联系电话：029-88092136

武汉铁路职业技术学院铁路文化博物馆

一、基地总体介绍

（一）基本情况

武汉铁路职业技术学院铁路文化博物馆位于学校图书馆一楼，在原高速铁路安全警示与事故救援培训中心基础上改造，2021年6月改建完成。铁路文化博物馆占地面积1500平方米，共5个展厅，分别为"中国铁路百年沧桑""铁路技术飞跃发展""铁路安全重于泰山""铁路精神代代相传""回望校史放眼未来"。该馆运用大量图片、沙盘模型、多媒体设备等，详细介绍了中国铁路发展、铁路技术、铁路安全、铁路精神以及武汉铁院的校史文化，2021年入选"全国铁路科普教育基地"，成为铁路文化传播基地、铁路技术科普基地，爱国主义教育基地，也是开展党史学习教育的重要阵地（图1）。

图1 武汉铁路职业技术学院铁路文化博物馆大厅

目前，铁路文化博物馆已建成数字全景展厅，实现了师生和社会公众"云游博物馆"，全方位了解铁路历史和技术发展，深层次感受铁路精神，丰富文化体验。

该馆多次接待上级领导和兄弟单位来访调研，接待校内外师生参观学习，接待国（境）外代表团参观访问等，年接待量5000人次以上，已成为武汉铁路职业技术学院对外宣传交流的窗口。同时，该馆服务校内现场教学，满足相关教学资源录制需要，充分发挥了铁路文化博物馆科普教育和文化传播功能。

武汉铁路职业技术学院，一所因铁路而生的学校，早已将铁路文化深深根植于血脉之中，与中国铁路事业同成长、共命运。学校本着用好铁路特色资源、讲好铁路故事的初心建设铁路文化博物馆，旨在展示中国铁路发展与科技创新的巨大成就，传承中国铁路人爱国报国强国的文化基因，传扬中国铁路百年来百折不挠、勇当先锋的伟大精神，激励青年学子奋勇担当、开拓前行。

（二）发展沿革

为传播铁路安全文化、普及铁路安全知识、演示事故救援方法、培训专业救援技能、弘扬"安全高于一切，责任重于泰山，服从统一指挥"的铁路职业精神，2009年，学校在原铁道部相关部门及路局的支持下，打造了全国铁路事故救援演练培训基地，建设了我国首家"高速铁路安全警示与事故救援培训中心"。中心通过图文、实物、视频、模拟沙盘、仿真模型、互动视窗等载体，采取室内展示和室外实做相结合，全方位构建了完整的铁路安全教育与防范、事故预设与排除、事故救援与自救体系。中心面向高速铁路及相关专业学生，提供安全教育和事故救援基础培训；面向铁路在职职工，提供安全警示教育和事故救援起复的专业培训；面向中小学生、社会大众，提供开放式社会服务，普及铁路安全知识。

为进一步丰富和充实校园文化，学校于2019年年底开始筹划建设铁路文化博物馆，并于2020年11月正式启动项目建设。该项目选址学校高速铁路安全警示与事故救援培训中心及校史馆旧址，通过改造更新和内容拓展，着力打造华中地区首家以"铁路文化"为主题的博物类展馆。2021年6月，铁路文化博物馆竣工落成。

（三）专业特点

铁路文化博物馆科普教育资源丰富，室内第一展厅"中国铁路百年沧桑"，用展板和视频带领参观者穿越中国铁路百年历史，见证国家百年巨变；第二展厅"铁路技术飞跃发展"，采用模型、展板、沙盘等形式展现中国铁路在机车车辆、通信信号、牵引供电、铁路工程、运输服务等方面的先进技术，打造了一本立体的铁路高新技术教科书；第三展厅"铁路安全重于泰山"，选取了国内外具有代表性的安全事故作为案例，让视觉的冲击给参观者带来强烈的警示教育作用，展厅中间的雕塑还原了起复救援现场；第四展厅"铁路精神代代相传"，集中展示了中国铁路在革命、建设、改革的伟大实践中，熔铸的一系列铁路精神，引导参观者获得价值共鸣和文化自信；第五展厅"回望校史放眼未来"，展示了因铁路而生的武汉铁院风雨办学历程（图2）。

博物馆室外还展示了韶山1型电

图2 技术沙盘展示

力机车、建设型蒸汽机车等退役机型，让参观者更加生动地了解不同时期、不同类型的铁路机车，同时强化校内学生的专业认知，帮助他们了解中国铁路机车发展，掌握机车组成结构和工作原理。

铁路文化博物馆还融合了校内实训场所开展科普教育。动车组模拟驾驶实训室能够为动车组司机提供驾驶培训，让参观者感受动车组司机的工作场景，体验中国速度。高速铁路线路综合实训中心建有有砟轨道和无砟轨道，涵盖各型钢轨、轨枕。学生和参观者可以通过参观、实操，了解铁路轨道类型、构造、各部位构件功能以及它们在铁路运输中承担的作用和维护的方法。

（四）专家团队及科普人才队伍建设

学校高度重视铁路文化博物馆科普队伍建设。铁路文化博物馆建设期间，学校就通过教师自荐和推荐的方式，组建科普团队。目前科普工作人员共计19人，其中专职科普工作人员1人，兼职科普工作人员18人，科普工作人员中高级职称人员11人。团队结构合理，人员相对稳定，专业水平在各自的领域均得到广泛认可。同时加强学生讲解志愿团队建设，招募近40名学生加入讲解志愿服务队伍，组织学生每周进行2次业务学习，为兼职科普队伍注入新鲜血液（图3、图4）。

图3　专家科普讲解

图4　大学生志愿者讲解

专家团队中，有全国铁道行指委机车专业教学指导委员会委员、湖北省铁道机车技能名师工作室主持人、获得荆楚好老师、全国轨道交通职业教育名师、湖北省教学名师荣誉称号的专家教授；有国家级教学团队主持人、获得湖北省说课比赛一等奖，"湖北工匠杯"技能大赛优秀指导教师；还有国际化在线课程《轨道交通概论（中英双语）》课程的主讲人等。专家团队通过承担科研项目、制作视频课件、指导学生讲思政课等方式积极参与科普活动。

（五）科普工作制度建设

科技是国家强盛之基，创新是民族进步之魂。进入新时代，加强科学素质、科学普及工作对科技创新尤为重要。

为贯彻《中共中央国务院关于加强科学技术普及工作的若干意见》《中华人民共和国科学技术普及法》，全面落实《全民科学素质行动规划纲要（2021—2035年）》，学校充分发挥铁路知识科普资源，把普及科学知识、弘扬科学精神、传播科学思想、倡导科学方法作为义不容辞的责任，建立完善科普工作机制，营造了学校热爱科学、崇尚创新的良好氛围，进一步提升了学校文化传播力和社会影响力。

（1）明确了科普的服务宗旨。普及铁路科学知识、展示铁路技术发展成果，大力弘扬科学家精神和铁路精神，展示科技优秀典型、生动实践和成就经验，培育社会公众特别是青少年的科学思维，坚定文化自信。

（2）组建了优秀的科普队伍。根据实际，深入调研，挖掘校内科普资源，组建一支优秀的专兼职师生科普队伍。定期开展科普工作培训，提升队伍的科普工作能力。

（3）开展了丰富的科普活动。利用每年科技活动周举办开放日活动，争取对社会公众开放；开展铁路科普进社区活动，让更多的社会公众了解铁路技术发展。针对校内大学生和校外中小学生举办高铁知识讲座，努力传播铁路文化和高铁科普知识。

（六）取得的成绩和荣誉

铁路文化博物馆建成以来，受到各方的极大关注，来馆参观后均给予了好评。

利用博物馆科普资源指导学生的参赛作品《赓续铁路红色血脉，开好新时代的民族"复兴号"——实现中华民族伟大复兴关键在党》，在第五届全国高校大学生讲思政课公开课展示活动中荣获全国一等奖（图5）。

图5　学生在第五届全国高校大学生讲思政课公开课展示活动中荣获全国一等奖

学校铁路文化博物馆入选湖北省首批"大思政课"实践教学基地。

（七）发展规划

铁路文化博物馆还是一座年轻的场馆，完成改建时间不长，面临着进一步的发展完善。近年内，铁路文化博物馆将坚持服务学校中心工作，充分发挥博物馆教育、收藏、展示功能，努力打造全国铁路科普教育的品牌。

继续加强馆藏铁路物件征集，丰富藏品种类，增加藏品数量，服务陈列展示、宣传教育、科学研究；加强与铁路企业和科普基地的沟通交流，拓展博物馆科普教育活动，通过联合开展陈列、专题讲座等科普教育活动，提高科普能力。

发挥学校铁路文化研究中心平台作用，加强铁路文化研究，形成一批研究成果，提升学校文化育人效果，推进铁路文化博物馆创新发展。

以线上线下铁路文化博物馆为平台，挖掘铁路红色文化资源，打造 VR 课堂，让参观者沉浸式感受蕴含在铁路发展历程中的精神与文化，努力打造全国铁路文化宣传教育的品牌。

继续在教师队伍中培养兼职讲解员，建设学生讲解志愿服务梯队，完善科普工作机制和讲解员激励机制；积极拓展经费来源，落实科普工作经费，保障科普工作有效推进。

二、基地建设特色

（一）特色展品

1. 动车组展台（7 组）

由 1∶48 比例仿真制作的 CRH1 型动车组、CRH2 型动车组、CRH3 型动车组、CRH5 型动车组、CRH6 型动车组、和谐号 CRH380A 型动车组、复兴号 CR400AF 型动车组模型，整齐停靠在展台上，形成微缩版"万箭齐发"的壮观场景（图 6）。

图 6　动车组模型

2. 建设 8355 蒸汽机车

1956 年，大连机车车辆厂对解放型蒸汽机车进行改进设计，于 1957 年 7 月试制成功，全长 23.39 米，构造时速为 85 千米，整备质量 103.32 吨，2270 马力。机车出厂时，毛泽东主席曾亲自登乘，该车现保存在中国铁道博物馆，被评为国家一级文物。经改进后的蒸汽机车命名为"建设型"，车型代号 JS，并于同年 9 月投入批量生产。本车属"建设 B 型"，生产于 1988 年，车号 8355，停运前长期活跃在黑龙江省齐齐哈尔货运干线上。学校于 2019 年购置回一辆该型号退役机车,整修后安置在学校南广场,作为铁路博物馆的一部分成为学校新晋"打卡点"(图7)。

(二)特色故事

1. 武汉:坐着火车穿越历史而来的城市

《武汉铁路百年》的作者汪瑞宁表示,武汉是坐着火车穿越历史而来的

图7 建设8355蒸汽机车

城市,每一段钢轨,每一个车站,都是一段革命史、奋斗史和城市发展史。

在中国的铁路版图上,纵贯南北的铁路线中,京广铁路的历史地位和现实作用无可替代。立其中而牵两端的城市便是武汉。1906年京汉铁路通车,武汉市跨入铁路时代。1918年粤汉铁路通车,九省通衢的武汉市如虎添翼。从茶叶交易的码头城市到繁华的工业城市,再到工商繁荣的交通枢纽城市,武汉的每一次腾飞,都与铁路紧密相连,所以有专家直言:"武汉就是一座因铁路而兴的城市。"

(1)铁路催生中国最早的工业化。1881年中国人自行兴建的第一条铁路唐胥铁路,刚开始以骡马牵引车辆,后改用机车牵引。1889年湖广总督张之洞提议修建北京卢沟桥至汉口的卢汉铁路,提出"先择四达之衢,首建干路"。1890年汉阳铁厂兴建于龟山之麓。1893年9月,汉阳铁厂建成投产,中国第一座引自西方技术的钢铁厂在武汉诞生。1906年卢汉铁路全线通车,也就是后来的京汉铁路。火车从北京市可直抵汉口市。1896年10月,清政府批准修建粤汉铁路。1918年粤汉铁路武昌至长沙段通车。1936年粤汉铁路全线通车。

(2)铁路改变城市经济格局。为修建粤汉铁路,武昌市的宾阳门和中和门之间另辟新城门"通湘门",寓意火车从此直达湖南省,以至广东省。"通湘门"的开辟,让武昌城市格局开始突破城墙的束缚。不过受条件限制,1914年,詹天佑将粤汉铁路起点改为徐家棚。1936年9月1日,粤汉铁路南北贯通后,广州市的火车第一次开到了武昌市。

粤汉铁路的选址、设计,起关键作用的人是詹天佑。他在设计之初就想到将来粤汉铁路和京汉铁路的跨江连接,预留了连接线。他选定跨江大桥的桥址,正是后来武汉长江大桥的桥址。这在一定程度上也影响着武汉的城市格局。

京汉铁路、粤汉铁路先后建成。1937年3月10日,刘家庙站与徐家棚站的两座铁路轮渡码头竣工,列车从此可经由轮渡跨越长江。这就是人们常说的怪事"火车要靠轮渡载"。铁路码头的兴旺,带动了徐家棚区域的繁华,这里曾因水路码头和粤汉铁路而繁华一时。

1957年，武汉长江大桥的建成改变了粤汉铁路徐家棚站的命运。武汉长江大桥开通，京汉与粤汉两条铁路接轨，武汉拥有了中国第一条可直接过江的铁路。列车无须通过铁路轮渡就可过江。武昌北站与这段粤汉铁路旧线也随之冷清下来，只负责分担新建成的武昌站的货运和编组任务。

武汉市在崛起的道路上与铁路紧密相拥。铁路让武汉市经济崛起，也造就了武汉今天的城市格局。

2. 二七大罢工：党领导的第一次工人运动高潮的顶点

1923年2月，京汉铁路工人为争取成立总工会的自由和工人阶级的政治权利，反对帝国主义、封建主义，举行了一次震惊中外的政治大罢工。

那时的京汉铁路，纵贯直隶（今河北）、河南、湖北三省，是连接华北和华中的交通命脉，有重要的经济、政治和军事意义。京汉铁路的运营收入是军阀吴佩孚军饷的主要来源之一，也是帝国主义掠夺中国的"吸血管"。这样的处境，必然激起铁路工人阶级为争取经济上、政治上的解放，进行不屈不挠的斗争。

京汉铁路全路自2月4日起实行总罢工，号召全路工人"为自由作战，为人权作战，只有前进，决无后退"。截至当天中午，京汉铁路2万多工人全部罢工，客、货、军车一律停驶，长达1200多千米的京汉铁路顿时瘫痪。罢工持续了三天，铁路工人虽屡遭镇压，仍斗志昂扬。全国各地工人和各阶层民众，迅速掀起声势浩大的声讨军阀、支援京汉铁路工人的运动。吴佩孚在帝国主义势力的支持下，调动两万多军警镇压罢工工人，并逮捕多名工人。在同敌人的艰苦斗争中，铁路工人表现得无比坚强。京汉铁路总工会江岸分会委员长、共产党员林祥谦被捕后宁死不屈，英勇就义，为工人阶级的解放事业献出了宝贵生命，牺牲时年仅31岁。与此同时，湖北督军萧耀南还在汉口非法逮捕了京汉铁路总工会与湖北省工团联合会法律顾问、共产党员施洋。施洋被萧耀南秘密杀害于武昌洪山脚下，牺牲时年仅34岁。施洋烈士陵园位于武汉武昌洪山南麓，被列为全国30条红色旅游精品线之一，同时作为湖北省爱国主义教育基地，每年都会有20多万人前去缅怀参观学习。

二七大罢工是党领导的第一次工人运动高潮的顶点，在中国革命和中国工人运动史上占有重要地位，具有重大意义，对中国革命和工人运动产生了深远影响。

3. 汉阳造钢轨：见证铁路百年沧桑

汉阳造是一个品牌，洋务运动后期主要代表人物张之洞在湖北创办了大型的钢铁联合企业，它便是赫赫有名的汉阳铁厂。汉阳铁厂是当时中国最早、规模最大、影响力最广的钢铁厂，标志着中国钢铁工业的起步。为了将邻近的湖北大冶铁矿运至汉阳铁厂，张之洞又主持修建了大冶铁路，将所采的矿石先用火车从矿场运至江边码头，再转长江水路运至汉阳铁厂。

大冶铁路也成为第一条长江与铁路的水陆运输联运通道。汉阳铁厂从1894年到1924年30年的时间里，一共生产出了3300千米的钢轨，其中有不少都用在了当年的川汉线、京汉线、粤汉线上。近年来，先后在四川省达州市、湖北省孝感市和武汉市江滩发现汉阳造印记的钢轨，其中，110年前的汉阳造钢轨至今还能够在四川的线路上运行。每一根汉阳造铁轨见证了武汉工业曾经的辉煌，也见证了中国铁路的百年沧桑。

三、基地活动展示

改造前，原高速铁路安全警示与事故救援培训中心就积极立足铁路特色文化，发挥资源优势，面向中外青少年开展科普活动。每年职业教育活动周期间，学校面向中小学生开放，为他们开展铁路知识科普。近年来，学校还为《楚天都市报》小英才成长团的小记者们、大别山区的留守学生、对口帮扶学校的学生开展了科普活动。随着高速铁路的快速发展，铁路知识科普活动还吸引了中国香港学生多次组团来校研学，吸引了泰国青少年"一带一路"友好交流团参观交流，美国以及东南亚发展中国家也组团来校学习交流（图8、图9）。

图8 为小学生开展铁路知识科普组图

图9 泰国职教代表团参观铁路文化博物馆组图

铁路文化博物馆改造建成后，科普展示活动进一步拓展：积极在科技活动周和国际博物馆日开展科普宣传，提高校园科技创新意识；积极参与中小学生暑期社会实践活动，为中小学生提供科普教育服务；利用博物馆内的红色文化，为基层党组织提供党史学习教育的活动载体，推进党史学习教育深入开展；将科普覆盖面扩大到社区和乡村振兴帮扶点，加大科技普及力度，提升学校社会服务能力。

四、基地公众信息

（1）微信公众号：武汉铁路职业技术学院
（2）地址：湖北省武汉市江夏区藏龙大道1号武汉铁路职业技术学院内
（3）开放时间：每周二、周四下午 14:30—17:30
（4）联系电话：027-51168660

山东职业学院"车同轨"铁路科普教育基地

一、基地总体介绍

（一）基本情况

山东职业学院"车同轨"铁路科普教育基地，是涵盖铁路技术发展、驾乘体验、思政教育于一体的科普教育场所。基地建有一所全国首家在火车上展示铁路技术发展史的"车同轨"铁路技术史馆。"车同轨"铁路技术史馆是依托山东职业学院的优质教育教学资源打造的铁路特色科普平台。全馆共建有综述厅、路、车、站四大主题展厅，全面展示了铁路技术发展的历史和沿革。史馆以丰富的铁路技术史料和发展成果资料、各类机车模型等，展示中国铁路技术百年的发展历程，具有科普铁路知识、传承铁路文化、弘扬铁路精神、提升职业素养等功能（图1）。

图1　山东职业学院"车同轨"铁路科普教育基地外景

基地建有一批引领前沿、高端先进的轨道交通实训室。参照企业真实环境和作业流程，建成了一批实景化、数字化实践教学基地，打造国内高职院校中第一个代表中国高铁最先进技术的"复兴号"动车组机械师实训室、城市轨道交通实景实训基地、智能制造虚实融合公共实训基地等。

校园内铺设了1500多米的火车轨道，引进蒸汽机车、内燃机车、客车、货车、发电车、行李车、守车、接触网作业车等各类铁路车型，将硬座车厢连成一体，用于学生学习、参观（图2）。

图2 山东职业学院"车同轨"铁路科普教育基地内部组图

基地建有一系列彰显"铁道特色、职教内涵"的校园文化景观。蒸汽机车、内燃机车、转向架、木枕路、铁路道岔口等铁路主要设备在自然景观中错落有致展示,走在校园,仿佛能够聆听到火车头的汽笛和呼啸而过的车轮声。建有铁路文化长廊,不同年代各式各样的铁路机车、机车车辆油画分列在长廊左右。建有老博物馆,铁路小配件陈列在老博物馆。置身在校园里,能时时、处处受到浓郁的铁路文化环境的熏陶,真正实现"铁路线铺在校园、火车跑在校园"(图3、图4)。

基地编写了一套展现学校"铁·道"文化风貌的系列丛书。编有校史文集《春华秋

图3 山东职业学院"车同轨"铁路科普教育基地展品组图(一)

图 4　山东职业学院"车同轨"铁路科普教育基地展品组图（二）

实》《春华秋实——山东职业学院十年跨越》，全面展示了学校与铁路事业同呼吸、共命运的 70 多年历史，阐释了学校 70 多年来炽热的铁路情怀。编有《中华传统美德警句名言》，"铁·道"文化融于"公忠爱国""砥砺品学""尚德修身"等内容中，成为师生加强思想道德教育和公民素质教育的重要读本。印制《校园文化手册》《画册》《手绘地图》等，详细介绍了学校办学历程、办学理念、校园环境、文化传承、教育教学活动等，全面展示校园布局和风貌。

（二）发展沿革

山东职业学院起始于 1951 年建校的济南铁路机械学校，1958 年至 1963 年曾升格为济南铁道学院。2000 年改建为济南铁道职业技术学院，2010 年更名为山东职业学院。学校是国家骨干高职院校、国家"双高计划"高水平专业群建设单位。学校是山东省内唯一具有铁路行业背景的高等院校。办学 70 余年来，学校不断打磨蕴含"铁"字底蕴的职教品牌，勇往直前、敢为人先的"铁·道"文化，成为全校师生员工追求理想、追求发展的力量源泉（图 5）。

2017 年，学校开始筹建铁路技术史馆，并于 2018 年建成投入使用。全馆面积约 900 平方米，共分 3 个篇章、8 个展区，其中包括：铁路发展史、机车发展史、运输组织发展史、铁路线路技术发展史、铁道车辆发展史、铁道供电发展史、铁道信号技术发展史、城市轨道交通发展史。主题雕塑、铁路文化墙、陈列柜等元素构成铁路技术史馆整体空间。展示力求突出铁路技术发展历程、铁路技术科普常识、铁路技术应用等，体现中华人民共和国铁路发展文化内涵（图6）。

2021年，在原铁路技术史馆的基础上，利用学校西外环火车车厢，建成现今"车同轨"铁路技术史馆。史馆以丰富的铁路技术史料和发展成果资料、各类机车模型等，展示中国铁路技术百年的发展历程，具有科普铁路知识、传承铁路文化、弘扬铁路精神、提升职业素养等功能，面向社会大众和在校学生普及铁路技术发展，成为涵盖铁路技术发展、驾乘体验、思政教育于一体的科普教育全新阵地。

图5 基地大门旧影

图6 基地展厅一角组图

（三）专业特点

近年来，山东职业学院主动对接交通强国、黄河流域生态保护和高质量发展两大国家战略，面向新时代对职业教育人才培养新技能的要求，对接国家战略和我省"十强"产业，组建马克思主义学院、城市轨道学院、智能制造学院、新一代信息技术产业学院、人文与基础课教学部、国际交流学院等16个教学机构。形成信息技术、管理两大基础支撑专业群，轨道交通、智能制造、生物工程、土木工程四大具有比较优势骨干专业群，智能港口和机场运维两大面向未来的成长型专业群等八大专业群。

围绕铁道行业组建铁道机车车辆学院，围绕城市轨道交通行业组建城市轨道学院，与俄罗斯乌拉尔国立交通大学共建"山东职业学院 - 乌拉尔国际轨道交通学院"，促进铁道、城市轨道交通行业专业资源整合和结构优化，更好发挥铁道专业群的集聚效应和服务功能，提高铁路人才培养效能。

（四）专家团队建设

基地拥有一支实力雄厚的高水平师资队伍。学校具有深厚铁路办学历史，源于铁路行业，植根铁路发展办学，"铁·道"文化潜移默化、润物细无声地影响着师生的精神品质。教师敬业乐教、潜心育人，先后涌现出了全国五一劳动奖章获得者、全国模范教师、齐鲁最美教师、国家级职业教育教师创新团队、黄大年式教学团队等。现有铁路专业教师200多人，其中教授、副教授120多人。近年来，学校深入实施人才强校战略，优化识才聚才用才机制，以岗位职责、工作任务决定人才待遇，吸引一批国内双一流高校、学科博士来校工作。山东职业学院雄厚的铁路师资资源，为史馆的发展规划、运营管理等提供了技术支持和业务指导，有力保障了科普教育工作的开展。

聘请铁路行业专家、技术能手作为科普教育顾问。聘请南京浦镇机车车辆总工程师黄文杰、高级技师高级工程师、中国铁路济南局集团有限公司首席技师付文臣、全路高铁首席技师刘波等在校内分别成立技能大师工作室；聘任上海铁道大学原副校长、教授，同济大学教授、博士生导师孙章等省内外高校知名教授担任学校职业高等教育研究院特聘研究员，参与学校轨道交通类专业的建设、师资培养及教科研工作，对轨道交通类专业设置和建设诊脉把关。行业专家、技术能手定期举办铁路科学技术讲座、专业座谈会等，在对学生进行铁路科普指导的同时，也为史馆的持续长远发展提供了专业理论指导。

（五）科普人才队伍建设

拥有一支专（兼）职科普工作师资队伍。为做好基地管理工作，学校专门成立"车同轨"铁路技术史馆管理机构，隶属学校党委宣传部，设馆长1人，工作人员2人，负责进行日常管理。专业铁路科普讲解员60多人，均由铁路相关专业师生兼任。工作队伍专业知识扎实、科普工作热情高涨，富有科学精神和奉献精神。

拥有一个科普宣传教育学生组织。"车同轨"铁路技术史馆成立校展馆管理部这一学生组织，分秘宣部、讲解部、管理部3个部门，人员50人左右，协助做好史馆的日常维护、参观讲解等工作。校展馆管理部以其热情周到的服务，得到了校内外参观者的高度赞誉。

拥有一系列科普兴趣社团。史馆坚持"走出去"普及铁路知识，校内成立"红蓝青"、科梦、蒲公英等科普兴趣社团，利用节假日、寒暑假积极组织校内学生前往济南火车站、济南地铁、山东省科技馆、庄科小学、社区等开展志愿服务和科普讲解工作（图7）。

图 7　科普活动基地展厅一角组图

（六）科普工作制度建设

科普教育组织机构完善。为进一步加强对"车同轨"铁路技术史馆科普工作的组织领导，学校成立由分管校园文化工作的校领导、宣传部、先进技术应用与创新中心等相关职能部门负责人及各二级学院负责人组成的科普教育工作领导小组，负责领导、统筹协调史馆科普教育工作。

科普教育日常制度完备。"车同轨"铁路技术史馆制定有《山东职业学院铁路技术史馆管理办法》《山东职业学院铁路技术史馆讲解员管理办法》《安全管理制度》等科普工作管理制度，并完善各类科普档案管理制度。明确了史馆工作人员的职责、任务和分工，每年年初制订全年工作计划和有关规划、方案，年底有总结，科普活动中形成的材料及时整理归档。

突出铁路知识科普教育活动特色。史馆的多个实训基地在日常教学时间内进行实训教学，在周六、日和节假日不定期进行科普教育工作，推动铁路科学知识或技能传播。相关实训室设备也可进行铁路职业体验，如：铁路动车组模拟驾驶、城市轨道交通车辆模拟驾驶等，对青少年进行了职业启蒙教育。

（七）取得的成绩和荣誉

2020 年 7 月，学校"轨道交通与装备制造公共实训基地"被山东省工业和信息化厅批准为 2020 年山东省新旧动能转换公共实训基地。

2020 年 10 月，学校牵头成立的"山东省轨道交通职业教育集团"被教育部职业教育与成人教育司批准为教育部第一批示范性职业教育集团（联盟）。

2021 年 8 月 4 日，被教育部批准为教育部职业教育示范性虚拟仿真实训基地"综合立体交通虚拟仿真实训基地"。

2022 年 5 月 9 日，被中国铁道学会认定为第二批"全国铁路科普教育基地"。

（八）发展规划

完善科普功能。增加铁路实物展品、铁路技术展示模型、铁路互动参与项目等，进一步提高史馆的科普性和趣味性，提升观众互动参与度，实现年接待能力1万人次以上。

扩大功能区域。建设铁路老博物馆，展示小型铁路老物件和教学设备；增加大型铁路实物展陈区域，推行场景式、体验式、沉浸式教育；搭建数字铁路技术发展史馆，实现实体馆数字化，使实体馆在功能与时空上延伸和拓展；建设校园文化长廊，宣传铁路劳模精神；在功能与时空上延伸和拓展科普展教功能。

积极参与全国（铁路）科普日、科技活动周及当地科协、科技部门组织的重大科普活动。开设科普教育专题展、科普讲座，通过学生夏（冬）令营、暑期实践等活动，积极联系网络媒体，利用自媒体等多重手段，开展科普知识和活动宣传，扩大学校铁路科普基地的社会影响力和知名度。

拓展科普基地教育教学、实习实训功能。适应学校教育教学要求，集成现有展教资源并适当研发新的展教资源，进一步扩大专业教育教学、实习实训覆盖面，持续提升教育教学、实习实训效果。

加强志愿者服务队伍建设。充分发挥专业教师和学生的专业特长，定期开展科普基地志愿者服务人员培训、知识竞赛，提高科普队伍的教育服务能力。

二、基地建设特色

（一）上游型1368号蒸汽机车

在绿树成荫花如海的山东职业学院校北门口，巍然耸立着一台上游型1368号蒸汽机车。它曾配属于镇江焦化厂，光荣退役后，2012年引进落户山东职业学院，成为学校传承铁路文化、弘扬"火车头精神"的一个红色地标。

1949年中华人民共和国成立后，伴随着中国工业的发展，全国各大煤矿、钢铁厂等生产企业急需功率较小的蒸汽机车用于企业内部运输。为了适应社会需求，大连机车车辆工厂与唐山机车车辆工厂于1959年开始联合设计工矿企业用小型蒸汽机车，1960年由唐山厂做了部分修改，并结合"大干四化"争上游的社会环境，命名为上游型（代号SY）机车。30年来，上游型机车共生产了1769台，它们奔跑在祖国的铁路运输线上，为社会主义建设做出了重要贡献。

历年来，新生在入校之际，都会在这里驻足，感受它光辉的历程，学生在毕业之时也必将和它拍照留念。上游型蒸汽机车见证着山职人心有大我、坚守正道的爱国精神，专精务实、追求卓越的工匠精神。也感召着一代又一代的山职人继承和发扬勇往直前、敢为人先的火车头精神，奋进新时代、迈进新征程，为全面建设社会主义现代化国家贡献"山职力量"。

（二）铁路机车博物展区

在山东职业学院铁路环线东侧，错落分布有客运蒸汽机车主动轮对、转 8A 型铁道车辆转向架、蒸汽机车汽机、东风 4 型内燃机车柴油机曲轴等火车部件。这些部件与校园景观完美融合，组成了学校独特的铁路机车博物展区。

（三）动车组机械师实训中心

动车组机械师实训中心始建于 2019 年，面积 1100 平方米，建设投资金额为 660 多万元，基于复兴号 CR400AF、CR400BF 动车组技术与装备，并涵盖 CRH 系列动车组技术，以动车组机械师岗位为基准，模拟现场真实工作环境，仿真软件与原车实物相结合，既可以满足校内动车组检修技术专业教学任务，又能够承担动车组机械师的技术培训，服务于山东省区域性经济发展，助力国家"一带一路"建设。

动车组机械师实训中心包括车钩技能训练区、头车操作控制台、车门技能训练区、高压供电检修训练区、车钩检修训练区、随车机械师室、转向架检修训练区、制动装置检修试验训练区、电气控制实训区和信息化教学区。各实训系统采用模块化设计，布局和工作逻辑与CR400AF、CR400BF 动车组一致，司控台可实现与电气柜、车顶高压子系统、车钩系统、转向架系统、机械师监控室系统、车门子系统的联动控制。利用故障设置系统可完成 200 多个典型故障的检测与故障排查教学，并且通过拼接屏实时显示电气控制原理图和故障排查过程，能够进行动车组机械师岗位一级修、二级修、三级修及动车组故障应急处理实训项目。

（四）城市轨道交通实训基地

城市轨道交通实训基地建筑面积 3800 平方米，涵盖 19 个实训室，设备总值 1.1 亿元，可以满足城市轨道交通所有专业开展实训，设备全部来自一线真车真设备。

基地还原了城轨企业真实工作场景，形成"车、场、站、线、网"五位一体、互联互通的格局，满足岗位单项、岗位综合、岗位群联动三级递进式实训教学需求。基地建设以来，共培养学生近 7000 人，为济南、青岛、深圳、杭州等全国 20 多家地铁企业提供了强大的人力资源支撑。

三、基地活动展示

（一）开展路情教育

学校高度重视与济南局集团公司等交流与合作，连续多年承担济南局高校毕业生"2+1"前置培训，为新入职大学生开展路情教育，路情教育的实操考试、实景参观等工作，部分由"车同轨"铁路技术史馆负责。面向社会大众尤其是中小学生开展路情教育和科普宣传工作，截至目前，接待过大中小学校学生 2000 多人。

（二）服务专业教学

每年为 4000 多名新生普及铁路知识，承担轨道交通类专业 2000 多课时的现场教学；发挥铁路实训场所育人功能，获评全国高职院校"育人成效 50 强"、山东省培育工匠精神优秀院校等称号。

（三）服务全民科学素质提升

利用职业教育活动周、校园开放日、家长接待日、企业入校宣讲等机会，每年迎接学生家长、合作企业来校参观 1000 多人次；作为"全省高等职业院校领导干部教育评价改革专题培训班"实践教学场地，80 位高职院校校长到史馆参观；山东省委原书记刘家义、教育部职成司司长陈子季、省委政研室党史学习教育调研组等领导干部先后到史馆调研，对史馆建设给予高度评价。

（四）助力"一带一路"国际交流合作

德国、加拿大、澳大利亚等国家师生多次来校参观交流，开展国际合作项目 6 项，接收斯里兰卡高中生 18 名、大学生 7 名，俄罗斯、越南等沿线国家留学生 56 名，古巴留学生 5 名来校学习，拓展国际科技人文交流，提升开放交流水平。

（五）开展科普志愿服务

注重将实践育人与服务社会紧密结合，常年到济南站、济南西站、大明湖站等地开展铁路志愿服务，与济南地铁、高新区彩虹湖社区开展党建联创共建活动，定期赴企业、周边社区开展科普志愿服务，在实践中提高学生的专业能力。

（六）科普宣传成果丰硕

"车同轨"铁路技术史馆依托校园铁路元素，通过视频这一载体形式，打造音乐育人品牌。拍摄的《开着火车唱着歌》视频，在教育部微信平台和学习强国平台展播；《唱支山歌给党听》作为全国唯一一所职业院校与北京大学、清华大学、上海交通大学等一起登上教育部微视频；《打卡红色教育 | 山东职业学院，汽笛声声百年记忆》在山东省教育厅官方微信平台展示。《勇往直前．敢为人先——铁道文化育人体系构建与实施》获评全国高校思政精品项目。

（七）现实（AR）智能自助导览系统

为加强校园文化建设，提升校园文化品位，宣传部建成现实（AR）智能自助导览系统，可通过文字、图片、视频等全媒体形式全面了解史馆多个地点情况。无论身处校园何地，只需打开系统即可触发该位置的详细信息，或通过扫描铭牌或实物，获取详细信息。

四、基地公众信息

（1）微信公众号：山职院校史馆铁路技术史馆

（2）开放时间：9:00—21:00

（3）团体参观须知：校内各单位（部门）组织的团体参观，由各单位（部门）向宣传部提出申请后安排；

社会团队（20人以上）参观，需要提前2个工作日与宣传部预约登记

（4）预约电话：0531-66772216

河北省轨道交通科技教育馆

一、基地总体介绍

（一）基本情况

河北省轨道交通科技教育馆（河北省职业技能公共实训基地）为教育科研类全国铁路科普教育基地，隶属于河北轨道运输职业技术学院，是全国第一家由国家发改委投资建设的省级公共实训示范基地。该馆占地110亩，室内展区面积35000平方米，室外展区面积近2000平方米。下设铁路文化广场、铁道运营管理、铁道机车车辆、城市轨道交通、装备制造、创新创业等展区。现有铁道机车、车辆、信号、运营组织、城市轨道交通类展教设备1100多台（套），配有一支50多人的专兼职科普志愿服务队伍。建成以来面向大中小学生、基地培训学员、社会公众及团体等人群提供中国铁路、城市轨道交通等相关内容的科普宣传活动，取得了良好的社会效益（图1）。

（二）发展沿革

河北省轨道交通科技教育馆始建于2016年，由国家发改委和河北省政府共同投资5.2亿元建设，建设过程中注重将实训资源的教学功能与科普教育功能相结合，采取整体谋划、特色资源分区建设的思路，主要场（室）于2018年建成并投入试运营，2019年正式开始运营。

（三）专业特点

河北省轨道交通科技教育馆依托河北轨道运输职业技术学院优质教育、教学资源及河北省职业技能公共实训基地丰富实训资源，围绕铁道运输、轨道交通、装备制造、智能制造等行业，打造特色科普平台，开展相关科普教育、科普宣传活动。

（四）专家团队建设

河北省轨道交通科技教育馆依托河北轨道运输职业技术学院优秀师资队伍及河北省铁道学会充沛铁路行业资源，组建了一支由学院名师、专业带头人及铁路站段高工、高级技师20

图 1　河北省轨道交通科技教育馆组图

多人组成的科普教育专家团队，对河北省轨道交通科技教育馆的发展规划、运营管理提供技术支持和业务指导，有力保障了科普教育工作的顺利开展。

（五）科普人才队伍建设

自 2018 年河北省轨道交通科技教育馆开展科普教育工作以来，先后吸纳、招募科教志愿者近百人（含教师志愿者 24 人），志愿者利用节假日、寒暑假积极投入科技宣传工作，利用自身专业优势，到各大车站、中小学、社区开展科技志愿服务、科普宣传、协助拍摄科技工作纪录片等。

（六）科普工作制度建设

结合河北省轨道交通科技教育馆（河北省职业技能公共实训基地）建设情况，2017 年 12 月，作为主管部门的河北轨道运输职业技术学院发布了《关于河北省职业技能公共实训基地开展科普服务的决定》及《河北省职业技能公共实训基地开放管理办法》，明确了河北省轨道交通科技教育馆的开放形式、科普教育的组织实施办法及相应的管理机制。

为更好地做好科普公众服务，针对应急突发事件，制定了《河北省职业技能公共实训基地科普教育工作应急突发事件处置预案》，为河北省轨道交通科技教育馆科普教育工作顺利开展保驾护航。

2020 年，为应对新冠肺炎疫情，在保障社会公众人身安全的前提下开展科普教育工作，制定了《河北省职业技能公共实训基地科普教育工作新冠肺炎疫情防控预案》，为统筹新冠疫情防控与科普教育工作奠定了坚实基础。

（七）取得的成绩和荣誉

河北省轨道交通科技教育馆（河北省职业技能公共实训基地）自运营以来，积极开展科普教育、科普实践、科普志愿服务等活动，年均接待各类科普人群万余人，收到了广泛关注和好评，于2021年12月被河北省科学技术协会认定为"河北省科普教育基地"。

（八）发展规划

1. 继续加大科普教育基础设施的投入及改造

完善科技教育馆的功能，做好铁路、轨道交通行业相关展品的搜集、整理，结合国家科技及铁路方面的发展，及时更新展馆展览内容。完成占地5000平方米的铁路"三站两区间"的建设，形成铁路综合体验展区。加大资金投入，完善互联网、手机等新媒体功能。使科普基地服务预约、科普教育资源展示和互动平台更加便捷、高效。

2. 丰富科普教育形式及相关配套资料

建设数字化场馆，进行展品数字化开发和转化，对各展区展品制作相关科普资源库。面向不同人群如中小学生、铁路爱好者、普通游客、团体游客开展更多的科普教育。开发相关研习计划及课程资源，做好中小学研学工作，为中小学双减工作提供有力支持。强化科普展览和教育活动的策划与组织，结合铁路特色，开展科普展教活动。

3. 培养科普人才队伍

加大科普人员的培训力度，到省内外优秀科普教育基地参观学习、交流，提升科普人才队伍素质。建设专职科普人才队伍。利用院校优势，引进优秀大学生，使讲解员队伍更加知识化、年轻化、专业化，为科普教育工作夯实基础。

二、基地建设特色

依托河北轨道运输职业技术学院及河北基地丰富实训设备设施资源，形成了河北轨道交通科技教育馆独具专业特色的科普教育资源。

河北省轨道交通科技教育馆设有8个展区，分别为：城轨模拟驾驶与客票服务展区、城轨"三站两区间"展区、铁道运营管理展区、铁道机车车辆展区、装备制造类展区、创新创业主题教育展区、轨道交通科技教育馆主题展区、室外铁路文化广场展区。各个展区都具有代表性的实物及仿真体验设备，通过实物展示、展板介绍、仿真体验为参观者提供全面的科普教育。

(一)展区及特色展品介绍

1. 城轨模拟驾驶与客票服务展区

城轨模拟驾驶与客票服务展区面积约2400平方米,展区分为模拟驾驶、客户服务、客票服务三个部分,可完成对城轨车辆模拟驾驶演练、客票服务演练等内容的体验,通过3D仿真技术体验城市轨道交通车辆驾驶过程,模拟北京地铁13号线全程驾驶操作流程,让参观者了解地铁电客车司机驾驶操作规程、制票、检票、铁路客户服务等体验过程(图2)。

(a)城轨一级模拟驾驶器(外) 　(b)城轨一级模拟驾驶器(内) 　(c)城轨列车司机模拟驾驶器

(d)城轨车辆基础驾驶模拟器 　(e)城轨客服中心 　(f)城轨制售票区

图2 城轨模拟驾驶与客票服务展区部分展教设备

2. 城轨"三站两区间"展区

展区面积约2800平方米,建有北方地区唯一室内城市轨道交通"三站两区间"项目,包括城市轨道交通(地铁)专业40个核心工种的真实设备,可完成城市轨道交通运营完整操作训练流程;具备车务、票务、机务、电务、工务全工种场景。通过对城轨"三站两区间"、城轨AFC票务实训、城轨交通行车调度指挥实训等场地的参观体验,让参观者了解城市轨道交通运营的相关设备及运营流程,加深对地铁运营的整体认识(图3)。

3. 铁道机车车辆展区

铁道机车车辆展区占地面积约3000平方米,主要由蒸汽机车、内燃机车、电力机车、动车组、25T客运车辆、货运敞车C62A/70等真实设备、虚拟仿真设备及接触网线路组成。通

图3　城轨"三站两区间"展区部分展教设备组图

过现场观摩机车车辆代表车型（蒸汽机车、内燃机车、电力机车）及380A型动车组、25T客运车辆、C62/C70敞车，增强参观者对机车车辆结构的基础认知，了解中国铁路机车发展历程，体验真实铁路环境，了解铁路行业特色及中国铁路发展成果（图4）。

4. 铁道运营管理展区

铁道运营管理展区面积约4000平方米，展区主要包括铁路基础信号、车载信号、接发列车、运输调度、信号电源、行车综合演练等实训场室构成。通过对铁路值班员、助理值班员、铁路调度员、铁路综合沙盘、CBI接发列车、铁路信号基础等铁路工种演练的参观体验，让参观者对铁道运营管理流程有初步认识，加深学员对中国铁路运营工作的了解（图5）。

5. 装备制造类展区

装备制造展区面积1200平方米，展区包括装备制造、智能制造、电工电子3大类，主要通过对逆向制造装备、现代测量设备、五轴加工中心、电工电子中心、世赛场地设备、工业机器人等高端加工设备的观摩，让参观者了解现代制造业的加工设备，世界技能大赛设备、逆向制造设备的认知及工作过程的了解，以加强国防科工知识的宣传。

(a) DF4 内燃机车　　　　　　　　(b) SS4 改电力机车

(c) 25T 客运车辆　　　　　　　　(d) C62 型敞车

图 4　铁路机车车辆展区展教设备

(a) 铁路调度员培训基地　　　(b) 铁路综合沙盘　　　(c) CBI 接发列车

(d) 铁路信号综合实训　　　(e) 铁路 12306 客户中心　　　(f) 铁路旅客服务区

图 5　铁道运营管理展区部分展教设备

6. 创新创业教育展区

创新创业教育展区主要包括创客基础教育中心、创客咖啡、路演中心、无人机体验中心、虚拟现实体验中心等场地构成，展区面积约 1200 平方米。通过创新创业主题教育帮助参观者了解创新创业知识、开阔眼界、增长知识。通过参观"双创"基地，引导参观者学习科学知识、培养科学兴趣、增强科学精神。

7. 轨道交通科技教育馆主题展区

轨道交通科技教育馆主题展区面积200平方米，展区主要通过主题灯箱、流媒体课件、实物展览、虚拟仿真体验等多种形式，主要面向大中小学生、基地培训学员、社会团体等人群进行中国轨道交通相关内容的科普宣传（图6）。

8. 室外铁路文化广场展区

铁路文化广场展区占地面积约800平方米，主要由大同机车厂生产的建设型蒸汽机车和周总理专列卧铺餐车及中国铁路发展历程纪实浮雕组成。通过参观，使参观者了解中国铁路发展历程，培养爱国主义情怀（图7）。

图6 轨道交通科技教育馆主题展区组图

图7 铁路文化广场展区组图

（二）特色科普资源

1. 中小学研学旅行基地课程标准科教资源

随着河北省轨道交通科技教育馆科教资源的日益丰富，结合各个展区的功能制定《中小学研学旅行基地课程标准》，重点对各个展区的功能及设备进行了介绍，为广大中小学开展研学活动提供支撑材料，提高研学活动质量（图8）。

图8 中小学研学旅行基地课程标准

2. 城轨三站两区间展区各功能区介绍视频

城轨三站两区间展区是河北基地的重要组成部分，针对城轨三站两区、城轨车辆、OCC控制室、仿真车站、模拟驾驶等功能区录制讲解视频，该套36个视频对各个功能区进行了详细介绍，在科普城轨知识方面取得了良好功用。

3. 新时代背景下的铁路科普资源

河北轨道交通科技教育馆目前已建成中国铁路北京局调度员培训基地、铁路12306客户服务中心，全面展示了我国铁路行车调度及客户服务的基本原理及工作流程，为科普研学和社会实践工作提供良好平台。杰出校友"毛泽东号"机车长刘钰峰，北京西站"036"爱心候车室第五代传承人、全国劳动模范王琳娜的优秀事迹为宣传大国工匠精神、劳模精神注入鲜活事例。

三、基地活动展示

（一）科普主题展览

自2018年以来，依托河北轨道学院、河北基地、河北省铁道学会的资源优势，河北省轨道交通科技馆先后举办了"中国铁路之父詹天佑""逐梦京张、跨越百年""共享中国铁路发展成果展""党旗映红百年路""贯彻环保基本国策、建设绿色环保铁路"等轨道交通系列科普教育活动，展示了我国铁路发展的最新科技成果，宣扬了我国科学家一心为国、攻坚克难的奋斗精神和家国情怀，也展示了铁路发展过程中的优秀典型、生动实践和成功经验，对培育公众特别是青少年的科学思维和工程思维，树立良好的学风，宣传高水平科技，树立自立自强精神具有重大意义（图9）。

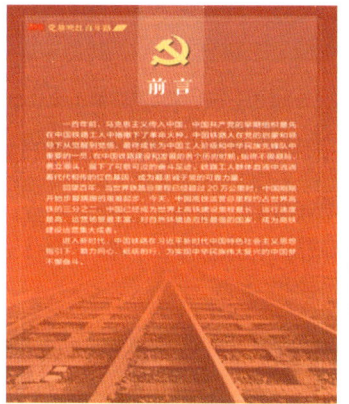

图9 部分科普主题展览组图

（二）科普教育实践活动

自 2019 年以来，充分利用科教资源，积极面向大中小学生、基地培训学员、社会公众及团体等人群进行中国铁路、城市轨道交通、装备制造等相关内容的科普宣传、科普实践活动。年均举办活动近百次，接待人员近万人。

1. 2020 年全国科普日科普教育活动

2020 年 9 月 19—25 日，在全国科普日期间，开展了"科技强国、科普惠民"铁路科普宣传活动，向参观者展示了中国铁路建设、装备和运营领域科技创新的发展历程和重大成就，展现中国铁路生生不息的创新活力和服务国家、社会和人民的使命担当。

2. 雄安新区－安新县职教中心师生科普研学活动

2020 年 9 月 24 日，安新县职教中心百余名电力机车专业学生及教职员工参观铁路文化广场展区及铁路机车车辆展区，科普志愿者为到访师生介绍了展区铁路机车车辆发展历程及基本情况，通过研学，使参观师生了解了我国铁路机车车辆发展史及相关知识。

3. 石家庄市中职优秀班主任研修实践活动

2020 年 5 月 30—31 日，邀请石家庄市部分中职学校 210 多名优秀班主任分批参观调研河北基地轨道交通科技馆、装备制造、电梯维修、城轨三站两区间、铁路交通运营管理、铁路文化广场、社会心理服务等展区，使参加研修教师了解铁路行业及装备制造行业最新技术发展成果，提升了科技素养和科技教育水平。

4. 朔黄铁路发展有限公司培训学员科普教育活动

2020 年 12 月 22 日来自朔黄铁路发展有限公司危货运输管理培训班的 48 名学员参观了轨道交通科技教育馆、铁路机车车辆、铁路交通运营管理、铁路调度员培训基地及铁路 12306 客户服务中心展区，回顾了百年铁路发展历程，了解了铁路运行体系及最新技术发展成果。

（三）科普志愿服务活动

2019 年 12 月 30 日，结合京张高铁开通，科普志愿者在北京北站宣传百年京张铁路发展历程，普及京张高铁先进技术及装备。

2020 年 12 月 27 日结合京雄城际开通运营，科普志愿者在雄安站服务广大旅客，宣传京雄城际及我国高铁建设情况。

2020 年 9 月，利用铁路机车车辆展区 YZ22 型客车，科普志愿者协助拍摄电影《谷魂》，向建党百年献礼。

四、基地公众信息

（1）开放时间

9:00—11:30、14:00—16:00（周二至周日开放，周一闭馆，国家法定节假日期间另行公告）

（2）开放区域

为保障各展区正常展出，各展区实行分时开放：周六开放城轨模拟驾驶与客票服务展区、城轨"三站两区间"展区、铁道机车车辆展区、铁道运营管理展区、铁路调度员展区；周日开放装备制造类展区、电梯展区、物流展区、创新创业主题教育展区；寒暑假期间全部展区正常开放。室外铁路文化广场展区全年开放

（3）社会团队（20人以上）参观需要提前进行预约登记，预约电话：0311-67163964

柳州铁道职业技术学院
铁路科普教育基地

一、基地总体介绍

（一）基本情况

图 1 柳州铁道职业技术学院校园

柳州铁道职业技术学院铁路科普教育基地是依托柳州铁道职业技术学院（以下简称学校）面向本校及公众开展铁路知识科普活动的科普基地。学校创建于1956年，是全国铁道职业教育铁道通信信号专业教学指导委员会主任单位，全国铁路职业教育先进单位，第二批全国铁路科普教育基地、首批全国学校急救教育试点、教育部高职高专人才培养工作水平评估"优秀"学校，国家级专业教学资源库建设第一主持单位，广西示范性高职院校，广西特色高校，"广西高水平高职学校和专业建设计划"立项单位、第一批自治区中小学劳动教育实践基地（图1）。

学校以柳州建设国家级产教融合试点城市为契机，利用企业技术、设施、设备和管理等要素，与中国铁路南宁铁路局集团有限公司（以下简称"南宁铁路局"）等合作企业共建"产、学、研、训"四位一体的产教融合实训基地。共拥有20多个铁路实训基地，建筑面积50000多平方米，涵盖铁路"车、机、工、电、辆、供"六大系统，建有13000多平方米铁路实训场1个（含线路1800米、信号设备54套、隧道1座，轨道车、机车、货车、客车等12台，接触网700米），拥有模拟驾驶、动车检修、列控C3等先进的虚拟仿真平台。其中，"高速铁路列车运行自动控制虚拟仿真实训基地"入选国家职业教育示范性虚拟仿真实训基地培育项目，"城市轨道交通智慧运维虚拟仿真实训基地"获自治区职业教育示范性虚拟仿真实训基地。各铁路实训基地已成为集铁路发展、铁路线路、铁路信号、铁路牵引供电、铁路车辆、铁路运输、铁路桥梁、铁路养护为一体的认知、实验、实习、实训的综合实践平台，是学生锻炼实践能力和创新能力的实训平台，是师生开展科学研究的试验平台，是向全社会公开展示铁路知识的科普平台。同时，学校还打造了工匠文化教育基地、法治文化教育等基地，将"工匠及法治文化"元素与"铁路"元素进行深层次整合，打造集教育、示范于一体的传承铁路知识文化、工匠文化、法律文化的铁路科普教育基地。

（二）发展沿革

学校为深度发掘铁路文化精神，提升校园文化内涵，搭建校企合作新平台，2016年5月，南宁铁路局与学校共建"广西铁路文化教育基地"，致力于打造历史韵味与现代气息相交融的广西轨道交通文化教育基地（图2）。

学校综合运用铁路机车、轨道、实训基地等轨道交通元素，采用实物与图景展示相结合的方式，以中国第一代蒸汽机车"建设型8284号"为起点，再现中国铁路事业从蒸汽机车、内燃机车到电力机车的发展历程。学校教学区的铁道机车、铁道工程技术、城市轨道交通运营管理等广西示范特色专业，以及实训基地与宿舍生活区的文化廊——中国著名高铁车站图景有机融合，构成了完整的铁路文化教育与科普体系，可开展铁路文化认知展示、模拟体验、科学探究、交流学习等各类科普活动。每年累计接待中外参观者上万人次，成为广西铁路文化科普教育首选基地（图3、图4）。

图2 2016年5月广西铁路文化教育基地揭牌仪式

图3 中国第一代蒸汽机车"建设型8284号"　　　图4 轨道交通综合实训基地

（三）专业特点

学校主动服务轨道交通行业和地方经济社会发展，适应粤港澳大湾区产业高质量发展需求，助力柳州市国家产教融合型试点城市建设，坚持"以产业链建专业群，以专业群建二级学院"思路，优化调整设置二级学院 8 个，开设专业 48 个、招生专业 35 个。依托国家交通运输类专业示范点及广西高水平专业群，形成以铁道信号自动控制、城市轨道交通运营管理专业群为引领，铁道机车运用与维护、铁道交通运营管理、铁道桥梁隧道工程技术专业群为骨干，新能源汽车技术、现代通信技术、智能制造专业群协同发展的"2+3+3"专业集群。

学校拥有国家示范专业点 2 个，国家级专业教学资源库 1 个，教育部职业教育示范性虚拟仿真实训基地培育项目 1 个，高等职业教育创新发展行动计划认定骨干专业 5 个、生产性实训基地 2 个、虚拟仿真中心 1 个（广西唯一），中央财政支持实训基地 5 个，广西高校优势特色专业建设点 7 个，自治区职业教育专业发展研究基地 2 个，自治区示范特色专业及实训基地 6 个，自治区示范（建设）实训基地 6 个，入选"十三五"职业教育国家规划教材 5 本、教育部课程思政示范课程 1 门，获省级专业教学资源库 3 个、省级在线精品课程 3 门、中央电教馆精品课 14 门，获首届全国教材建设奖二等奖 1 项。

（四）专家团队建设

学校共有教职工 762 人，具有硕士学位及以上教师 397 人，具有博士学位（含在读）教师 23 人，副高以上职称教师 243 人（含正高 47 人），双师素质教师 648 人，占教职工总数的 85%；有全国优秀教师、全国模范教师、黄炎培职业教育奖杰出教师等 6 人，全国技术能手、全国技术技能大师、教育部产业导师资源库技术技能大师、交通运输职业教育教学名师、全国轨道交通职业教育教学名师等 13 人，广西教学名师、优秀教师、优秀教育工作者、广西高校卓越学者、广西技术能手等 34 人，柳州市享受特殊津贴名师、柳州市拔尖人才、新世纪个十百人才、青年科技人才等 21 人；有全国高校黄大年式教师团队，教育部课程思政教学团队，广西高等学校高水平创新团队和省部级教学团队等 5 个，共培育教学创新团队 21 个，建设了"双师型"名师、大师工作室 48 个，柳州市技能大师工作室、市级思政名师工作室 3 个，柳州市高铁信号技术人才培养与研究人才小高地 1 个。

2022 年，"高铁信号职教装备开发教师团队"入选第二批"全国高校黄大年式教师团队"，团队有成员 19 人，其中全国模范教师 1 人、全国优秀教师 1 人、全国劳动模范 1 人、全国技术能手 1 人、全国铁路工匠 1 人、全国职业教育轨道交通行业名师 1 人、交通运输职业教育教学名师 1 人、自治区优秀教师 1 人。团队教师以黄大年同志为榜样，深入贯彻立德树人根本任务，将红色基因融入到日常教育教学工作中，紧紧抓住师资队伍"主力军"、课程建设"主战场"、课堂教学"主渠道"，深刻践行"为党育人、为国育才"的办学宗旨，在育人育才的道路上坚定前行。

（五）科普人才队伍建设

学校全面贯彻新时代人才工作新理念新战略新举措，一是聚焦政治引领，大力推进师德师风建设，创新性构建"一二三四"师德师风建设体系，打造"一面旗帜""两个结合""三个到位""四个注重"的师德师风建设长效机制。二是聚焦人才引育，拓宽渠道联动引才，构建了人才引育新体系；推进"头雁引领工程"和"群雁培育工程"，实施教师能力提升"八个一工程"，制定《教师发展标准》，坚持老中青传帮带，开展教职工结对培养机制，不断优化人才队伍结构。三是聚焦团队建设，全力打造高水平团队，努力激发人才成长内生机制，出台《教师教学创新团队管理办法》，打造校企共融的高水平"双师型"教师队伍。四是聚焦环境优化，努力提高人才服务水平，为进一步提高人才培养质量，提供坚实的人才基础和强有力的人才支撑。

（六）科普工作制度建设

以习近平新时代中国特色社会主义思想为指导，坚持和完善党委领导下的校长负责制，以学校章程为统领，以制度体系优化为重点，以治理结构重塑为突破，以卓越绩效管理为抓手，全面深化改革，拓展办学空间，促进多元合作，激发管理效能，打造"卓越管理、全面发力、多元合作、高速效能"的现代职业院校治理"动车组"模式。建立规范性文件审查机制，建立和完善权力运行机制，进一步规范办学行为。强化制度设计，贯彻新时代职业教育新理论，以贯彻学校章程为抓手，实施制度"废改立"工作，制定学校应对重大风险的新制度，全面梳理学校现有规章制度，将现代企业制度与现代学校制度相融合，形成"一章九制"现代职业院校制度体系，为科普工作顺利开展创造良好环境。

（七）取得的成绩和荣誉

2008年获教育部高职高专人才培养工作水平评估"优秀"学校、2010年获广西示范性高等职业院校、2013年获广西特色高校、2014年成为首批广西高端应用型本科人才联合培养改革试点单位、2016年广西外侨办授予"广西华文教育基地"称号、2016年成为柳州市第二批科普教育基地、2018年成为柳州市社会科学研究基地、2018年广西教育厅授予"铁道信号自动控制专业及专业群发展研究基地"、2018年组建"中国—东盟轨道交通职业教育集团"、2019年入选柳州市首批中小学生研学实践教育基地、2019年获教育部创新行动计划（2015—2018）虚拟仿真中心、2019年"铁道信号自动控制"专业资源库入选国家职业教育专业教学资源库、2019年入选"广西高水平高职学校和高水平专业建设计划"立项单位、2022年获第二批全国铁路科普教育基地、教育部全国学校急救教育试点学校。

（八）发展规划

学校将全面贯彻落实党的十九大及历届全会精神，进一步贯彻新发展理念，坚持立德树人根本任务，充分发挥具有铁路行业深厚背景的职业院校办学优势，致力于服务轨道交通新兴产业"走出去""一带一路"倡议，培养新时代的"大国工匠"。围绕国家产业升级，适应"造就高素质的轨道交通产业工人大军"人才的需求，切实深化重点领域改革，把学校建设成为全面支撑柳州面向东盟国际大通道核心枢纽建设、广西"三大定位"新使命和服务交通强国战略的高水平高职学校。

二、基地建设特色

学校秉承"明德砺志　求知笃行"的校训和"艰苦奋斗，虚心善学，实干创新，勇于攀登"的精神，形成了"依托行业，校企合作，以岗导学，服务基层"办学特色。66年来为我国铁路现代化和地方经济建设培养了13万多名高素质技能型人才，近年来毕业生就业率均在95%以上。学校先后培养出"共和国铁路楷模"侯树德、全路首席技师李桂平等一大批技术技能人才，被誉为中国西南地区铁路行业技术技能人才成长摇篮。

（一）基地特色

1. 紧随铁路专业发展特色

学校秉承"与中国高速铁路同行，打造校企命运共同体"理念，与南宁铁路局、柳州电务段等众多单位共建集"车、机、工、电、辆、供"六大系统于一身的共享综合实训基地，主要包括铁道交通运营、铁道机车、铁道工程、铁道电务、铁道车辆、动车组检修、铁道供电等各实训基地。各实训基地可以同时承担技术创新、实践教学、生产实习、大赛培训、社会服务等功能（图5）。

图5　柳州铁道职业技术学院科普基地分布图

铁道交通运营实训基地：位于学校C6实训楼，基地包含铁道运营与信号实训中心、铁路接发列车实训室、高铁客运服务综合实训室、铁路现车管理实训室、铁路调车技能实训室、铁路货物装载加固实训场，设备总值超1450万元，面积5104平方米，工位数426个。

铁道机车实训基地：位于C3实训楼和室外铁道实训场，包含铁道机车实训场、电力机车运用与检修实训室、电力机车电器实训室、机车模拟驾驶实训室、电力机车制动实训室、铁道机车行车安全装备实训室等9个实训室，集教学、培训、技能竞赛、产教融合为一体的实训基地，设备总值约1190万元，面积约2200平方米，工位数286个。

铁道工程实训基地：位于学校北侧（含C4实训楼、隧道实体实训室），包含轨道综合演练场、铁工实训室、探伤实训室、高铁精调实训室等，设备总值1582万元，面积约15000平方米，工位数600个。

铁道电务实训基地：位于学校北侧及C8、C5实训楼，包含高铁信号室外轨道实训场、高铁车站信号自动控制实训室、高铁调度中心实训室等14个实训室及铁路无线通信实训室、GSM-R实训室等8个实训室，设备总值近4500万元，面积17000平方米，工位数1250个。

铁道车辆实训基地：位于C3实训楼和室外铁道实训场，包含客车电气与空调检修实训室、铁道车辆机械检修实训室、铁道车辆制动实训室、车辆动态检测实训室、车辆专教室、铁道车辆实训场、铁路货车转向架检测实训室，设备总值约551万元，面积约2000平方米，工位数约300个。

动车组检修实训基地：位于C3实训楼，包含动车组检修实训室、动车模拟驾驶实训室、动车组虚拟仿真检修实训室、动车组辅助系统检修实训室，设备总值约1298万元，面积约1900平方米，工位数112个。

铁道供电实训基地：位于室外轨道综合实训场及C2实训楼，包含高铁接触网实训场、接触网集中检修实训室、电力检修实训场、高铁电力实训室、高铁牵引变电所7个实训室，设备总值1300万元，面积8500平方米，工位数400个。

2. 凸显服务社会的品牌特色

学校依托校内实训基地，先后承办全国铁道职业院校铁道交通运营管理专业"接发列车技能大赛"、全国职业院校高速铁路精测精调技能大赛、铁道信号技能大赛等各类省部级以上技能竞赛；每年承接南宁铁路局新职工岗前培训、铁路中级工种鉴定、中小学生铁路文化教育、铁路工务技能师资培训等项目，培养高素质技术技能人才，打造高铁培训品牌，传播铁路文化。

3. "新时代铁路精神"引领的文化育人特色

学校始终秉承铁路企业半军事化管理传统，以"新时代铁路精神"为主线，强化实训基地"新时代铁路精神"文化环境建设，建有铁路工匠精神文化长廊、大学生法治教育长廊、校企合作文化展示角等各科普基地；深入推进优秀铁路文化进校园、企业文化进课堂，以铁路文化艺术节为载体，打造文化品牌，选送舞蹈《铁道梦》获全国第四届大学生艺术展演甲组一等奖、优秀创作奖和"校长杯"，展现了独特的铁路文化育人特色。

（二）教师团队

实施"群雁培育工程"，打造"双师型"骨干教师教学创新团队。在教育部公布的第二批全国高校黄大年式教师团队名单中，柳州铁道职业技术学院"高铁信号职教装备开发教师团队"成功上榜，是广西高职院校唯一入选团队（图6）。

图6　第二批全国高校黄大年式教师团队合影

该团队一直致力于为铁道建设培养优秀的信号工作人员，近年来培养专业人才超1300人，主持编写《铁道信号自动控制专业教学标准》《城市轨道交通信号工职业技能标准》等多项国家标准，全力深化产教融合，助力科研能力创新。获得科学技术进步奖省级二等奖4项、提名奖2项，市级一等奖4项、三等奖1项；主编、参编教材23本，发表核心论文50篇，承担省部级以上课题61项，获省级教学成果一等奖4项、二等奖4项、三等奖2项，主持国家级专业教学资源库1项。团队持续深化产教融合，赋能铁路装备研发，承担横向项目20项，获专利授权22项，实现专利转化8项，为企业带来经济效益4000多万元。此外，该团队研发职教装备被用于铁路信号、城轨信号、铁道运营等专业学生的实践教学，填补了国内高铁职教装备研发的空白。

该团队始终坚持以"全国高校黄大年式教师团队"为榜样，扎根西部、艰苦奋斗、育人为先，带动全体教师秉承执着奉献、爱岗敬业精神投身实践，紧紧围绕服务国家"交通强国，铁路先行"发展战略，打造"闪耀信号灯"党建品牌引领，教学中融入"故障-安全"意识、铁的工作纪律、团队协作和奉献精神等思政元素，传承红色基因，赓续红色血脉，构建了良性育人生态，引导广大学子宽基础、养习惯、明志趣、拓视野、提素养，岗课证赛融通，人才质量攀升，为国家培养大量高铁专业人才。

实施"头雁引领工程"，引聘和培育"工匠之师"的行业领军人才。学校坚持人才强校战略，大力培养引聘轨道交通等行业一流技术专家、技能大师到校任教，加强专业带头人领军能力培养。

三、基地活动展示

学校按照"开阔视野、引领发展、合作共赢、提升能力"的思路，强化平台建设、合作办学；通过参加中国－东盟职教联展、广西职业教育活动周、全国（铁路）科普日、科技活动周及当地科协、科技部门组织的重大科普活动，强化深度交流，实现多维度、宽领域，充分发挥全国铁路科普教育基地的实践教育功能（图7、图8）。

图7 广西职业教育活动周校园开放日场景

科普活动形式多。连续举办科普教育专题展、科普活动月、校园开放日、职教周等活动。与地方各党、政、军、企事业单位等建立固定联系和工作制度。结合中国铁路发展文化长廊、铁路机车博物馆开展各项活动，受到一致好评。

科普活动传承好。连续19年举办"铁路科技文化"为主题的艺术节活动。让铁路文化、铁路元素、铁路科普知识融入师生生活，弘扬新时期

图8 欧洲轨道交通专题讲座现场

铁路文化精神，受益师生达10万多人次，效果显著，不断利用基地人才密集的优势，组织多批基地专家教授和学生志愿者"走出去"，主动到机关、社区、学校向干部、群众和学生进行宣讲和培训，提高大众的铁路科普水平，提高社会关注铁路知识的兴趣。

科普活动前沿新。连续11年举办《柳铁大讲堂》，聘请铁路专家，宣讲铁路技术发展的最新动态，累计受益师生2万多人次。如《高铁发展与人才培养》《高速铁路发展与城市生态环境治理》《柳州城市轨道交通发展规划》等主题（图9）。

科普活动国际化。连续6年举办铁路文化国际交流宣传活动。如中泰高铁文化夏令营、中国高铁文化研学营、海外华裔青少年"中国寻根之旅"夏令营之高铁文化营等科普活动，由实验室教师或志愿者专门指导认识设备、参观相关作品，后分小组进行模型操作和实践，让大众更为清晰的了解铁路相关知识。此类活动累计受益400多人次，得到东南亚多国及柳州市的高度认可（图10）。

图9　柳铁大讲堂活动现场　　　　　　图10　高铁文化研学活动掠影

四、基地公众信息

（1）微信公众号：柳铁职院图书馆

（2）基本地址：包头市九原区职教园区平安大道7号

（3）开放时间：9:00–17:00（周一至周五，法定节假日除外）

（4）预约电话：0472-5253198

詹天佑祖居纪念馆

一、基地总体介绍

詹天佑祖居纪念馆立足詹天佑桑梓，通过大量珍贵文物、图片、图表、京张铁路电动模型、电脑触摸屏、多功能影视厅等展示詹天佑先生爱国奋进的一生，激发人们热爱祖国，热爱家乡的热情。同时纪念馆还收藏了詹天佑先生赠送给家乡的救火"水龙"，詹天佑先生获取"工科进士"称号时的旗杆石墩（乙酉年制、即宣统元年），纪念馆后侧是詹天佑先生祖母墓冢（图1）。

目前，詹天佑祖居纪念馆已分别分别被江西省委、江西省人民政府、詹天佑科学技术发展基金会、江西省侨联及有关大专院校授予爱国主义教育基地，被江西省科协授予科普教育基地、被江西省社科联授予社科普及宣传基地，被中国伦理学会授予道德文化教育基地，被江西省妇联授予家风家教实践基地，被中国侨联授予中国华侨国际文化交流基地，被中国铁

图1 詹天佑祖居纪念馆组图

道学会授予全国铁路科普教育基地，被共青团江西省委、江西省少工委授予江西省首批少先队校外实践教育基地，是中国铁道文博委员会委员单位和全国工业博物馆联盟首批理事单位。纪念馆开放10年来，经过不断充实、升级和提炼，现已成为宣讲詹天佑先生光辉一生的重要课堂，成为增强爱国情感，培养民族精神的重要阵地，成为陶冶道德情操，提高思想修养和科学普及教育的重要场所（图2）。

图2　学生参观展览组图

图3　纪念馆展厅一角

千年古村庐坑又称庐源、龙川，距婺源县城48.5千米，全村面积18.5平方千米，被国务院侨务办公室命名为"侨爱新村"。这里群山环抱，竹树环合，古树成群，小桥流水，恬静而和谐。为弘扬詹天佑爱国、创新、自力更生、艰苦奋斗的精神，詹天佑祖居纪念馆于2004年经婺源县发改委批准立项在庐坑村开始筹建，于2010年落成对外开放，为四层徽派建筑。纪念馆园区占地面积3000平方米，展馆面积1200平方米，宣讲厅面积180平方米，已开设网络。并在庐坑村口建设詹天佑广场，占地3300平方米，立高达7米的詹天佑铜像（图3）。

二、基地建设特色

纪念馆共分序厅和七个展厅。

序厅：《婺源县志》载詹天佑六位先祖的事迹。

第一厅："籍出婺源，渊源千载"。婺源自古文风鼎盛，人杰地灵，贤俊辈出，詹天佑的祖籍地就在婺源县庐坑村。隋大业二年（公元606年），黄隐公詹初迁居庐源（今庐坑），到詹天佑时，庐源詹氏支派已历40代。詹天佑的先祖中有6人因忠于国家、爱护百姓、勇于创业、乐于助人而被收入《婺源县志》。这六位先祖的事迹，给詹天佑树立了很好的榜样。1760年，詹天佑的曾祖父詹万榜挈眷赴广州从事茶叶生意。詹天佑于1861年4月26日出生在广州西门外十二甫。

第二厅："留美九年，博学中西"。1872年，詹天佑作为首批中国公派留学生赴美留学，后考取耶鲁大学土木工程系铁路工程专业。在美9年是詹天佑非常愉快的一段时光：与最初照顾他的诺索布一家相处的欢乐童年、与大学同学同窗三年的朝夕相处，都给他留下了美好的回忆。詹天佑也从一个普通的中国幼童变成了一个站在世界铁路科技前沿的青年才俊。1881年，詹天佑等留学生被撤回国。当时的中国铁路事业还没有真正启航，詹天佑的铁路专业只能是屠龙之技。不过，他始终坚信，中国的铁路时代终将到来。

第三厅："筑路京张，振奋全国"。1888年，詹天佑正式投身铁路事业。修建关内外铁路滦河大桥他初试锋芒，主持建设新易铁路使他崭露头角。1905年，詹天佑开始主持修建京张铁路，经过4年的奋斗，京张路建成通车。这是一条完全由中国人勘测、设计、施工、管理，独立自主地建成的铁路，也是中国自行建造的第一条铁路干线。它的建成，不仅展示了詹天佑的卓越智慧和爱国精神，也显示了中国人民自强不息、勇于创新的民族精神，鼓舞了一代又一代的中国人。

第四厅："南北奔波，矢志报国"。多年磨砺，一载成名，声望日隆的詹天佑依然不辞辛苦奔波于大江南北各条铁路线上，先后主持修建张绥、川汉、粤汉、汉粤川等铁路。晚年他还担任交通部技监、创建中华工程师学会，立章建制，统领工学，为祖国交通事业的发展和工学人才的培养做出了巨大的贡献。1919年年初，詹天佑扶病代表中国出席国际联合监管远东铁路会议，竭力维护中华路权，为中国的铁路事业贡献出了自己最后的力量。

第五厅："道德风范，光耀万世"。詹天佑是一个杰出的铁路工程师，他的道德风范、人格魅力同样值得我们敬仰。做官、做事、做人，他一心为公、艰苦创业、严于律己；对祖国、对事业、对家乡，他鞠躬尽瘁、艰苦创业、满怀热忱。为了实现"以创造性建设谋求社会进步"的梦想，他勇敢地面对现实，善于妥协、奋斗自强，堪称中国知识分子的典范。他的同学评价他为"洵洵君子"，他的同事称他是"道德楷模"，家乡人民至今感激他的一片热忱，美国驻华公使说他的高尚道德与人格"令所有美国人深深敬仰"，他一生的言行实现了自己"崇尚道德而高人格"的精神境界。

第六厅："国之荣耀，永世缅怀"。1919年4月24日，詹天佑先生因腹疾严重、心力衰竭在武汉逝世。噩耗传来，各地同声哀悼。在詹天佑先生工作过的汉口、北京、广州等地均进行了公祭悼念。此后，国内外多次举行纪念活动，怀念与学习这位中国近代科学技术界的先驱、杰出的爱国工程师。周恩来总理称赞他是"中国人的光荣",江泽民同志称赞詹天佑是"为振兴中华而拳拳奋斗的民族志士"。

第七厅:多功能影视厅。

三、基地活动展示

(一)弘扬詹天佑精神的文艺作品

从 20 世纪 80 年代初,婺源徽剧团自创自编的大型徽剧《长城砺剑》在南昌公演,一举夺魁,并选送北京演出起,到 1993 年婺源县人民政府与中国科协、铁道部等单位联合主办"詹天佑诞辰纪念暨工程师"活动,数年来,无论是公办还是民办,詹天佑永远与婺源的发展同在,婺源已先后建设了詹天佑祖居纪念馆、詹天佑学校、詹天佑大道、詹天佑广场、詹天佑塑像、詹天佑大桥,近期又斥资打造天佑市民休闲中心,将詹天佑精神融入城市文化和百姓生活,在潜移默化中提升婺源人民的精神风貌。

近年来,婺源始终以詹天佑精神为引领,全力服务国家重大交通设施项目建设,婺源人民也享受到了詹天佑所开创的铁路事业带来的巨大福祉。为配合中纪委监察网"中国传统文化中的家规"栏目,中共婺源县委、纪委又成功拍摄了影视专题片《纯良家风养育中国铁路之父》,于 2017 年 7 月 25 日在中纪委监察网播放。该片在 2017 年底中宣部社会主义核心价值观主题微电影评比中荣获二等奖。

此外,为做好家风建设,纪委等单位举办"詹天佑家风巡回展",观众达 3 万人次。2017 年 4 月 26 日、2019 年 5 月 18 日纪念馆又分别在上饶师范学院、婺源县召开"海峡两岸弘扬詹天佑精神研讨会""首届弘扬詹天佑精神国际研讨会",海外华人华侨踊跃参加并畅所欲言。正是得益于詹天佑精神,婺源从一个远在深山无人识的山区小县,逐步发展成为天下谁人不识君的中国最美乡村。

(二)开展铁路科普教育情况

詹天佑祖居纪念馆对外开放 12 年来,始终以爱国主义教育和科普教育为办馆宗旨,通过多种渠道充分发挥詹天佑祖居纪念馆的科普教育功能,获得各界人士的好评。

(1)让观众在参观纪念馆时,能了解到中国铁路建设的发展进程和相关的铁道科技知识。

(2)在詹天佑科学技术发展基金会和中国铁道博物馆的支持下,纪念馆先后承办了"京张到高铁——百年铁路影像展""詹天佑生平事迹暨高铁图片巡回展""蒸汽机火车头摄影展""百年京张 历史跨越"等专题巡回展览。

(3)配合中国铁道学会,纪念馆在婺源高铁站承办了"2016 年中国铁道学会科普日启动仪式"，向中小学生赠送科普书籍。2017年被中国铁道学会授予"中国铁路科普教育基地"，并举行了揭牌仪式。

（4）纪念馆多次举办詹天佑诞辰纪念系列活动，先后举办海峡两岸弘扬詹天佑精神研讨会、弘扬詹天佑精神国际研讨会、詹天佑事迹报告会及中国高铁知识报告会。并于2020年11月在婺源承办了由北京博物馆学会行业博物馆专业委员会与中国铁道学会铁路文化与博物馆委员会联合主办的"疫情下博物馆智慧化发展策略研究研讨会"和"2020年中国铁道学会铁路文化与博物馆委员会年会"。

（5）华东交通大学詹天佑班、石家庄铁道大学詹天佑班、上饶师范学院、婺源天佑中学、婺源县詹天佑小学等大专院校师生先后多次在纪念馆举办"追寻詹天佑足迹主题教育活动"，在活动中，组织学生组编3D火车模型和举办铁路知识竞赛。纪念馆先后被华东交通大学、石家庄铁道大学、南京铁铁道职业技术学院授予"爱国主义教育基地"称号（图4）。

图4　爱国主义主题教育活动

（6）南昌铁路集团公司团委、上饶车务段、鹰潭机务段等铁路单位每年都组织党员干部、员工到纪念馆举行以爱国主义教育和科普教育为主题的党团日活动（图5）。

（7）积极协助詹天佑科学技术发展基金会编纂《詹天佑历史文献》丛书。

图5　主题党日活动

8）编印詹天佑生平事迹及有关论文书籍。

四、基地公众信息

（1）微信公众号：婺源县詹天佑祖居纪念馆（WYzty2021）

（2）地址：江西省婺源县浙源乡庐坑村

（3）开放时间：8:30—16:30，全年对外开放

（4）联系电话：13707034529 / 13979323237